COORDENAÇÃO DO TRABALHO PEDAGÓGICO
do projeto político-pedagógico
ao cotidiano da sala de aula

Coordenador do Conselho Editorial de Educação
Marcos Cezar de Freitas

Conselho Editorial de Educação
José Cerchi Fusari
Marcos Antonio Lorieri
Marli André
Pedro Goergen
Terezinha Azerêdo Rios
Valdemar Sguissardi
Vitor Henrique Paro

Dados Internacionais de Catalogação na Publicação (CIP)
(Câmara Brasileira do Livro, SP, Brasil)

Vasconcellos, Celso dos S.
    Coordenação do trabalho pedagógico : do projeto político-pedagógico ao cotidiano da sala de aula / Celso dos S. Vasconcellos. — 16. ed. rev. e ampl. — São Paulo : Cortez, 2019.

Bibliografia.
ISBN 978-85-249-2732-4

1. Ensino por projetos 2. Pedagogia 3. Planejamento educacional 4. Prática de ensino 5. Sala de aula - Direção I. Título.

19-27164   CDD-371.207

Índices para catálogo sistemático:
1. Projeto político-pedagógico : Administração escolar : Educação   371.207

Iolanda Rodrigues Biode - Bibliotecária - CRB-8/10014

Celso dos S. Vasconcellos

COORDENAÇÃO DO TRABALHO PEDAGÓGICO
do projeto político-pedagógico
ao cotidiano da sala de aula

16ª edição revista e ampliada
5ª reimpressão

CORTEZ EDITORA

COORDENAÇÃO DO TRABALHO PEDAGÓGICO:
do projeto político-pedagógico ao cotidiano da sala de aula
Celso dos S. Vasconcellos

16ª edição revista e ampliada

Capa: Cia. de Desenho
Preparação de originais: Jaci Dantas
Revisão: Maria de Lourdes de Almeida
Diagramação: Linea Editora
Coordenação editorial: Danilo A. Q. Morales

Direitos para esta edição
CORTEZ EDITORA
R. Monte Alegre, 1074 — Perdizes
05014-001 — São Paulo-SP
Tel.: +55 11 3864 0111 / 3611 9616
cortez@cortezeditora.com.br
www.cortezeditora.com.br

Impresso no Brasil — julho de 2024

À Regina, amada companheira, por estes anos todos de caminhada partilhada e refletida conjuntamente.

Ao Tiago, Bruno e Maíra, filhos queridos, agora já com suas famílias constituídas e vidas profissionais em desenvolvimento.

Aos amados netos Rafael, Bruno, Isadora, Laura, Leonardo, Victoria e..., grandes alegrias (e professores do meu pós-doutorado)!

SUMÁRIO

PREFÁCIO

O eixo reflexivo desta obra é a questão da coordenação do trabalho pedagógico. Trabalho pedagógico é o âmago das instituições de ensino, na medida em que o seu núcleo é o *trabalho com o conhecimento*[1] (no sentido de sua apropriação crítica, criativa, significativa e duradoura), que, por sua vez, é a especificidade da escola, constituindo-se como a grande finalidade da práxis educativa, juntamente com o desenvolvimento humano pleno e a alegria crítica (*docta gaudium*). Implica tanto a atividade docente quanto a discente,[2] já que a aprendizagem, embora se dando num contexto social, depende, antes de tudo, da ação do aluno; além disto, o reconhecimento da atividade discente é decorrente de assumirmos uma linha de desenvolvimento de autonomia, de construção de projeto de vida.

Nosso pressuposto é de que esse trabalho deve ser coordenado, qual seja, não pode ser realizado de maneira individualista, aleatória, alienada e desarticulada.[3] Coordenação tem para nós esta acepção ampla de aglutinação de pessoas em torno da busca de sentido para as práticas educativas que, embora ocorrendo em vários espaços

---

1. Os outros dois pilares do trabalho pedagógico são a "organização da coletividade" e o "relacionamento interpessoal" (C. S. Vasconcellos, *Para Onde Vai o Professor*, 2017g, p. 39-40).

2. "Ofício" de mestre (Arroyo, 2000) e "ofício" de aluno (Perrenoud, 1995); dodiscência (docência-discência) (Freire, 1997).

3. Para, assim, trabalho se afastar de sua raiz, do latim, *tripalium*: aparelho formado de três pés, usado para imobilizar certos animais; daí vem a ideia de sujeição penosa, sofrimento, tortura.

e tempos da escola, têm (devem ter) uma profunda articulação. A atividade educativa é essencialmente relacional. Coordenação corresponde ao esforço de caminhar junto,[4] de superar as justaposições, as fragmentações ou a ação desprovida de intencionalidade.

Logo de partida, cabe um alerta: quando nos referimos à *coordenação do trabalho pedagógico* não estamos absolutamente reduzindo tal atividade aos *coordenadores pedagógicos* ou *supervisores*. Muito pelo contrário, a coordenação do trabalho pedagógico no seu autêntico sentido tem a ver com todos os sujeitos e com todas as instâncias formativas no interior da escola, e consequentemente em todas deve se dar, desde a prática mais singular em sala de aula, até a efetivação de um currículo ou de um Projeto Político-Pedagógico.

O horizonte que temos é a humanização e a emancipação do cotidiano. Ocorre que o cotidiano, por ele mesmo, enquanto apreensão imediata, não nos leva a lugar algum, uma vez que, embora seja contraditório, em grande medida, ele está inserido num circuito reificado, de morte, que tende a ser reposto pelos mecanismos objetivos e subjetivos *instalados*. Por outro lado, o mesmo vale para a reflexão pedagógica: de nada adianta, quando isolada, *protegida* pelos muros da academia ou das salas de reuniões das escolas. A emergência do cotidiano enquanto categoria de abordagem da prática educacional, marcada, portanto, pela reflexão crítica, coletiva e sistemática, tem se mostrado como um caminho extremamente fértil no enfrentamento dos desafios da sala de aula e da escola.

Este livro como um todo é atravessado pela preocupação com a mudança, com a inovação, com a transformação. Esta é a nossa busca e compromisso.[5] Seria importante fazermos alguns esclarecimentos sobre nosso entendimento desta questão. Quando falamos em mudança, nos referimos não a qualquer mudança, nem a um eventual

---

4. Contrapõe-se, pois, à ideia de subordinação, enquanto submissão, estado de dependência ou obediência passiva.

5. Como afirma Paulo Freire (1921-1997): "A própria essência da democracia envolve uma nota fundamental, que lhe é intrínseca — a mudança" (1983a, p. 90).

mudancismo (mudança pela mudança, antessala dos modismos), mas às mudanças necessárias, que visam à transformação institucional (e/ou pessoal) para que possa ser fiel às suas opções radicais.[6] Trata-se de uma resposta ao apelo ontológico de ser mais. Daí a ênfase às ideias de fluxo, desejo, movimento, sonho, utopia, projeto, mudança, inovação, transformação. Todavia, isto não quer significar o desprezo daquilo que já foi conquistado, até porque, diante de uma inovação que se está buscando, o objetivo é que, uma vez alcançada, seja preservada, tenha uma determinada duração, não seja corrompida entropicamente pela lógica desumana que tende a ser hegemônica, em função das estruturas de base comprometidas com tal lógica.

Na abordagem que fazemos, o que está em pauta é a superação por incorporação (e não a simples negação). Isto significa a conservação e a elevação a um nível superior das positividades já conseguidas, ou seja, são mudanças que, ao mesmo tempo em que buscam alterar a realidade, são capazes de identificar, valorizar e preservar aquilo que a prática escolar tem de construtivo. Na perspectiva dialética, que procuramos assumir, mudança-conservação constituem um par dialético, uma unidade contraditória: um polo necessita do outro, um nega o outro, e nesta interação, superam-se. Entende-se, pois, que não é possível fazer mudança a não ser a partir do reconhecimento do que está dado; mas será este mesmo reconhecimento que, de um lado, possibilitará identificar valores, aspectos positivos ou potenciais da tradição, e, de outro, levará a identificar os limites e provocar o desejo de mudança, que, por seu turno, ocorrerá (ou não) tendo por base justamente esta realidade de partida.

Parafraseando Niels Bohr (1885-1962), poderíamos dizer que *quem não se sentir chocado com a* complexidade da educação *é porque não a compreendeu*.[7] Vivemos momentos de profunda ambiguidade, tanto do ponto de vista objetivo quanto subjetivo. Só a título de ilustração, podemos citar o avanço da escola de massa: de um lado, corresponde

---

6. Radical: que remete às raízes.

7. No original, o autor refere-se à teoria quântica; ver Capítulo 10.

a uma demanda histórica das camadas populares, uma resposta a um direito social básico, fato que é amplamente alardeado pelos dirigentes; de outro, em muitos casos, podemos perguntar: diante do estado de degradação das condições oferecidas, isto que foi dado ao povo é de fato uma escola?

Um outro exemplo poderia ser o conceito de trabalho: ultimamente é palco de disputas, em função do forte deslocamento de sua modalidade predominantemente material para imaterial (intelectual, espiritual), consequência das transformações que estão ocorrendo na sociedade e, em especial, nos processos de produção, já que estes, através da microeletrônica, informática, robótica, telemática, se automatizam, apontando para a possibilidade de liberar o homem para o lazer, para o não-trabalho. Todavia, esta virtualidade está minada, em função da ordem social e econômica vigente,[8] o que coloca uma contradição de fundo. De qualquer forma, entendemos que, mesmo neste complexo contexto, o trabalho no sentido em que Marx (1980, p. 205) coloca ("No processo de trabalho, a atividade do homem opera uma transformação, subordinada a um determinado fim, no objeto sobre que atua por meio do instrumental de trabalho") continuará "sendo uma prerrogativa humana" (Saviani, 1999, p. 36). No caso da educação, e mais especificamente da atividade pedagógica, por trabalhar fundamentalmente com o saber, o que está em jogo é a subjetividade[9] dos envolvidos (produção de conhecimentos, ideias, conceitos, valores, atitudes, hábitos, habilidades), sendo que os instrumentos são eminentemente simbólicos (o que não significa em absoluto isolamento em relação às esferas produtiva e política da existência).[10]

---

8. Concretamente, ao invés de tempo livre, o que tem ocorrido é enormes contingentes humanos sendo jogados para a condição de "desempregados", um eufemismo para "massa sobrante" (já não são necessários para formar exército industrial de reserva, nem têm condições de consumir as quinquilharias produzidas pelo grande capital...).

9. "A 'matéria-prima' do trabalho imaterial é a subjetividade e o 'ambiente ideológico' no qual esta subjetividade vive e se reproduz" (Negri; Lazzarato, 2001, p. 46).

10. Não podemos perder de vista que "a educação é trabalho não-material no seio da prática social global" (Freitas, 1995, p. 101).

A atual crise paradigmática provoca desorientação, até mesmo angústia e vertigem. No entanto, tem ganhos muito relevantes: menos petulância, menos arrogância;[11] maior liberdade de reflexão, a possibilidade de pensar com a própria cabeça, percorrer caminhos não trilhados, superação de esquemas rígidos; o desmonte de dogmatismos; a ruptura com a intolerância face ao diferente ou com a necessidade de filiação a alguma "igrejinha" teórica ou ideológica para poder dizer "sua" palavra. No paradigma emergente, com a transdisciplinaridade, temos outros saberes circulando; uma nova forma de relacionamento com a realidade, com as verdades das ciências vai aos poucos se constituindo, o que possibilita uma melhor compreensão da prática, a abertura a novas alternativas de ação, "o conhecimento prudente para uma vida decente" (Santos, 1996, p. 37) e, no limite, a busca mais autêntica da felicidade (Demo, 2001). No projeto cartesiano, uma das bases do paradigma moderno hora em xeque, a *dúvida metódica*, postura, a nosso ver, da maior importância, estava mais para uma estratégia do que para uma atitude diante da existência, uma vez que seu horizonte imediato era chegar ao porto seguro das *ideias claras e distintas* (Descartes, 1979, p. 47). Hoje, sem querer ou poder *recorrer a garantias transcendentais*, vemo-nos na contingência de trocar determinadas (in)certezas por outras.[12] Todavia, esta postura epistemológica de humildade e abertura não pode significar relativismo ético ou a demissão histórica, através da indiferença, cinismo ou niilismo. "Trata-se de um pensamento sem dogmas, voltado para o futuro, que só progride destruindo suas próprias certezas, mas que não abre mão de buscar a verdade" (Japiassu, 2001, p. 7),[13] não abre mão de seu caráter eminentemente crítico para com a realidade. Portanto, nada

---

11. Até há bem pouco tempo, passava-se a impressão de que tudo já estava escrito, tudo já estava dito, tudo já estava descoberto.

12. Nas palavras de Prigogine (1917-2003): "O que procuramos construir é um caminho estreito entre duas concepções que levam igualmente à alienação, a de um mundo regido por leis que não deixam nenhum lugar para a novidade, e a de um mundo absurdo, acasual, onde nada pode ser previsto nem descrito em termos gerais" (1996b, p. 197-8).

13. Tendo clareza de que "é infindável o processo de estabelecimento da verdade (científica, filosófica, etc.)" (Japiassu, 2001, p. 234).

de irracionalismo ou desmobilização (conformismo, entreguismo, cooptação); "justamente porque a incerteza sobre o real é fundamental, é que somos conduzidos a lutar por nossas finalidades" (Morin, 1998b, p. 69), na firme esperança de estarmos nos aproximando de "uma política pós-colonial de ética e compaixão" (Freire, 1998, p. xvi).

Assumimos o desafio de fazer uma abordagem rigorosa da prática pedagógica, mas ao mesmo tempo ter uma linguagem acessível. De um modo geral, cada texto tem sua autonomia, servindo como recurso para encontros, reuniões pedagógicas ou estudo do professor. A unidade entre os textos é dada pela linha teórico-metodológica e pela temática comum.

A presente obra é atravessada por um conjunto de questões teórico-metodológicas relacionadas ao processo de mudança, de inovação das práticas em sala de aula e na escola: *méthodos*, planejamento, atividade humana, Zona de Autonomia Relativa (ZAR), categorias de sensibilidade, reflexão, ação e sustentação (criticidade, totalidade, historicidade, práxis — a tão complexa relação entre Teoria e Prática —, continuidade-ruptura, problematização, significação, ética, visão de processo, avaliação, participação), superação por incorporação (em contraposição à simples negação e ao pensamento dicotômico), novas metáforas para romper condicionamentos mentais, salto qualitativo, enfrentamento de resistências, resiliência, aproximações sucessivas, combinação das diferenças.

Abordamos temas de grande importância para o educador: projeto político-pedagógico, avaliação institucional, papel da equipe dirigente, contribuições da orientação educacional, papel da supervisão/coordenação pedagógica, trabalho coletivo, reuniões pedagógicas, currículo, ciclos de formação, planejamento de sala de aula, trabalho com o conhecimento, metodologia de sala de aula, relação professor-aluno, gestão de sala de aula, (in)disciplina, avaliação da aprendizagem, exames, vestibular etc., tendo como eixo articulador a coordenação do trabalho pedagógico, na perspectiva de uma gestão democrática e libertadora da sala de aula e da escola.

Nossa intenção é propiciar novas aproximações, novos enfoques e articulações, no sentido sempre de decifrar a tão complexa, fascinante e extremamente necessária atividade que exercemos, bem como de buscar alternativas, e assim colaborar com o avanço da prática no interior da sala de aula e da escola.

Em função de seu uso como livro-texto ou como bibliografia de referência nas faculdades de educação, nos cursos de licenciatura, assim como sua utilização nos espaços de formação continuada nas instituições de ensino, além de sua presença na bibliografia de inúmeros concursos em redes estaduais e municipais de ensino, podemos dizer, sem falsa modéstia, que este livro tornou-se um pequeno clássico na sua área.

Por tudo isto é que, com imensa alegria, prefacio esta primeira edição (revista, atualizada e ampliada) do livro "Coordenação do Trabalho Pedagógico: do Projeto Político-Pedagógico ao Cotidiano da Sala de Aula" pela Cortez Editora!

São Paulo, maio de 2019

Celso dos Santos Vasconcellos

1

PROJETO POLÍTICO-PEDAGÓGICO:
Considerações sobre sua Elaboração e Concretização

Não constitui absolutamente novidade a denúncia de que a escola (em função de seu caráter autoritário, elitista, passiva, verbalista, voltada para a seleção social e inculcação ideológica) precisa mudar. No novo ideário pedagógico, é corrente o discurso de que "os conteúdos devem ser próximos à realidade dos alunos, a educação deve ativa, ajudar a construir a cidadania etc." Todavia, quando confrontamos com o cotidiano escolar, é abissal a distância. Tem crescido a denúncia desta contradição: o mundo educacional, em especial o acadêmico, talvez seja aquele no qual mais se fala de mudança e menos se mude (Demo, 2000b, p. 65). Diante de alguns discursos descolados de efetividade, dá realmente vontade de perguntar: não seria mais um "colóquio flácido para acalentar bovinos" (conversa mole para boi dormir)? Não estaríamos frente a mais uma estratégia de *desaparição*, de ocultação da realidade?

Entendemos que o problema não está tanto na discrepância entre desejo e prática, posto que isto, de certa forma, sempre teremos, dada a humana característica teleológica e de eterna busca. O problema está muito mais na falta de percepção coletiva desta distância, e na falta de vontade política e instrumentos para diminuí-la.

Mudar a prática educativa implica alterar concepções enraizadas e, sobretudo, enfrentar a "roda viva" já existente. No momento da tentativa de mudança é que sentimos a fragilidade de nossa teoria, assim como de nossas convicções, de nossa organização, além de nossas estruturas e condições materiais. Estamos apontando, pois, para a existência de outros condicionantes que não apenas o teórico. Ocorre que o papel da teoria deve ser exatamente este: tentar captar esses condicionantes, o movimento do real, para nele intervir. Este é o desafio. O Projeto Político-Pedagógico entra justamente neste campo como um instrumento teórico-metodológico a ser disponibilizado, (re)construído e utilizado por aqueles que desejam efetivamente a mudança.

É praticamente impossível mudar a prática de sala de aula sem vinculá-la a uma proposta conjunta da escola, a uma leitura da realidade, à filosofia educacional, às concepções de pessoa, sociedade, currículo, planejamento, disciplina, a um leque de ações e intervenções e interações. Não iremos muito longe se ficarmos discutindo, por exemplo, metodologias de ensino de forma isolada. Um dos pontos mais enfatizados pelos professores em escolas que estão com problemas de gestão é a falta de uma linha comum de atuação, onde todos tenham a "mesma linguagem" (compartilhar visão de mundo e de educação, ter um trabalho coordenado).[1]

Emergência da Necessidade do Projeto Político-Pedagógico

A partir dos anos 80 do século XX, a escola vai sendo identificada como um importante espaço na concretização das políticas educativas, deixando de ser mero prolongamento da administração central. Com isso se reconhece que cada escola é uma "organização social,

---

1. C. S. Vasconcellos, *Avaliação da Aprendizagem: Práticas de Mudança*, p. 107.

inserida num contexto local, com uma identidade e cultura próprias, um espaço de autonomia a construir e descobrir, susceptível de se materializar num projeto educativo" (Canário, 1992, p. 166). Entre o sistema educacional (normalmente propulsor de reformas — das mais variadas matizes) e a prática de sala de aula (onde se espera que a reforma aconteça) impõe-se considerar a dimensão intermediária (*meso*) da escola.

Um pouco antes disso (anos 70), as instituições de ensino são submetidas a uma virulenta crítica sociológica. Passam a ser identificadas como aparelhos ideológicos de Estado, como reprodutoras da desigualdade social. Um tanto mais à frente, começa a ruir o mito de ascensão social através do diploma. Tudo isso contribuiu para desestabilizar os educadores, uma vez que o papel da escola já não estava tão evidente como no passado, exigindo uma redefinição.

Paralelamente, desenvolvem-se novos instrumentos de planejamento; concepções novas começam a ser estudadas para enfrentar a complexidade da prática educativa. A tradicional "filosofia da escola" e o velho e bom "regimento escolar" já não dão conta de gerir o cada vez mais caótico cotidiano. O avanço da conquista de direitos, o crescimento da vontade de participar, da mesma forma, configuram o quadro em que se insere a escola. Nesse contexto, o Projeto Político-Pedagógico vai se afirmando como uma necessidade para os educadores e para as instituições de ensino.

Naturalmente, existem diferentes formas de se conceber e fazer Projeto Político-Pedagógico.[2] O referencial com que trabalhamos é o do Planejamento Participativo.[3] As reflexões que seguem vão,

---

2. Ver, por exemplo, duas posições bem diferentes da por nós assumida e que têm exercido certa influência nas instituições de ensino: o Planejamento Estratégico (pelo menos na sua concepção mais original, ligado às empresas) e o Gerenciamento da Qualidade Total (também de origem empresarial). Se a primeira posição tem avançado e até se metamorfoseado (fala-se hoje de planejamento estratégico participativo), a segunda entrou em franco desuso na educação.

3. Que teve origem em movimentos sociais de emancipação, na América Latina, nos anos 1960/70. Podemos citar alguns autores que, embora com suas diferenças, têm caminhado nesta linha: Miguel Cabello, Eduardo Espinoza, Justino Gómez, Hugo Hidalgo, Danilo Gandin, Joaquin

portanto, nessa direção. Elas não têm por objetivo apresentar um modelo padrão que deve ser rigidamente seguido; trata-se de um ponto de vista. Procuramos apresentá-lo da forma mais inequívoca possível, não por pretensão de universalidade, mas por entender que assim contribuiremos para o avanço das reflexões e para a formação dos educadores. Dizendo de outra forma: entendemos que não é por omissão, frouxidão ou imprecisão teórico-metodológica que podemos eventualmente ajudar a avançar a prática educativa; pelo contrário, essa contribuição pode se dar pela apresentação de uma posição bem definida, que favoreça o debate e as necessárias superações. A identidade se constrói na alteridade e não na confusão de ideias, posicionamentos e personalidades. Cada instituição deverá traçar o seu caminho; porém, esse caminho poderá ser tanto mais interessante quanto maior a oportunidade de diálogo com outros sujeitos também posicionados. Em nome de não serem *diretivos*, o que alguns autores fazem é se omitir em relação a questões básicas que os educadores se colocam a partir de seu duro cotidiano. Nosso posicionamento é outro: procurar enfrentar as questões, todavia sabendo que se trata sempre apenas de uma aproximação, de uma possibilidade.[4]

Em termos de abordagem da temática, pode-se dar ênfase mais ao que seria o *conteúdo* do projeto ou ao seu *método* de elaboração. Embora lembrando que o *método* também é *conteúdo*, é fruto de uma dada concepção de mundo, de epistemologia, de educação, na presente

---

Panini, Leandro Rossa, Margot B. Ott, Cecília Cardozo Alves, Elli Benincá, Ilda R. Damke, Carlos H. Carrilho Cruz, Maria de Socorro de Sousa, Junot C. Matos, Célia M. R. Costa Pereira, Itamar Silva, Marcos Sandrini, Ângelo Dalmas, Agenor Brighenti, Therezinha da Cruz, Francisco Whitaker Ferreira, João Bosco G. Pinto, Lauro C. Wittman, Ana M. Saul, Moacir Gadotti, José E. Romão, Paulo R. Padilha etc.

4. Esse esclarecimento se aplica ao conjunto da obra: em muitos momentos usamos termos como "é preciso", "o professor deve" etc. muito mais em função de deixar claro o que pensamos, o que para nós tem se revelado importante, do que de um posicionamento dogmático, de "prescrição fatal": se não acontecer assim, tudo estará "errado" e "perdido". Não. Se não acontecer como estamos falando..., vai acontecer de outra forma! (com a qual gostaríamos, inclusive, de dialogar).

reflexão privilegiaremos mais o método, tanto por sua importância quanto por percebermos uma menor produção neste âmbito.[5]

I. Resgatando o Conceito e a Finalidade do Projeto

O Projeto Político-Pedagógico é o plano global da instituição. Pode ser entendido como a sistematização, nunca definitiva, de um processo de planejamento participativo, que se aperfeiçoa e se objetiva na caminhada, que define claramente o tipo de ação educativa que se quer realizar, a partir de um posicionamento quanto à sua intencionalidade e de uma leitura da realidade. Trata-se de um importante caminho para a construção da identidade da instituição. É um instrumento teórico-metodológico para a transformação da realidade[6]. Enquanto processo, implica a expressão das opções da instituição, do conhecimento e julgamento da realidade, bem como das propostas de ação para concretizar o que se propõe a partir do que vem sendo; e vai além: supõe a colocação em prática daquilo que foi projetado, acompanhado da análise dos resultados.

Podemos apresentar as seguintes características do Projeto Político-Pedagógico:

- Quanto à Abrangência: amplo, integral, global. É o mais abrangente no nível que está se planejando; funciona como uma espécie de "guarda-chuva" para outros projetos, acolhendo, dando unidade e organicidade.[7] Historicamente, nem sempre essa ordem lógica

---

5. Os demais capítulos desta obra podem contribuir para subsidiar os *conteúdos* do Projeto Político-Pedagógico.

6. C. S. Vasconcellos, *Planejamento: Projeto de Ensino-Aprendizagem e Projeto Político-Pedagógico*, p. 169.

7. Assim, por exemplo, numa escola, o Projeto Político-Pedagógico será a referência para os projetos de cursos (por exemplo: Educação Infantil, Ensino Fundamental I, Ensino Noturno etc.), para os projetos setoriais (por exemplo: projeto de trabalho da direção, projeto da Associação de Pais e Mestres, do Grêmio Estudantil, da secretaria escolar etc.), para os projetos de ensino-aprendizagem dos professores (várias áreas do conhecimento ou disciplinas), para os projetos de trabalho didáticos (por exemplo: A Fazendinha, O Rio Antigo, Antártida etc.), ou

acontece, já que em muitas realidades o Projeto Político-Pedagógico passa a ser sistematizado depois de projetos setoriais ou específicos; o importante é que seja analisada e garantida a articulação coerente entre o particular e o geral.

■ Quanto à Duração: longa. Normalmente, a programação prevê atividades para todo o ano, ou mesmo para vários anos. Enquanto o *Diagnóstico* e a *Programação* são revistos ano a ano, o *Marco Referencial* costuma permanecer o mesmo por dois, três ou mais anos.

■ Quanto à Participação: coletivo, democrático. Embora conte — e até tenha como base — com a participação individual, vai muito além dela, na medida em que implica o envolvimento efetivo dos vários membros que compõem a instituição, bem como da comunidade educativa.

■ Quanto à Concretização: processual. Não se esgota na elaboração de um texto ou documento, ou na realização de uma atividade. Vivencia a dialética instituído-instituinte. Pauta-se no exercício crítico, na avaliação permanente, na articulação constante entre ação-reflexão-ação. Está, portanto, sempre sendo (re)construído.

Pode ser entendido como composto de dois subprocessos: *Elaboração* e *Realização Interativa*. Esse é um aspecto relevante. Não queremos reduzir o Projeto à sua simples confecção. Todo processo de planejamento rigoroso e comprometido com a transformação deve contemplar algumas dimensões básicas, que podem, inclusive, aparecer com diferentes denominações:[8]

• Dados; conhecimento; diagnóstico; necessidade; problema; justificativa; situação; contexto; realidade;

• Objetivo; meta; missão; princípio; valores; visão de futuro; utopia; sonho; horizonte; finalidade;

---

ainda para projetos específicos (por exemplo: projeto de redução da evasão, projeto da horta comunitária, plano de desenvolvimento institucional etc.).

8. Embora também nem sempre querendo dizer exatamente a mesma coisa, mas remetendo a uma dimensão básica, que é o que nos importa neste momento.

- Orientação para a ação; diretriz; política; estratégia; "como"; programação; plano de ação;
- Prática; aplicação; operacionalização; execução; implantação, realização; mediação; ação[9];
- Análise dos resultados; controle; retroalimentação; monitoramento dos resultados; acompanhamento; avaliação.[10]

Na nomenclatura que adotamos para o processo de planejamento, enquanto *Elaboração*, o Projeto deve contemplar a reflexão em três dimensões fundamentais: *Análise da Realidade, Projeção de Finalidades* e *Elaboração de Formas de Mediação (Plano de Ação)*. Já a *Realização Interativa* implica a *Ação* (de acordo com o plano que foi elaborado), bem como a *Avaliação*. Embora fazendo parte de um todo, é interessante atentar para as especificidades de cada dimensão, o que vai exigir competências diferenciadas dos agentes educacionais.

Político-Pedagógico ou Pedagógico?

Em relação à denominação *Projeto Político-Pedagógico*, sabemos que não existe um consenso.[11] A nosso ver, essa diversidade de terminologias se dá seja porque a temática do Projeto é relativamente nova para muitos educadores, seja por falta de circulação das produções dos diferentes autores e instituições, mas ainda pela existência de diferentes compreensões ou pressupostos. Alguns educadores indagam

---

9. Dependendo do sentido, *trajeto, caminho* podem também aparecer aqui (indicando a ação de percorrer) ou no conjunto anterior (indicando percurso a ser feito).

10. A rigor, quando consideramos a Atividade Humana como um todo, devemos incluir mais duas dimensões iniciais: Sensibilidade e Motivo. Sobre isto, ver C. S. Vasconcellos, *Currículo: a Atividade Humana como Princípio Educativo*, p. 72 e ss.

11. Por exemplo: Projeto Pedagógico, Proposta Pedagógica, Projeto Educativo, Projeto de Escola, Projeto de Estabelecimento, Projeto Pedagógico-Curricular, Projeto Pedagógico-Administrativo, Projeto Pedagógico-Institucional, Plano Escolar, Plano Diretor etc.

se a presença do "Político" não seria redundância, uma vez que toda ação pedagógica é também política, por visar formar o cidadão. Concordamos, porém consideramos importante manter o *político* para jamais descuidarmos dessa dimensão tão decisiva do nosso trabalho, não nos esquecermos dos coeficientes de poder presentes nas práticas educativas e nas suas interfaces com a sociedade como um todo.[12] Da mesma forma, para não perdermos de vista que a algum interesse político nós sempre servimos, que não há neutralidade; se não temos um projeto explícito e assumido, com certeza estamos seguindo o projeto de alguém (que talvez até faça questão de não se manifestar para poder dominar com eficiência). Poderíamos nos remeter aqui a algumas das precisas e duras palavras de B. Brecht (1898-1956), em seu poema o *Analfabeto Político*: "O pior analfabeto é o analfabeto político... O analfabeto político é tão burro que se orgulha e estufa o peito, dizendo que odeia a política. Não sabe o imbecil que da sua ignorância nasce a prostituta, o menor abandonado, o assaltante e o pior de todos os bandidos, que é o político vigarista, pilantra, corrupto, lacaio das empresas nacionais e multinacionais. Ele não ouve, não fala nem participa dos acontecimentos políticos...".

Além disso, a omissão do termo *político* pode ser mais um fator de distorção, por induzir ao engano de restringir o projeto a uma tarefa técnica, da qual somente especialistas, profissionais da área, poderiam participar na elaboração,[13] deixando, portanto, de fora segmentos importantes como os alunos e a comunidade. Ser político significa tomar posição nos conflitos presentes na *Polis*; significa, sobretudo, a busca do bem comum. Não deve ser entendido no sentido estrito de uma doutrina ou partido.[14]

---

12. Podemos nos lembrar aqui do contundente alerta de Adorno (1903-1969) no texto *Educação após Auschwitz* (1995, p. 119): "que esta barbárie não se repita! Esta é a primeira de todas as exigências para a educação".

13. Não podemos abstrair a forte presença do tecnicismo na educação em geral e no campo do planejamento em particular.

14. Partido, por definição, diz respeito a uma parte; a educação, pelo contrário, tem aspirações de universalidade.

Enquanto, por exemplo, *Projeto Educativo* é uma denominação comum em países como França, Espanha ou em Portugal, *Projeto Político-Pedagógico* é usado por um grande número de professores, escolas, sistemas de ensino e autores brasileiros. É evidente que não queremos cair num nominalismo (achar que o uso do nome já é garantia de alguma coisa) ou sectarismo (achar que a denominação que usamos é a única correta); mas é importante deixar o alerta: nem tudo quer dizer a mesma coisa; é preciso examinar os pressupostos!

1. Finalidades do Projeto

"Os seres humanos têm necessidade de mitos, de ilusões, de crenças partilhadas que deem sentido à sua ação" (Perrenoud; Thurler, 1994, p. 137), sendo o projeto uma forma de ajudar a construir coletivamente este sentido, esta *intencionalidade compartilhada* (Severino, 1992, p. 80). Temos, então, como finalidades do Projeto Político-Pedagógico:

*   Resgatar a intencionalidade da ação (marca essencialmente humana), possibilitando a (re)significação do trabalho; superar a crise de sentido;
*   Ser um instrumento de transformação da realidade; resgatar a potência da coletividade; gerar esperança;
*   Dar um referencial de conjunto para a caminhada; aglutinar pessoas em torno de uma causa comum; gerar solidariedade, parceria;
*   Ajudar a construir a unidade (e não a uniformidade); superar o caráter fragmentário das práticas em educação, a mera justaposição. Possibilitar a continuidade da linha de trabalho na instituição;
*   Propiciar a racionalização dos esforços e recursos (eficiência e eficácia), utilizados para atingir **fins essenciais** do processo educacional;

- Ser um canal de participação efetiva; superar as práticas autoritárias e/ou individualistas. Ajudar a superar as imposições
  ou disputas de vontades individuais, na medida em que há um
  referencial construído e assumido coletivamente;
- Diminuir o sofrimento; aumentar o grau de realização/concreti-
  zação (e, portanto, de satisfação) do trabalho;
- Fortalecer o grupo para enfrentar conflitos, contradições e pressões, avançando na autonomia ("caminhar com as próprias per-
  nas") e na criatividade (descobrir o próprio caminho);
- Colaborar na formação dos participantes.

Embora os objetivos sejam amplos, não vemos o Projeto como
panaceia, como uma *receita mágica* que resolveria todos os problemas da
escola. Os resultados do Projeto vão depender tanto do compromisso
dos envolvidos (qualidade política), quanto do referencial teórico-metodológico adotado (qualidade formal). Entendemos que, enquanto
possibilita a melhor definição da identidade da instituição, o conhecimento da realidade e a abertura de horizontes, favorece uma certa
estabilidade para a caminhada, leva a um maior comprometimento,
favorece a definição de linhas, metas mais claras para o trabalho,
fundamenta reivindicações, leva à conquista de mais espaço para uma
educação de qualidade democrática, o Projeto Político-Pedagógico é
um **instrumento de luta!**

O Projeto tem uma importante contribuição no sentido de ajudar
a conquistar e consolidar a autonomia da escola, criar um clima, um
ambiente, um *ethos* onde professores e equipe se sintam responsáveis
por aquilo que lá acontece, inclusive em relação ao desenvolvimento
dos alunos. De certa forma, é o Projeto que vai articular, no interior da
escola, a tensa vivência da descentralização, e através disso permitir
o diálogo consistente e fecundo com a comunidade, e mesmo com
os órgãos dirigentes. É sempre bom lembrar que toda autonomia é
relativa; o discurso da autonomia não pode ser usado para justificar
fechamento, isolamento, autossuficiência. Não podemos nos esquecer

de que o trabalho que desenvolvemos na escola, independente da ordem jurídica da sua mantenedora (estatal, comunitária ou privada), tem uma dimensão pública, uma função social, já que diz respeito a direitos fundamentais de cidadania.

> Nossa obrigação é dar conta de um direito cujos contornos não é cada escola que decide. Um direito é inerente à condição humana de cada educando. Diante de direitos sociais, só nos cabe, como famílias, comunidades ou profissionais entender suas exigências e garanti-los. Nunca teremos o direito de reduzi-los e menos de negá-los, ou de interpretá-los autonomamente. (Arroyo, s/d., p. 11)

A escola avaliando-se, e percebendo suas necessidades, pode tomar iniciativas para superá-las. Quando isso não acontece, quando a escola não se coloca a tarefa de analisar as próprias práticas, vai sofrer as consequências de uma avaliação externa,[15] aumentando o seu grau de fragilidade e dependência.

Também nesse contexto, corre-se o risco de se ver as coisas resolvidas formalmente: "Agora se diz que temos de ter projeto; então vamos fazer logo um para ficarmos livre desta cobrança". Mais do que um texto escrito, é fundamental o compromisso com alguns valores, princípios, visão da realidade, ação articulada com reflexão, enfim, práxis. A criação de um clima de projeto na escola ajuda, inclusive, a diminuir a rotatividade — que tem um efeito desestruturador profundo da atividade educativa, já que ninguém se responsabiliza por nada — entre os educadores: sentem que a escola tem um ambiente diferente, mais propício ao trabalho.[16]

---

15. Não estamos negando a validade da avaliação externa (desde que negociada sua intencionalidade, conteúdo e forma), mas alertando para o fato de que a falta de autocrítica deixa a instituição à mercê do juízo externo, não tendo outro ponto de vista, construído internamente, para confrontar.

16. C. S. Vasconcellos, *Avaliação da Aprendizagem: Práticas de Mudança*, p. 108.

2. Estrutura do Projeto

A estrutura básica da elaboração do Projeto Político-Pedagógico na linha do Planejamento Participativo é composta de três grandes elementos, a saber: *Marco Referencial, Diagnóstico* e *Programação*, que correspondem, respectivamente, àquelas três dimensões do processo de planejamento que apontamos antes: *Projeção de Finalidades, Análise da Realidade* e *Elaboração das Formas de Mediação*. Apresentamos no quadro a seguir as três partes constituintes da elaboração do Projeto Político-Pedagógico:[17]

Quadro 1. Visão Geral da Elaboração do Projeto Político-Pedagógico

Partes	Significado	Função
I. Marco Referencial 1. Marco Situacional (leitura da realidade geral) 2. Marco Filosófico (ideal geral) 3. Marco Operativo (ideal específico)	**Ideal** O que desejamos. Tomada de posição: explicitação das opções e dos valores assumidos Posicionamento: • Político • Pedagógico	■ Tensionar a realidade no sentido da sua Superação/Transformação; ■ Fornecer Parâmetros, Critérios para o Diagnóstico.
⇕	⇕	⇕
II. Diagnóstico Pesquisa + Análise ⇩ Necessidades	**Busca das Necessidades** A partir da Análise da Realidade e/ou da Comparação com o Ideal saber a que distância estamos do desejado	■ Conhecer a realidade ■ Julgar a realidade ■ Chegar às Necessidades
⇕	⇕	⇕
III. Programação • Ação Concreta • Linha de Ação • Atividade Permanente • Norma	**Proposta de Ação** O que é necessário e possível ser feito para diminuir a distância	■ Decidir a Ação para diminuir a distância em relação ao ideal desejado

---

17. Para um maior aprofundamento sobre o significado das partes do projeto, remetemos o leitor para outra obra nossa: *Planejamento: Projeto de Ensino-Aprendizagem e Projeto Político-Pedagógico*.

No processo de mudança da realidade, apesar de haver maior solicitação do "como", uma pressa em se chegar logo ao "o que" fazer, não podemos perder de vista a necessária articulação entre a finalidade do trabalho (*Marco Referencial*), a análise da realidade (*Diagnóstico*), e as mediações propostas (*Programação*), pois uma mediação pode ser totalmente equivocada se não conhecermos bem a realidade em que atuaremos ou se não tivermos clareza dos objetivos; o desejo, a boa vontade, a utopia, o ideal é fundamental, mas não pode deixar de ser confrontado com os condicionantes, os limites históricos da realidade, bem como articulado com práticas objetivas que o concretizem. Deve-se fazer essa articulação entre todas as dimensões do Projeto.

Na elaboração, a questão da utopia, do "sonho" costuma ser polêmica, sendo até mesmo utilizada como argumento para desqualificar as práticas de planejamento. De fato, muitas das metanarrativas, que a pós-modernidade vem colocar sob suspeita ou desmontar, significaram no passado simplesmente estratégias de adiamento do presente: em nome de um futuro melhor, de um sonho, as pessoas eram submetidas à exploração, à manipulação.[18] A fim de evitar esse tipo de distorção, gostaríamos de explicitar o papel do *sonho* no Projeto:

Quadro 2. Lugar do Sonho no Projeto Político-Pedagógico

Partes do PPP	Lugar do Sonho: pode-se sonhar?
Marco Referencial	Deve-se; hora de alçar voos (não importa se são ou não viáveis no momento histórico da instituição).
Diagnóstico	De forma alguma; pé no chão; ver bem a realidade (nos seus aspectos positivos e negativos).
Programação	Sonhar o sonho possível; sonho já dimensionado em função do confronto com a realidade.

Face ao descompasso entre o desejo e os limites (como sonhar se são tantas as barreiras? Queremos, mas há o sistema que oprime),

---

18. "Você sofre agora, mas na eternidade vai ter sua recompensa".

diante do conflito entre a realidade difícil e o sonho, entendemos que a melhor alternativa não é deixar de sonhar (entregar os pontos), mas qualificar os sonhos! Não podemos deixar de sonhar, deixar de manifestar aquilo que desejamos muito profundamente, porém igualmente não podemos confundir aquelas palavras que expressam o sonho com a realidade. O quadro anterior nos ajuda a compreender exatamente o lugar do sonho em nossa caminhada.

3. Contribuições do Planejamento Participativo

O Projeto Político-Pedagógico na perspectiva do Planejamento Participativo tem duas grandes contribuições: 1) O rigor teórico-metodológico (qualidade formal); 2) A participação (qualidade política). Comecemos com a participação.

Sobre a Participação

É frequente a expressão do descontentamento relativo à falta de participação no projeto. Devemos interrogar, isso acontece:

- Por que não há oportunidade?
- Por que as pessoas não se engajam?

Há casos em que o educador sequer tem oportunidade de participar da elaboração do projeto: forma-se um pequeno grupo na escola (geralmente envolvendo os professores de Português, História, Filosofia, mais a direção e a coordenação pedagógica), que elabora o texto e traz para o coletivo, que logo aprova sem questionar (para não ser incluído no trabalho de redação). No entanto, a "demissão" na elaboração pode se dar mesmo quando o sujeito está presente nos vários momentos de construção, mas sem acreditar; é como se fizesse uma concessão aos caprichos da equipe diretiva, tomando parte da encenação sem questionar. Nesse caso, faz da mesma forma que costumava fazer o seu planejamento de sala de aula: sem envolvimento, pois sabia (imaginava) que nada daquilo iria ser levado a sério, nada iria acontecer mesmo. Se o projeto for elaborado sem entusiasmo, que poder terá para ajudar o grupo no processo de mudança? Certamente, não expressará mais do que palavras ocas, formais, sem vitalidade, embora politicamente corretas.[19] Deve ficar patente a articulação entre os diferentes níveis de projeto: o Projeto Político-Pedagógico, de um lado, se apoia no projeto pessoal do educador, que lhe dá sustentação; de outro, deve se abrir para um projeto social mais amplo, que lhe dá sentido.

A participação é uma resposta a um dos anseios mais fundamentais do homem: ser levado em conta, tomar parte, ser incluído, ser respeitado. Todavia, a participação só tem sentido quando existe por detrás uma ética, uma disposição em mudar realmente o que for necessário e não apenas as aparências. A participação é um direito (pelo simples fato de a pessoa fazer parte da *polis*) e um dever (de sair de uma situação de comodismo, de delegação para o outro, o que acaba gerando a perversa lógica do paternalismo). Pela participação, o indivíduo pode assumir a condição de sujeito e não de objeto (sentindo-se sujeitado ou como que fazendo parte do "cenário", porém não interferindo nos destinos do trabalho).

Nessa proposta, desde o princípio (sensibilização, decisão de fazer, de como fazer, quando fazer), todos participantes são convidados a serem sujeitos. Embora reconhecendo que não há técnica que seja autossuficiente, a própria metodologia de construção na linha do Planejamento Participativo (resposta individual, sistematização das respostas, plenário para análise e decisão coletiva)[20] favorece incrivelmente o envolvimento e a participação; possibilita o exercício da democracia direta e não da representativa. Essa prática é muito

---

19. Dentro do novo senso comum pedagógico.
20. Ver mais adiante, quando tratamos da elaboração do Projeto.

diferente daquela em que uma equipe prepara um "texto básico" e pede sugestões; é claro que é preferível algum nível de participação do que sua ausência, porém sabemos como é difícil palpitar num texto já pronto, com uma lógica montada, com coerência. Há um forte gradiente entre o grupo *aceitar* (ou dar sugestões) e o grupo *construir* a formulação. Com a metodologia da construção que tem como ponto de partida a expressão individual percebemos alguns grandes ganhos:

- **Psicológico:** envolvimento do grupo na tarefa; inclusão, sujeito se reconhece no produto coletivo;[21]

- **Epistemológico:** parte-se de onde o grupo está; coloca-se o sujeito na condição de produtor de conhecimento (e não de reprodutor ou receptáculo);

- **Político:** resgate da participação, da contribuição de cada um e de todos, exercício da decisão coletiva;

- **Pedagógico:** é um aprendizado de metodologia participativa, de diálogo, de respeito pelo outro, de tolerância, de interação.

Como dizia Paulo Freire, a "boniteza" não tem de estar tanto no produto, mas sobretudo no processo. O texto que vai surgir talvez não tenha o mesmo brilho de um outro produzido por um pequeno grupo,[22] todavia, manifesta a realidade do grupo naquele momento (podendo vir a ser aperfeiçoado nas próximas edições). O Projeto deve expressar de maneira simples (o que não significa dizer simplista) as opções, os compromissos, a visão de mundo e as tarefas assumidas pelo grupo; de pouco adianta um Projeto com palavras "alusivas",

---

21. Essa é uma cena típica, quando sujeito se depara com o texto-síntese e afirma: "Esta ideia, fui eu quem dei!".

22. Em função da tradição formalista e enciclopedista, alguns educadores acham que não têm condições de elaborar o projeto porque não dominam "aquela linguagem floreada" que os documentos e discursos educacionais (especialmente os oficiais e acadêmicos) costumam ter. Que bom que não dominam essa perniciosa linguagem, diríamos nós, pois o que ela tem feito historicamente é ser usada como colonialismo cultural e instrumento de manutenção da ordem dominante.

chavões, citações e mais citações, quando a comunidade sequer se lembra de sua existência.

Além disso, na linha que estamos apresentando, há toda uma preocupação em se provocar, despertar para o desejo de participar; tal empenho vem não de um princípio formal, mas de uma profunda crença na necessidade da participação para a construção de uma história (pessoal, institucional e social) diferente. Por outro lado, quando se favorece efetivamente a participação e o indivíduo não se engaja, a contradição fica com ele, perdendo o famoso álibi do "vem tudo pronto de cima".

O par complementar da participação é a corresponsabilidade. Não estamos planejando "para os outros"; temos de ter clareza da parte que nos cabe e assumi-la. Através do processo participativo os indivíduos vão aprendendo o jogo democrático, onde têm todo o direito de se expressarem, de lutarem por suas ideias e convicções, todavia também devem respeitar as decisões coletivas.

A participação aumenta o grau de consciência política, reforça o controle sobre a autoridade e também revigora o grau de legitimidade do poder-serviço. Sabemos que quanto maior a participação na elaboração, maior a probabilidade de que as coisas planejadas venham de fato a acontecer. Entretanto, quanto maior a participação, maior a dificuldade de lidar com a massa de dados e, sobretudo, de intenções, propostas, conflitos. É preciso avaliar o passo que a instituição pode dar no momento. Alguns dirigentes, por exemplo, argumentam: "Até que ponto a participação dos alunos e dos pais não vai provocar a inibição do professor?". Compete analisar cada situação. No entanto, podemos questionar: "Até que ponto esta participação não seria justamente um elemento de desequilíbrio, que levaria o professor a despertar, se abrir, se mobilizar para mudar, por sentir as forças vivas presentes na comunidade escolar".[23]

---

23. Seja por "amor" (sentir apoio ou se sensibilizar com a realidade da comunidade) ou "ódio" (se contrapor a certas visões dos pais).

Devemos considerar que parte significativa da resistência[24] à mudança é interna à instituição; ora, através da participação, possibilita-se a articulação e a busca de apoio dos vários sujeitos; quando isso não ocorre, os outros podem se tornar *obstáculos*.

No próximo item, discutiremos a fundamentação teórico-metodológica do Projeto, uma vez que, para se mudar a realidade é preciso uma ação qualificada, não aleatória, não alienada, que corresponda a uma intencionalidade; mas esse é apenas um dos lados da exigência da ação transformadora. O outro, é o que estamos analisando agora, o seu caráter coletivo, já que através de ações isoladas pouco avançamos face a problemáticas tão complexas como as envolvidas na prática educativa. Na verdade, estas duas exigências são complementares, tendo em vista que, por exemplo, para que venha a ser coletiva, pede uma elaboração reflexiva rigorosa, seja para poder ser comunicada aos outros, seja para poder propiciar o convencimento[25] dos outros (tarefa árdua, mas que é parte fundamental da prática democrática).

Reafirmamos que projetar a instituição é tarefa dos seus agentes e não de "especialistas" e/ou "burocratas" do sistema educacional. É o coletivo que vai manifestar sua intencionalidade, fazer sua leitura da realidade, e assumir compromissos com a prática transformadora, de tal forma que o Projeto contemple sua singularidade e tenha a *cara* da escola. As estratégias de imposição — explícita ou camuflada — de projetos a partir do exterior têm fracassado sistematicamente.

A elaboração participativa do Projeto Político-Pedagógico é uma oportunidade ímpar de a comunidade definir em conjunto a escola que deseja construir (*Marco Referencial*), avaliar a distância que se encontra do horizonte almejado (*Diagnóstico*) e definir os passos a serem dados para diminuir esta distância (*Programação*).

O processo de construção participativa do Projeto pode ser um importante espaço de construção do coletivo escolar.

---

24. *Resistência*, no decorrer do texto, ora aparecerá com sentido negativo (como agora), indicando fechamento, obstáculo à mudança, ora no sentido positivo de fortalecimento contra imposições autoritárias, resiliência. Caberá discernir em cada contexto.

25. Aliás, vale a pena ver a etimologia deste termo: com-vencer é vencer juntos.

II. Fundamentação Teórico-Metodológica do Projeto Político-Pedagógico

Na sequência, faremos algumas considerações sobre o rigor teórico-metodológico do Projeto, na perspectiva que estamos aqui assumindo. Acreditamos que a compreensão desse rigor pode ser um fator a mais para fortalecer o ânimo dos educadores no engajamento com o processo de planejamento.

1. Sobre a Lógica das Partes do Projeto

Ponto de Partida: desejo de mudança

Para muitos educadores, parece haver uma espécie de justaposição de tarefas: uma seria a de mudar a prática, outra seria a de "fazer planejamento". Quando se instala no sujeito o desejo de mudança, nem sempre ele o vincula com o planejamento, em decorrência da distorção histórica que tivemos nesse campo, que levou a uma descrença no planejar. Ora, entendemos que o projeto é justamente a ferramenta, o instrumento, a mediação que propiciará a mudança desejada, já que essa é sua essência, visto que, no processo de hominização, o ato de planejar se coloca como a manifestação da inconformidade dos nossos remotos antepassados com aquilo que estava dado. Planejar, portanto, na sua gênese, poderia ser considerado um outro nome de transformar. Cabe resgatar este sentido primordial.

O ponto de partida do projeto é um desejo de mudança, de aperfeiçoamento, querer algo melhor.[26] Se já está tudo bem, se os sujeitos estão satisfeitos, não carece planejar: basta repetir o que já se faz.

---

26. Que, por sua vez, quando consideramos a Atividade Humana como um todo, decorre da Sensibilidade, como veremos mais à frente.

Estamos, pois, partindo deste pressuposto (daí a importância do trabalho de sensibilização e provocação do desejo):[27] **querer transformar a realidade!** A partir disto, a grande questão passa a ser: O que fazer?

O que transforma a realidade é a Ação

O que transforma a realidade são as ações. O querer é condição necessária, mas não suficiente para alterar o real.

> Não é possível levar a cabo uma libertação real sem ser no mundo real e através de meios reais(...). A "libertação" é um fato histórico e não um fato intelectual, e é provocada por condições históricas... (Marx; Engels, 1980, p. 28)

As coisas, por si, muito dificilmente se transformam na direção que desejamos. Por si, as coisas tendem a se reproduzir: há uma "engrenagem" montada (que, provavelmente, corresponde a uma intencionalidade do passado); é como se ganhassem "vida própria". Precisamos considerar, todavia, que essa "engrenagem" é sustentada, muito concretamente, pela ação — alienada — dos homens ali presentes! "A humanização do homem, que é a sua libertação permanente, não se opera no interior da sua consciência, mas na história que eles devem fazer e refazer constantemente" (Freire, 1971, p. 36). O que importa, pois, é a ação. A ação é o elemento fundamental definidor dos sujeitos e das instituições.[28]

Ação ➔ Transformação
— Esquema: Transformação exige Ação —

---

27. Ver mais adiante a reflexão mais detalhada sobre a Sensibilização.

28. C. S. Vasconcellos, *Planejamento: Projeto de Ensino-Aprendizagem e Projeto Político-Pedagógico*, p. 43.

Mas não pode ser qualquer Ação

"O importante é a prática"; estamos de acordo, mas se fosse só isto, tudo estaria resolvido, pois o que não falta nas instituições educacionais é prática! A questão é o tipo de prática.

A análise de processos de mudança traz uma clara constatação: não basta qualquer ação. Não pode ser qualquer ação, pois:

- Não temos qualquer finalidade;
- Não partimos de qualquer realidade (pessoas, recursos, instituição, comunidade, sociedade).

Há, como vimos há pouco, um movimento dado no real, uma inércia; o mundo não está parado esperando nossa decisão para ver que rumo toma. Portanto, a ação não pode ser automática, mecânica (baseada na tradição, repetição) ou aleatória (improviso). Impõe-se o rompimento da alienação[29].

Um dos grandes desafios da instituição ou do sujeito é chegar a uma ação que seja eficaz, inovadora. Ações, práticas temos o tempo todo. A questão é ter a prática adequada, fazer "a coisa certa": direção, momento, conteúdo e forma adequados (o que, como, para quê, além da atitude: crença, estar inteiro). O objetivo de todo processo de planejamento é, portanto, chegar à ação transformadora.

Objetivo do Planejamento ➜ **Ação Transformadora**
— Esquema: Objetivo do Planejamento —

Essa vinculação precisa ficar muito clara, para evitar aquele equívoco citado anteriormente que é considerar o Projeto Político--Pedagógico como apenas um *posicionamento*, como a explicitação da

---

29. Podemos entender por alienação a situação em que o indivíduo, no decorrer de sua ação, se torna estranho tanto ao processo, quanto ao produto da ação, bem como a si mesmo.

filosofia educacional da instituição. Isto faz parte, mas a grande tarefa é chegar à **ação** de mudança da realidade.

Se a ação a ser desencadeada não pode ser uma ação qualquer, deverá estar atravessada, pois, por uma **intencionalidade**, sendo fruto de um plano, de uma proposta:

Proposta de Ação ⇨ Ação Transformadora

— Esquema: Exigência de Proposta para se chegar à Ação Transformadora —

Critérios Básicos para a Ação Transformadora: Necessidade e Possibilidade

O planejamento vai ajudar a organizar o processo de reflexão para procurar chegar a uma ação que seja transformadora.

Processo de Reflexão ⇨ Proposta de Ação ⇨ Ação Transformadora

— Esquema: Reflexão que leva à Proposta de Ação —

Ação transformadora é aquela que **supre alguma necessidade radical** do grupo e/ou da instituição; daí o esforço para se conhecer bem quais as necessidades da instituição que planeja. Para saber *o que* fazer, precisamos, então, localizar as *Necessidades*.

Necessidades ⇨ Proposta de Ação ⇨ Ação Transformadora

— Esquema: Necessidades como fundamento para a Proposta —

A *Necessidade* é, pois, um critério básico, definidor do caráter da ação a ser realizada; mas não é tudo. Além disso, para que uma ação venha a acontecer (passe do plano subjetivo para o objetivo, da intenção para a prática), **tem de ser possível**. Logo, o plano de ação deve levar em conta, como um outro critério básico, as *Possibilidades* de se colocar em prática; quando esse critério não é observado, as coisas não acontecem, há desmoralização de quem planejou, levando também ao descrédito a própria ideia de planejamento.

Necessidades ↘

  ↕   ⇨ Proposta de Ação ⇨ Ação Transformadora

Possibilidades ↗

— Esquema: Necessidades e Possibilidades como fundamentos para a Proposta —

Não estamos brincando de fazer textos "bonitos e ousados" (para serem apresentados à comunidade ou em revistas e congressos); estamos nos comprometendo com um difícil e exigente processo de mudança da realidade.

A *Possibilidade*, portanto, está relacionada à viabilidade ontológica, ao vir a ser da ação expressa no plano, uma vez que nos interessa propor algo que possa efetivamente ser realizado. Já a *Necessidade* diz respeito à qualidade da ação, uma vez que não nos interessa qualquer ação. Esses critérios, aparentemente simples e até mesmo óbvios, se levados a cabo, qualificam substancialmente o planejamento. É preciso ponderar, todavia, que sua emergência não é tão simples como pode parecer. Considerando-se as contribuições da Sociologia do Conhecimento, da *construção social da realidade* (Berger e Luckmann, 1978), sabemos, por exemplo, que a percepção que um sujeito tem de uma *mesma* realidade pode diferir significativamente da de outro. Não queremos com isso entrar num certo jogo idealista, solipsista que, num determinado momento da história das ideias, pôs a própria existência do real em xeque. O que queremos lembrar é que a apreensão que os diferentes membros da comunidade educativa farão da realidade escolar poderá ser bastante divergente. Vai ser preciso muita interação, muito diálogo para se chegar às necessidades e às possibilidades de forma rigorosa (não-alienada) e coletiva:

■ A *Necessidade* é fruto de um processo hermenêutico, de leitura e interpretação do real, de estabelecimento da rede de relações, portanto, de negociação de percepções e sentidos.

■ A *Possibilidade*, por seu turno, embora também tenha sua carga hermenêutica (na medida em que no processo de sua definição estão em pauta visões da realidade), nos remete mais ao campo da política, já que é, sobretudo, resultado de relações de poder, envolvendo negociação de recursos, opções, prioridades.

Ambas não estão definidas *a priori*, inscritas em algum lugar para serem *descobertas*; são construções da coletividade que planeja; além disso, são dinâmicas, mudam no decorrer da história da instituição.[30]

Sobre a Necessidade

Um dos grandes desafios do processo de planejamento é localizar bem as necessidades. Temos dois problemas básicos aqui:

• Necessidade não ser percebida por todos: a questão não é só identificar uma necessidade, mas essa identificação ser coletiva, qual seja, ser assumida como tal por um conjunto significativo de pessoas da instituição;

• Alienação das necessidades: não podemos esquecer de que há sempre o risco de as necessidades apontadas pelos participantes serem alienadas (há toda uma lógica social montada para isso).

As necessidades naturais são regidas por leis que compete ao homem descobrir. Já as humanas, fogem de uma lógica determinista, embora possamos localizar tendências em função dos valores,

---

30. Seja como decorrência da própria ação dos agentes escolares, seja por influência de fatores externos.

ideologias, representações. A necessidade humana é, pois, sempre produto de uma interpretação.

O Planejamento Participativo vai buscar exatamente a definição **coletiva** e **crítica** das necessidades. Segundo Gandin, "necessidades bem definidas levariam a mudar a realidade" (1991, p. 42). Essa é uma ideia interessante, pois alguns educadores poderiam dizer: "De que adianta localizar as necessidades se elas são impossíveis de serem satisfeitas?". Bem, a possibilidade de a necessidade ser satisfeita é um problema que, embora da maior relevância, é posterior, ou seja, antes de tudo, devemos reconhecer que necessidade é necessidade, não importa se pode ser suprida de imediato ou não (o fato de não poder ser satisfeita não anula sua realidade); o importante nesse momento é conseguir identificá-la. O que poderíamos ponderar é o seguinte: quanto mais clara for a explicitação da necessidade, maior será o seu potencial transformador, pois mais precisamente estará sendo elemento de tensionamento para gerar ações futuras. Uma estratégia que tem se revelado de grande valia é buscar captar a necessidade **na sua rede**: uma necessidade maior (nuclear) normalmente é constituída por outras mais elementares (*ancestrais, anteriores*). Naturalmente, quanto maior for nossa capacidade de localizar essa capilaridade, maior será a probabilidade de transformação, já que a satisfação das necessidades ancestrais cria melhores condições para satisfazer as nucleares. Tomemos um exemplo claro — e polêmico: a necessidade recuperação salarial; se buscarmos sua rede, encontraremos uma necessidade anterior, por exemplo, a união do coletivo em torno de uma causa, ou o reconhecimento do trabalho docente por parte da comunidade etc.[31]

Tecnicamente falando, não devemos confundir a *falta* com a *ação* que irá satisfazê-la: uma mesma necessidade pode ser satisfeita por diferentes ações. Quando se apresenta uma ação como se fosse uma

---

31. É interessante esse esforço reflexivo pois, de certa forma, significa já na elaboração da *Necessidade* clarear o campo para a análise posterior da *Possibilidade*.

necessidade, devemos buscar o mais fundo, o mais radical, o que está por detrás do que foi proposto, aquilo que gerou tal proposição.[32]

É preciso, pois, um esforço pessoal e coletivo para, a partir da tomada de consciência de quais necessidades estão presentes, circulando nas representações dos membros da instituição: 1) Buscar um consenso em torno delas; 2) Buscar superar as necessidades alienadas ou contingenciais, em direção às radicais.

Sobre a Possibilidade

Como chegar às *Possibilidades*? Este também não é um caminho muito fácil, dado tratar-se de confronto de visões de realidade, de jogo de poder. "O critério da possibilidade ou impossibilidade dos sonhos é um critério histórico-social e não individual" (Freire, 1982, p. 99). Vai exigir muita **negociação**.

O julgamento da realidade é um subsídio importante uma vez que, além das resistências, traz as forças de apoio, que são um dos sustentáculos das possibilidades; dado o caráter contraditório do real, podemos identificar muita coisa interessante acontecendo, seja baseada na tradição da instituição, seja como decorrência das iniciativas inovadoras em andamento. Outrossim, não podemos perder de vista que a realidade é o que está dado **mais** as possibilidades ainda-não realizadas (Bloch, 1977, p. XVIII); este *ainda-não* será justamente um dos focos da nossa procura.

Igualmente, em relação às possibilidades podemos ter distorções:

- Subestimar a força, o poder de ação do grupo, os recursos (tender ao imobilismo);
- Superestimar o poder de ação, não ver os limites (tender ao voluntarismo).

---

32. Por exemplo: necessidade de realizar um seminário sobre avaliação x necessidade de construir uma linha comum de avaliação na escola (o seminário é uma das estratégias possíveis para buscar satisfazer a necessidade de linha comum).

É preciso superar o estágio pueril de projetar onipotência aos outros (pais, adultos), ou o estágio juvenil de projetar a onipotência em si.

Pensando em termos históricos, processuais, a abertura de (novas) possibilidades, do ponto de vista subjetivo, depende da adesão dos sujeitos.[33] Enquanto dimensão objetiva (material), também há articulação da possibilidade com a necessidade: não temos recursos agora, mas se isso corresponder a uma demanda, se nos envolvermos nisso, poderemos vir a ter.

Diagnóstico

Portanto, para chegar às *Necessidades* e *Possibilidades* devemos conhecer bem a realidade onde atuaremos (forças presentes — explícitas e ocultas ou ocultadas, por algum interesse) e estabelecer um juízo sobre ela; logo, realizar um *Diagnóstico*.

Diagnóstico ⇕ ⟋ Necessidades ⟍ ⇨ Proposta de Ação ⇨ Ação Transformadora ⟍ Possibilidades ⟋

— Esquema: Diagnóstico como exigência para chegar às Necessidades e Possibilidades —

Diagnóstico para nós, é bom que fique registrado, não é um simples levantar dados da realidade. Isso é necessário, mas não suficiente. Em cima dos elementos de realidade colhidos pela pesquisa, cabe um julgamento, uma tomada de posição.

---

33. Por exemplo: "não dá" para fazer reunião aos sábados; ora, não dá até o momento em que os sujeitos, sentindo uma forte necessidade, acabem por abrir mão de outras coisas e resolvam se reunir.

Referencial

Ora, todo julgamento implica um critério, um parâmetro (aquilo que é o ideal). Assim, para se fazer o *Diagnóstico*, para realizar o confronto entre a realidade e o desejo, é preciso ganhar clareza do desejado, logo, definir critérios, ou, em outros termos, um *Referencial*.

Referencial ⇨ Diagnóstico ⇗ Necessidades ⇘ ⇕ ⇨ Proposta de Ação ⇨ Ação Transformadora ⇘ Possibilidades ⇗

— Esquema: Referencial como exigência para chegar ao Diagnóstico —

Saber bem o que se quer em termos de horizonte, além de ser fundamental para o confronto com a realidade que se tem, dá tônus, dá sustentação, energia e direção à ação.

É por isso que a elaboração do Projeto Político-Pedagógico, na perspectiva do Planejamento Participativo, inicia-se com a construção de um referencial. Pode parecer, a princípio, que o referencial é algo "estratosférico", muito distante da realidade; e é mesmo. Mas deve ficar muito claro que é uma exigência teórico-metodológica, justamente para que possamos chegar à ação transformadora. O tempo todo devemos ter isso em mente para não perdermos o sentido dos vários passos que daremos na elaboração do Projeto.

Na linha de raciocínio que desenvolvemos aqui, fizemos o caminho inverso ao da prática de elaboração do planejamento pautada no Planejamento Participativo: começamos pelo *fim*, no sentido daquilo que vem por último (ação transformadora). No quadro apresentado item 2. *Estrutura do Projeto* (Visão Geral da Elaboração do Projeto Político-pedagógico), temos os elementos apresentados na ordem direta: *Marco Referencial*, *Diagnóstico* e *Programação*.

Voltando à Proposta de Ação

A rigor, no processo de elaboração do Projeto Político-Pedagógico, a Proposta de Ação aparece (potencialmente) duas vezes: primeiro como sugestão de algum participante, e depois já como proposta assumida pelo grupo (se for o caso de passar pelos dois critérios básicos de *Necessidade* e *Possibilidade*).

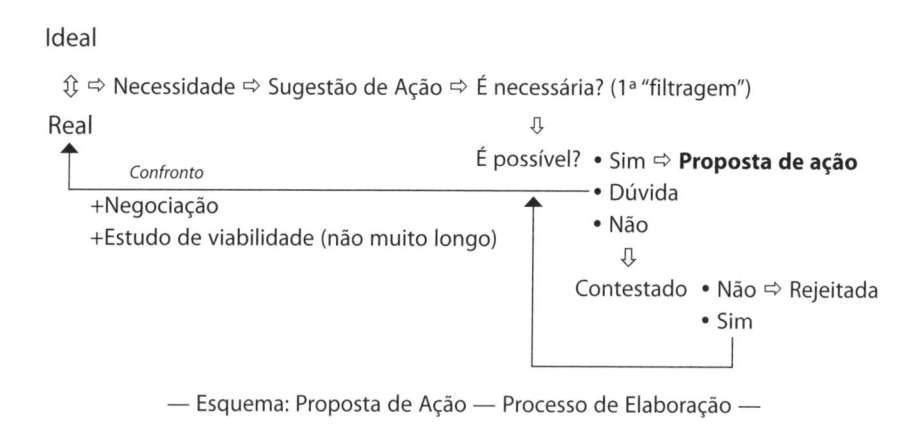

— Esquema: Proposta de Ação — Processo de Elaboração —

Esperamos ter deixado suficientemente evidenciado que as partes todas relativas à elaboração do Projeto (*Marco Referencial*, *Diagnóstico* e *Programação*) têm uma vinculação que não é absolutamente arbitrária, não cabendo, pois, de forma alguma, a mera justaposição das mesmas.

2. Sobre o Ponto de Partida para a Elaboração do Projeto

Muitas vezes, quando apresentamos a estrutura geral do Projeto, alguns professores estranham, visto fazer parte do novo senso comum pedagógico a assertiva de que "devemos começar pela realidade, pelo seu diagnóstico". Entendemos que essa é uma possibilidade, porém não a única. Aprofundando um pouco a reflexão sobre planejamento, perceberemos que, enquanto elaboração, o que importa mesmo são as três dimensões básicas (*realidade, finalidade, plano de ação*), o que significa dizer que qualquer processo de planejamento que desconsidere uma delas estará, com certeza, equivocado.

Assim, caberia o argumento de que começar pelo desejado, sem ter feito uma discussão prévia sobre a realidade, poderia levar a desejar algo que não está tão fundamentado, que não seria tão adequado àquele contexto. Depois de uma reflexão sobre o concreto institucional, poderíamos voltar e perguntar: mas será que é isso mesmo que queremos?, o que significaria admitir que a opção metodológica feita não foi das melhores. Embora essa possibilidade não deva ser descartada, dado que não temos uma visão etapista de elaboração de Projeto (onde o que foi feito não poderia ser retomado), podemos argumentar, por outro lado, que começar pela análise da realidade pode ser igualmente problemático, visto que não faremos uma leitura "neutra": leremos a realidade a partir dos nossos "óculos", e, se essas lentes não são explicitadas e socializadas, corremos, da mesma forma, o risco de distorção ou "contaminação". Exemplifiquemos: por que numa dada escola há empenho em se saber o perfil socioeconômico da clientela, ou quais os índices de desistência ou reprovação, e não há preocupação em se levantar a cor dos olhos dos alunos? Ora, falando em termos estritos, esse também é um dado de realidade. Esse fato demonstra a não-neutralidade do olhar sobre a realidade: existem pressupostos, critérios, objetivos implícitos. Então, nesse caminho de começar pela análise, depois de darmos o segundo passo e explicitarmos o desejo, poderíamos sentir, analogamente ao primeiro caminho, necessidade de voltar ao passo anterior, nesse caso, a olhar a realidade, a partir do desejo mais clarificado agora, e assim sucessivamente.

O que queremos dizer é o seguinte: embora invistamos em alguns esquemas ou caminhos (e isso é necessário, pois precisamos nos organizar pessoal e coletivamente), não existe uma separação tão estanque entre as dimensões, como muitos pensam. O decisivo a ser apreendido é que o *plano de ação* é filho da tensão dialética entre a *realidade* e a *finalidade*. Se começarmos analisando a realidade ou projetando a finalidade, não importa, uma vez que jamais qualquer operação mental neste nível será absolutamente isenta de influência: mesmo quando começamos pela *realidade*, estamos marcados por determinadas *finalidades* que acabam por interferir tanto na eleição do objeto de análise quanto na forma de olhá-lo; analogamente, quando começamos pela *finalidade*: sonhamos com algo que, na verdade, corresponde à aspiração de superação de contradições que percebemos, em algum momento, de forma mais ou menos consciente, na *realidade*. E nos dois casos, estamos ainda marcados por *planos de ação* anteriores, que já elaboramos ou mesmo vivenciamos (e avaliamos). Vejam, portanto, como estão sempre presentes todas as dimensões (*realidade, finalidade, plano de ação, ação, avaliação*).

De nossa parte, temos preferido começar o Projeto Político-Pedagógico pelo referencial mais por uma questão de dinâmica psicológica do grupo.[34] Quando começamos com a realidade da instituição, se o grupo não tiver uma boa estrutura e o hábito de trabalhar junto sistematicamente,[35] pode haver a tendência a:

- Dar desânimo no grupo (são tantos os problemas), comprometendo até a continuidade do processo de elaboração do Projeto;

- As pessoas se sentirem pessoalmente atacadas, acionarem mecanismos de defesa, e acabar um acusando o outro, procurando logo um culpado ("está assim por causa dos pais", "os professores do 1º ao 5º é que não dão base" etc.);

- O fato de se começar pela *realidade* pode limitar depois a expressão do desejado (marca precoce da impossibilidade), baixar por demais nível de expectativa do grupo, de tal forma que quando se chega na *finalidade*, o grupo já não ousa, não tem coragem mais de sonhar, diminuindo a força de tensionamento entre o desejado e a realidade dada;

---

34. Já quando trabalhamos com o Projeto de Ensino-Aprendizagem, preferimos começar pela realidade.

35. Nas escolas, é comum os professores de um turno mal conhecerem os do outro.

- Distorcer a leitura da realidade, omitir dados ("desfavoráveis"), para evitar o desânimo ou o conflito;
- Além disto tudo, começando-se pelo referencial, pode-se fazer um exercício inicial de elaboração (individual, grupo, plenário) em cima de um aspecto menos polêmico.

Quando começamos um Projeto coletivo pela análise da realidade, pelo diagnóstico, sentimos esses problemas. Começando pela parte mais, digamos assim, filosófica, de um modo geral, é até mais fácil o consenso, já que se tratam de grandes horizontes, sonhos, perspectivas gerais.

III. Sobre a Construção do Projeto Político-Pedagógico

A construção do Projeto Político-Pedagógico, assim como outros processos educativos, vai exigir dos participantes, e em especial da equipe de coordenação, os três níveis de competências envolvidos na formação humana em geral: *conceitual, procedimental* e *atitudinal*.[36]

Do ponto de vista conceitual, há necessidade de se precisar o próprio conceito de Projeto Político-Pedagógico, pois, embora se tenha avançado bastante neste campo, ainda persistem algumas confusões, como por exemplo achar que Projeto é o mesmo que regimento, ou ainda confundir Projeto com o mero agrupamento dos planos de ensino ou dos vários planos setoriais da escola. Se entendemos o Projeto Político-Pedagógico como sendo o plano global da instituição, o regimento deve estar a serviço dele (dando suporte formal, legal e jurídico para aquilo que nos propomos), e não o contrário.

---

36. Cabe lembrar que essa é uma divisão didática e não absoluta, uma vez que, a rigor, cada dimensão perpassa e é perpassada pelas demais.

Um equívoco relativamente frequente é reduzir o Projeto Político-Pedagógico aos fundamentos filosóficos, sociológicos, psicológicos, epistemológicos, pedagógicos. As escolas fazem o maior esforço para definir bem os princípios, mas não vão além, não confrontam esse ideal com a realidade e nem tiram desse confronto propostas para mudar a realidade. Embora esta fundamentação, de uma forma ou outra, com uma ou outra denominação, deva ser parte do Projeto, parar aí é truncar o sentido maior do mesmo que é ser um suporte para a ação transformadora da instituição que planeja ser o guia da prática, a identidade em ação (e não apenas em declarações de intenções).

Neste campo conceitual ainda, deve-se discernir que construir a identidade da escola não é adotar um rótulo ("construtivista", "libertadora", "histórico-crítica" etc.). A simples menção de uma determinada linha teórica não ajuda a avançar e, além disso, pode atrapalhar, na medida em que cada um pode estar entendendo uma coisa diferente pelo mesmo termo. Se a escola, por exemplo, quer adotar uma linha histórico-cultural, isso deve se manifestar nos vários posicionamentos, no projeto e na prática. Não estamos criticando a busca de definição teórico-metodológica da escola; isso é importante para evitar ecletismos, modismos, práticas superficiais e acríticas. Só que, com certeza, não será colocando um mero rótulo que se garantirá qualquer mudança substancial.

No campo conceitual, embora da maior importância, as coisas caminham com mais tranquilidade (mas não sem conflitos). A nosso ver, do ponto de vista subjetivo, o desafio maior neste momento histórico está muito mais no campo atitudinal e procedimental: o desejo de fazer projeto e o caminho para se fazer. Essas serão as questões abordadas na sequência.

IV. Sobre o Desejo/Necessidade de fazer Projeto Político-Pedagógico

Todo este arcabouço teórico-metodológico que acabamos de ver pode perder seu potencial transformador se não for assumido por sujeitos concretos. Uma das maiores preocupações de quem está desencadeando o processo de elaboração do Projeto Político-Pedagógico é o envolvimento dos participantes. Há uma queixa bastante forte quanto à ausência de participação, engajamento e compromisso com tal elaboração. Aqui, de fato, estamos diante de um grave desafio, dado o desmonte em que, com frequência, se encontram as escolas pelo país afora. E que fique claro que não estamos nos referindo apenas às públicas, já que nas escolas particulares[37] encontramos também forte estado de desânimo dos docentes, em função da sua desvalorização pelos alunos e familiares, do desrespeito ao magistério por parte da mídia e de muitos dirigentes, do medo de perder o emprego, do clima autoritário de trabalho, da sobrecarga de alunos em sala de aula, da falta de espaço de trabalho coletivo constante na escola, do pouco investimento das mantenedoras em pesquisa e formação, da falta de sentido para o trabalho educativo. Essa questão do envolvimento é muito séria e precisa ser analisada com cuidado.

Neste contexto, pode se manifestar um aparente paradoxo: como "perder tempo" com Projeto quando há tanto o que se fazer nas instituições de ensino, quando sua realidade, com frequência, é tão desafiadora ou mesmo caótica? Ora, o Projeto é justamente a forma de enfrentar a situação que se apresenta de forma consciente, crítica e coletiva, visando sua transformação.

Sensibilização

O período que precede a elaboração pede muita dedicação e cuidado, um verdadeiro trabalho de sensibilização para a necessidade de se fazer o Projeto e, em particular, ao momento da decisão de se fazer (e do como fazer). Lamentavelmente, muitos dirigentes queimam esta etapa, simplesmente "comunicam" aos professores e à comunidade

---

37. Embora não tendo, em muitas, o problema de precárias instalações e recursos materiais.

que "tem que" fazer o tal do PPP, pois a lei exige ou a mantenedora está a cobrar, e partem logo para a elaboração. Depois, não sabem por que as pessoas não se envolvem... Os resultados estão aí: para-se pelo caminho, ou chega-se a um produto que não tem a menor influência sobre a prática, uma vez que o projeto, que deveria ser uma forma de expressão, interação, negociação e sistematização de desejos, foi feito sem desejo, não surgiu de uma autêntica necessidade dos sujeitos. Antes de tudo, a construção do Projeto não pode se dar a partir de um imperativo categórico ("Agora, *tem que* fazer projeto!"). A simples exigência legal ou da mantenedora não é absolutamente suficiente para mobilizar os sujeitos para a elaboração (e realização). É preciso, pois, "perder tempo" com a sensibilização, trabalhar a atitude dos educadores (e demais membros participantes) face ao Projeto.

Diante das dificuldades (desânimo, descrença, pouco envolvimento) se coloca uma questão fundamental para a equipe que está coordenando o processo de planejamento: não entrar no jogo de acusação ao professor ("são resistentes, não querem nada com nada, são autoritários e conservadores, não querem mudar"). É evidente que, como em qualquer profissão, podemos ter elementos assim. Mas fazer uma generalização é absolutamente errôneo. Para evitar essa aproximação de cunho moralizante, seria importante a equipe abordar a realidade a partir de algumas categorias dialéticas: Criticidade (ir além da aparência), Totalidade (perceber a trama de relações que envolve o problema) e Historicidade (análise da gênese e desenvolvimento do problema).[38]

Cabe lembrar aqui a dialética cognição-afetividade: é muito comum dar-se ênfase à influência da afetividade sobre a cognição, porém, como a relação é de duas vias, chega um ponto no processo de desenvolvimento humano em que o cognitivo pode acionar o afetivo. Daí a necessidade de se ter bons argumentos e uma boa ferramenta de trabalho. De nossa parte, enquanto contribuição teórica, procuramos

---

38. Ver Capítulo 4, *Sobre o Papel da Supervisão/Coordenação Pedagógica.*

trazer o que há de melhor em termos de ressignificação da atividade docente e de instrumental de planejamento.

Uma atividade torna-se significativa para um sujeito quando corresponde a uma *necessidade/desejo* e a uma *possibilidade*.[39] Portanto, para que a construção do projeto faça sentido para o professor, deve cumprir essas duas exigências. Ocorre que o planejamento só é pertinente quando o sujeito se coloca numa perspectiva de mudança, de transformação da prática. Começaremos, pois, por aí.

Necessidade e Possibilidade de Mudança — Despertar

São tantos os problemas, as contradições, os limites. A sensação de impotência, muitas vezes, toma conta do cotidiano educacional. Instala-se um ciclo vicioso: o desmonte das condições de trabalho provoca nos sujeitos o desânimo para a luta, o que acaba perpetuando as condições. O planejamento, como sabemos, é uma ferramenta, um instrumento teórico-metodológico. Ocorre que o método é para o sujeito; se não há sujeito, o método carece de sentido. Antes de tudo, portanto, é preciso resgatar o sujeito, colocar a pessoa "em pé", desejando, acreditando, buscando. Esta é a tarefa inicial na construção do Projeto.

Encaremos o fato concreto: com todas as suas mazelas, com todos os seus constrangimentos, a vida continua! Qual vai ser nossa posição diante disso? Fingir que o problema não é conosco? Vamos nos resignar ("não tem outro jeito", "sempre foi assim")? Cair fora? Ou ficar inteiros e lutar para mudar? Se estivermos tentados a desistir porque vemos as coisas ruins acontecendo desde de "não sei há quantos anos" de exercício profissional, é bom descentrarmo-nos, lembrarmos as contradições básicas, a lógica de exclusão que tem acompanhado a humanidade há milhares de anos, e que necessita ser revertida!

---

39. Antes nos referimos a esses critérios aplicados à instituição; agora, veremos essas exigências voltadas para o(s) sujeito(s).

É preciso sair de uma posição reativa, imatura ou necrófila. Ter coragem de se examinar ("Não estou querendo fazer o projeto, por quê?" Por que alguém está mandando? Por que acho que é inútil? Discordo do quê? Do método de fazer? Da época? Porque pretendo sair da escola?). Expressar, dizer as razões. O grupo, por sua vez, deve respeitar, acolher, ouvir e só depois argumentar.

A explicitação dos motivos de nossa esperança, das nossas utopias é importante para nós mesmos, enquanto tomada de consciência, e para os colegas, enquanto possibilidade de interação e despertar do desejo. Um outro caminho para despertar a necessidade de mudança é fazer uma reflexão (também não moralizante) sobre as contradições que estão presentes na instituição.

Na linha de provocar o desejo, a estratégia de ouvir "outras vozes" tem se mostrado de grande valia, pois sai do círculo dos discursos familiares, diante dos quais, muitas vezes, infelizmente, perdemos a sensibilidade, nos tornamos indiferentes. Estamos falando, por exemplo, de ouvir os alunos, ver como as ações da instituição ou dos mestres estão repercutindo neles. Pode-se ainda estabelecer diálogo com setores excluídos da sociedade e que muito esperam das instituições de ensino. Ter contato com práticas inovadoras que já estão acontecendo. Tudo isso para acordar para a necessidade de mudança e para a crença inicial em sua possibilidade.[40]

Necessidade e Possibilidade do Planejamento — Projetar

Em termos de mobilização para o Projeto, podemos refletir com os educadores o momento de forte crise que vivemos, o que pede a tomada de consciência e a instrumentalização, pois agir no "piloto automático" já não funciona, não dá conta das novas demandas,

---

40. No capítulo 2, retomaremos essa questão ao tratar da questão da resistência à mudança.

das cobranças que os alunos nos fazem. Do ponto de vista das representações sociais, o papel das instituições educacionais (escolas, universidades) até há uma ou duas décadas era praticamente inquestionável (ajudar a "ser alguém na vida"); hoje não: existe um profundo abismo, uma grande desorientação ("estudar para quê?" é a pergunta cada vez mais frequente numa sociedade pautada na automação em larga escala e que não garante mais "um lugar ao sol" para quem tem diploma).

Além disto, são tantos os obstáculos que na escola acabamos gerando inimigos ao invés de aliados: falta uma linguagem comum (o que provoca muito conflito, desentendimento no cotidiano), falta de uma linha comum de atuação (o que um faz, o outro, sem querer, desfaz), perdemos a força do coletivo no enfrentamento dos problemas, chegamos a desanimar nas nossas iniciativas particulares por não vê-las num quadro geral de luta e resistência, no qual fariam sentido. Tudo isso, portanto, reforça a necessidade do Projeto.

Iniciativas que podem ajudar na mobilização para a elaboração do Projeto:

- Levantar as representações mentais prévias que os professores têm sobre planejamento (campo no qual se insere o projeto). Ter coragem de admitir os eventuais limites das práticas até então (por exemplo: idealização, formalismo, não-participação). Analisar suas representações especificamente sobre Projeto Político-Pedagógico;

- Apresentar os objetivos, as finalidades da elaboração do projeto;

- Dar uma visão geral da lógica do projeto (fundamentos teórico--metodológicos);

- Apresentar a metodologia proposta para a construção do projeto;

- Pôr em evidência, por outro lado, que não trata de panaceia;

- Dar a devida importância ao momento da tomada de decisão coletiva de se fazer o projeto;

- Propiciar tempo para esclarecimentos, para a troca de opiniões.

Decisão

É evidente que a sensibilização não pode ser eterna. O grupo deve acertar uma data para decidir se a escola vai fazer ou não coletivamente o projeto. Essa é uma decisão da maior importância e que terá repercussão em todo o resto do trabalho. Trata-se de decisão mesmo, e não de "jogo de cena" para ratificar uma decisão já tomada. Deixar muito claro que a decisão de fazer (ou não) será do grupo; quando se percebe que a decisão já está tomada, o grupo se fecha. Concretamente, a possibilidade de não iniciar a elaboração do projeto deve ser real: se o grupo não percebeu ainda a importância, de nada adianta desencadear o processo de construção. Alguém poderia argumentar: "Ah, mas a mantenedora exige projeto". Nesse caso, em não havendo adesão do coletivo, um projeto pode ser elaborado pela equipe de direção, tanto para cumprir uma exigência quanto para ter alguns elementos de referência para o próprio trabalho, mas entendendo que não é o da escola como um todo.

Como sabemos, a mobilização não é algo desconectado da construção, ou seja, o que precisamos é de uma disposição primeira para desencadear o processo (até porque, se não houver essa adesão inicial, sequer começaremos a construção do projeto), mas tal envolvimento será ou não confirmado pela continuidade do trabalho (a própria dinâmica de elaboração e, depois, a efetiva colocação em prática).

V. Sobre o Caminho do Elaborar Projeto Político-Pedagógico

Como fazer o projeto? Como encaminhar esse desejo, essa vontade ou necessidade de construir o projeto? Enfim, como operacionalizar sua elaboração?[41] Uma vez decidida coletivamente a realização, de-

---

41. Para um maior detalhamento do *como* fazer, ver C. S. Vasconcellos, *Planejamento: Projeto de Ensino-Aprendizagem e Projeto Político-Pedagógico*, p. 174 e ss.

ve-se definir outros aspectos do Projeto. Antes de mais nada, cabe a deliberação sobre a metodologia a ser utilizada para sua elaboração.

Apresentaremos uma forma de fazer projeto na linha do Planejamento Participativo, que está vinculada às concepções de fundo que assumimos. Naturalmente, essa opção advém também de nossa prática, na qual ela tem se revelado de grande pertinência para as instituições que de fato desejam mudar na perspectiva democrática.

De início, é preciso uma visão geral sobre os passos para o processo de elaboração e aplicação do Projeto Político-Pedagógico, desde o surgimento da sua necessidade até a avaliação de conjunto.[42] A metodologia de elaboração do projeto no Planejamento Participativo é baseada em perguntas que são feitas tendo como referência as dimensões consideradas fundamentais para a instituição.[43] A partir das questões elaboradas pelo próprio grupo, cada membro é convidado a se posicionar pessoalmente por escrito; as contribuições individuais são organizadas em textos, que vão a plenário, no qual, mais uma vez, e agora de forma coletiva, cada um e todos podem se posicionar e debater.

1. Etapas da Elaboração

A sequência para elaboração das três partes do projeto (*Marco Referencial, Diagnóstico* e *Programação*) é a mesma:

---

42. Uma série de decisões deve ser tomada: nível de abrangência do projeto, nível de participação dos membros da comunidade, espaços e tempos para a elaboração etc.

43. A escolha das dimensões (áreas temáticas, eixos) de cada Marco (Situacional, Filosófico e Operativo) é da maior importância, pois elas irão dirigir a atenção dos participantes no processo de elaboração do projeto. No Marco Operativo, seria interessante incluir como dimensões o que se espera dos serviços (como se deseja a direção, coordenação e orientação).

a) Apresentação da Tarefa

A elucidação da metodologia de trabalho antes de começar (o que é, como se faz aquela parte) é muito importante para evitar desgastes ou desperdícios na elaboração. Por não entender bem o que está sendo solicitado, o sujeito pode deixar de dar sua contribuição ou ter uma participação equivocada. Além disso, quando depois, no plenário, for preciso apontar o equívoco, poderá haver certo constrangimento.

b) Resposta Individual

No momento da elaboração individual (em presença), é preciso cuidar para que todos tenham tempo suficiente para responder todas as questões que desejarem. Que cada um procure expressar as ideias com a maior clareza possível, evitando chavões (que dizem tudo e podem nada comunicar), não se identificar, alertando que não há tempo para "passar a limpo". Lembrar que todo o resto do trabalho vai ser feito em cima dessas contribuições individuais, portanto, vale a pena o **máximo empenho** nesse momento do processo.

c) Sistematização das Respostas

O trabalho de sistematização (em grupos ou equipes de redação) é técnico, e não pode excluir nenhuma das contribuições dos colegas, mas dar-lhes uma articulação. Trata-se de produzir uma redação, um texto com lógica interna (início, meio e fim) e não uma série de itens. Evitar ao máximo a "interpretação" ("eu acho que com isto ele quis dizer aquilo"); de preferência, usar até as palavras originais. Procurar não sintetizar demais; em caso de dúvida, é preferível deixar o texto um pouco maior e depois o plenário cortar. O critério maior dessa etapa é a **máxima fidelidade** às respostas dos participantes.

Uma vez pronta a primeira sistematização, deve-se distribuí-la a todos para que possam fazer a leitura crítica individual e no seu coletivo de trabalho.

d) Plenário

No plenário, todos devem ter o texto em mãos, já lido anteriormente para qualificar a discussão. A estrutura do plenário costuma ser a seguinte:

- Explicitação: rápido relato de como foi feito o trabalho de síntese;
- Leitura: só ler, não ficar explicando; o texto deve falar por si — lembrar que, quando alguém da comunidade for ler o projeto, não haverá ninguém por perto para explicar;
- Análise de fidelidade: o grupo se reconhece no texto? Esse momento é da maior importância, pois se o indivíduo perceber que aquilo que registrou na resposta individual, de alguma forma, não foi contemplado na redação final, passa a desacreditar, com razão, de todo o processo;
- Análise técnica do texto: a redação dada à síntese é pertinente à parte do Projeto que está sendo elaborada?[44] Tecnicamente, por exemplo, é um texto com características próprias a um *Marco Operativo*?[45]
- Análise do conteúdo: o grupo concorda com as ideias expressas? Agora sim é o momento da discussão, das discordâncias, do debate, buscando-se o consenso. Se a polêmica crescer demais, voltar para grupos, a fim de possibilitar a participação ativa de todos na discussão, e só depois retomar o plenário.

O coletivo geral deve estar reunido em pelo menos quatro momentos: na decisão de fazer o projeto e nas definições (o "bater o martelo") dos textos do *Marco Referencial*, do *Diagnóstico* e da *Programação*. Só se

---

44. Por isso, a coordenação deve cuidar bem da explicação prévia de como fazer, do que é pertinente a cada parte do projeto.

45. É comum, por exemplo, no *Marco Situacional*, as pessoas colocarem como veem o mundo e como acham que *deveria ser*. Essa última parte tecnicamente não cabe ali, já que a projeção do ideal é pertinente ao *Marco Filosófico* ou ao *Operativo*. No *Operativo*, por sua vez, podem aparecer propostas concretas, de *como* fazer; a rigor, isso faz parte da *Programação*; no *Operativo*, devem ser expressos os princípios, os critérios, os valores, o ideal específico naquela dimensão.

inicia a elaboração de uma nova parte depois que a anterior já estiver concluída (a qual, inclusive, deverá estar em mãos dos participantes, a fim de possibilitar um vínculo mais orgânico entre as partes).

2. Papel da Coordenação na Elaboração do Projeto

A coordenação precisa ter muita clareza da proposta metodológica de elaboração do projeto, dominar bem as técnicas, os passos de construção e realização, para ter firmeza na condução do processo. Os participantes, para que não tenham uma prática alienada, devem entender o sentido, a lógica do projeto e ter uma ideia geral da metodologia a ser trilhada, mas não precisam dominar detalhes. Compete à coordenação:

- Estar muito atenta à dinâmica do plenário, evitando polarizações ou monopólio da palavra.

- Quem está coordenando não deve se envolver pessoalmente nas discussões de conteúdo em plenário; se sentir tal necessidade, pedir para ser substituído temporariamente na coordenação, para poder emitir opiniões.

- De preferência, a coordenação do trabalho de elaboração não deve ser feita por alguém da mantenedora ou pela direção da instituição (pela questão do poder que costuma representar, de fato ou no imaginário do grupo).

- A comissão de redação final deve ter necessariamente representação dos professores, para evitar qualquer tipo de dúvida quanto à fidelidade em relação às alterações eventualmente sugeridas.

- Quando se conclui a elaboração do projeto, pode haver um clima de "missão cumprida". É preciso lembrar que a tarefa permanece até que o último item da *Programação* esteja concretizado.

Em relação à preocupação com o envolvimento da comunidade na elaboração do Projeto Político-Pedagógico, fica bem evidente que isso está muito ligado ao respectivo envolvimento inicial dos professores.

Credibilidade no Planejamento

Para resgatar a credibilidade dos educadores nos processos de planejamento, é decisivo que possam vivenciar:

*   Algo que não demore muito na *Elaboração*; é muito desgastante quando a escola fica anos elaborando seu projeto.[46]
*   Algo que efetivamente aconteça, que na *Realização Interativa* revele a pertinência e a viabilidade de concretização.[47]

Devemos considerar que o campo sobre o qual incide o planejamento educacional é extremamente complexo, sendo difícil apreender seus condicionantes;[48] talvez aí esteja uma das fontes de resistência do professor em relação ao projeto. Através do projeto, estamos tentando fazer um certo ordenamento mental, político e material para interferir na realidade que, embora tendo um núcleo *duro*, é essencialmente fluxo, movimento;[49] nosso esforço será sempre de aproximação, pois não podemos ter a pretensão de esgotar o domínio das redes causais. Portanto, não podemos nos espantar, por exemplo, se depois de todo um trabalho para localizar uma necessidade e propor uma ação, quando for chegado o momento de ela ser posta em prática, já carecer de sentido, visto que a necessidade agora é outra. Da perspectiva da lógica do planejamento, dentro dos seus limites e possibilidades, o importante é que no momento do *Diagnóstico* e da *Programação* tenhamos trabalhado com o maior rigor possível. De qualquer forma, se ocorrer a mudança da necessidade, a decisão de revogar a ação planejada deve, de alguma forma, passar pelo respaldo coletivo,

---

46. Chega um momento em que ninguém suporta mais ouvir falar em projeto.

47. É profundamente frustrante as coisas irem para o papel e depois não acontecerem; dá-se a ideia de que todos fizeram papel de tolos.

48. Diferente do planejamento em outras áreas (por exemplo: Engenharia), onde é mais fácil controlar as "variáveis" e se chegar ao resultado esperado.

49. Mas, justamente em função da persistência do núcleo, normalmente o fluxo não se dá na direção nova que desejamos.

pois, em contrário, o processo de planejamento pode ser totalmente desacreditado, já que o proposto não é realizado e fica por isso mesmo. Retomamos a exigência ética que fundamenta o planejamento: o empenho sincero em realizar aquilo que foi programado. É fato que a realidade é contraditória e fluida; mas o Planejamento Participativo é um instrumento teórico-metodológico de luta, para intervenção *desejada* e *refletida* no real, possibilitando o avanço de uma educação democrática e transformadora.

3. Alguns Cuidados na Elaboração

Muitas vezes, a atenção tem ficado concentrada no processo de elaboração do projeto, até pela relativa novidade que significa para muitos educadores. Porém, cada vez mais, fica patente a necessidade de atentar para o *antes* e o *depois*: sensibilização/decisão e realização (aqui a reunião pedagógica semanal tem papel fundamental).

- **Função Crítica:** não podemos perder de vista o essencial; há o perigo de ficarmos tão envolvidos na questão do projeto e desfocarmos a tarefa maior. Ter firmeza de objetivo: o mais importante não é "ter Projeto" e sim transformar a prática! Para isso, o Projeto Político-Pedagógico *pode* ser — e esperamos que seja — uma mediação (dependendo de como for concebido, elaborado e praticado).

- **Clareza dos conceitos:** há a possibilidade de as palavras serem ditas, mas sem uma significação maior, marcadas pela apropriação superficial, sincrética; isso pode tornar as discussões extremamente longas e infrutíferas. Todavia, é um equívoco querer estar "plenamente preparado" para só depois iniciar o projeto, caindo numa eterna fundamentação. Nossa visão é de que o projeto deve ser feito a partir da realidade concreta do grupo. Se formos buscar clareza de todos os conceitos *antes* ou *durante* a elaboração, corremos o risco, na primeira situação, de nunca começarmos a elaborar o projeto,[50] ou, na segunda, de nunca o terminarmos. O que tem se revelado razoável fazer é o seguinte:

- *Antes*: pode ser trabalhado um ou outro conceito considerado nuclear para a instituição (por exemplo: cidadania, educação);

- *Durante*: podem ser esclarecidos conceitos no próprio debate (alguém do grupo explicita e o grupo acolhe); cabe também uma rápida pesquisa;

- *Depois*: se for algo extremamente polêmico, não adianta querer resolver na elaboração; isso indica uma necessidade do grupo, logo, deverá ser apontada no *Diagnóstico* e demandar uma ação concreta na *Programação* para satisfazê-la.[51]

■ **Sobre a Proposta de Ação:** a *Programação* (que sintetiza o conjunto dos planos de ação dos sujeitos), pelo que foi apresentado, será fruto do confronto entre *Necessidade* e *Possibilidade*. A Proposta de Ação, na metodologia do Planejamento Participativo, tem dois componentes:

- *O que* vai ser feito (que tem como referência a Necessidade);

- *Para quê* (que tem como referência o Marco Operativo, o ideal específico).

A explicitação da finalidade da ação, e não só da proposta em si, é um recurso para o registro do significado no momento de sua definição (tempos depois, pode ser difícil recordar), e para não se cair numa ação mecânica, desprovida de sentido (fazer o novo com espírito velho); além disso, dá elementos mais precisos para avaliar sua realização.

■ **Questão do Tempo:** do ponto de vista objetivo, o desafio específico para a elaboração do Projeto fica muito por conta da falta de tempo para reunir o coletivo escolar. Se, como dizem os mantenedores,

---

50. Ou ainda de se provocar a simples reprodução no projeto dos discursos feitos a título de "preparação".

51. O mesmo vale para os temas que se revelarem frágeis na elaboração do *Marco Referencial*: deverão ser bem apontados no *Diagnóstico* a fim de provocarem propostas de ação na *Programação*.

o Projeto é algo muito importante, deve haver uma liberação concreta de tempo para sua realização. Caso contrário, ficamos diante de uma flagrante contradição! O tempo é necessário na *Elaboração* (preparação para as assembleias gerais; assembleias gerais de decisão de cada parte do Projeto) e, depois, na *Realização Interativa* (sobretudo no trabalho de acompanhamento, nas reuniões pedagógicas ao longo do ano).

VI. Concretização do Projeto e Avaliação Institucional

Em relação à gestão do projeto, é preciso que se entenda que o fato de ter sido construído coletivamente não significa que todos irão fazer tudo. Cada segmento terá suas atribuições específicas, das quais deverá dar conta. A diferença é que as grandes decisões do que fazer e da direção geral a seguir na instituição foram, isso sim, tomadas participativamente, de tal forma que todos, sem exceção, deverão estar submetidos a elas.

O projeto não pode ser uma "camisa de força" para a escola e para o professor. Deve dar a base de tranquilidade, as condições para administrar o cotidiano e assim, inclusive, liberar espaço para a criatividade. Aquilo que se coloca na *Programação*, é, digamos assim, o mínimo que se espera. A postura de abertura deve ser mantida.

Em determinados momentos, os membros de equipes diretivas expressam algum desconcerto diante da dificuldade de colocar em prática aquilo que o próprio grupo planejou. Excetuando os casos em que há nítida interferência externa, tenderíamos a dizer que se foi planejado e não está acontecendo é porque não foi bem planejado, qual seja, deve ter ocorrido falha em alguma fase da elaboração. Particularmente, alguns pontos são mais vulneráveis:

* A *sensibilização* para a construção, uma vez que disso depende todo o empenho na elaboração e, depois, na realização. Por isso que, anteriormente, insistimos tanto nesse ponto. Se o sujeito não

se envolver, embora participando, pode ver o projeto como sendo "da direção" ou da mantenedora, algo externo a ele;

* A localização precisa das *Necessidades* ou o dimensionamento da *Possibilidade*. Lembrar Gramsci: o otimismo da vontade não pode ser desconectado do pessimismo da inteligência (1982, p. 223).

Tal avaliação deve servir como base para maiores cuidados na nova elaboração.

Entendemos que não compete à equipe diretiva assumir o papel de *guardiã* do projeto e, em especial, do cumprimento de sua programação. Isso é tarefa de todos! Uma vez que o projeto é de todos. Se não está havendo envolvimento, é preciso dar a devolutiva para o grupo.

Para a gestão do planejado, há anos temos defendido as reuniões pedagógicas semanais.[52] A sua falta pode ser um sério fator de comprometimento da realização do projeto.

Avaliação Institucional

Com o crescimento da autonomia escolar, vai ganhando importância cada vez maior a avaliação da escola no seu conjunto, feita por ela mesma, na medida em que está buscando se aperfeiçoar; trata-se de uma espécie de autoavaliação da escola. No passado, a avaliação da escola era feita por um sistema centralizador e baseada em parâmetros formais e burocráticos (dados estatísticos, relatórios), tendo pouco efeito formativo.[53]

Na linha do Planejamento Participativo, como vimos anteriormente, o próprio Projeto Político-Pedagógico tem como uma das suas partes constituintes o *Diagnóstico*, que corresponde justamente a essa

---

52. Ver Capítulo 5, *Trabalho Coletivo: a Reunião Pedagógica Semanal como Espaço de Gestão do Projeto e de Formação Contínua do Professor*.

53. C. S. Vasconcellos, *Avaliação da Aprendizagem: Práticas de Mudança*, p. 109.

avaliação institucional. O *Diagnóstico* funciona como um "balanço geral" da escola que propicia a passagem do ideal (*Marco Referencial*) à prática (pela mediação da *Programação*).

O quadro a seguir situa o Projeto Político-Pedagógico no conjunto do processo de planejamento.

Quadro 3. Visão de Conjunto do Processo de Planejamento

Processo	Produto
Elaboração	Documento do Projeto Político-Pedagógico: ■ Marco Referencial ■ Diagnóstico ■ Programação
⇕	⇕
Realização Interativa	■ Ação
⇕	⇕
Avaliação de Conjunto	■ Indicadores de Mudança para o Projeto

Essa avaliação mais geral e sistemática da escola (normalmente feita uma vez por ano) deve ser articulada com outras, mais de processo, sendo importante a criação de dispositivos simples e exequíveis para tal. Em termos de geração de oportunidades, a própria reunião pedagógica semanal é um espaço singular para isso. Um outro espaço para essas avaliações mais periódicas é o Conselho de Escola, envolvendo a participação de pais e alunos.

Para além da avaliação do aluno, é necessário, pois, avaliar também constantemente a prática pedagógica (além do próprio contexto em que ela se insere). Na verdade, a avaliação institucional deve abarcar todas as dimensões da escola: Pedagógica, Comunitária e Administrativa.

Devemos destacar que o caráter da avaliação institucional, assim como o da aprendizagem, deve ser formativo, emancipatório. De nada adianta aumentar o campo de incidência da avaliação, se não houver uma ruptura com sua intencionalidade seletiva, punitiva, excludente.

Roteiro para Avaliação do Projeto

① Análise da Programação

- **Ações Concretas:** visão geral do foi feito ou não. O que foi realizado? O que não foi? O que está em andamento? O que vai ser ainda? O que não foi programado, mas foi realizado?
- **Atividades Permanentes:** foram realizadas? Estavam de acordo com as necessidades do grupo? As atividades permanentes se incluíram no espírito global de nossa ação?
- **Linhas de Ação:** ajudaram a caminhada? Até que ponto foi vivenciada cada linha de ação?
- **Normas:** foram cumpridas? As normas estabelecidas pelo grupo ajudaram a concretizar os propósitos da instituição?
- **Geral:** até que ponto todo esse esforço e esse trabalho que desenvolvemos está nos fazendo avançar na direção que escolhemos em nosso Marco Filosófico e em nosso Marco Operativo?

② Análise das Necessidades

Rever as necessidades: quais foram supridas? Quais permanecem? Quais são as novas? Também pode ser feito o detalhamento, a melhor especificação, a definição mais precisa das levantadas.

③ Análise do Marco Referencial

Ajudou a iluminar a prática? Há necessidade de se rever algum ponto do Marco Referencial?

Em relação àquilo que não aconteceu do programado, é preciso refletir até que ponto é responsabilidade ①Nossa: ocupamos bem a Zona de Autonomia Relativa (ZAR)[54] da instituição? Tínhamos clareza

---

54. Denominamos Zona de Autonomia Relativa (ZAR) o espaço compreendido entre o limite externo e o limite interno da ação do sujeito e/ou de uma determinada escola. A ZAR

do que queríamos? Fizemos um bom *Diagnóstico*? ②Ou é decorrência de condicionamentos sociais: fatores que extrapolam nosso âmbito de reflexão e ação, que não podiam ser previstos no momento em que montamos a *Programação*.

A avaliação do projeto deve ser contemplada na *Programação* (como uma estratégia de mediação).

Algumas pessoas podem ficar um pouco decepcionadas no momento da avaliação global, por acharem que o Projeto deveria ter resolvido mais problemas na escola. É importante (re)pontuar aqui que o Projeto não se propõe resolver tudo e sim alguns pontos bem concretos (e são esses que estão sendo avaliados), que são entendidos, dentro de uma caminhada maior, como base para mudanças mais substanciais no processo. Valorizar os passos possíveis que foram dados na nova direção.

O processo de planejamento, sem dúvida, é complexo. Porque complexa é a realidade a ser transformada. Não é banalizando essa complexidade que resolveremos os graves desafios colocados aos educadores. O Projeto Político-Pedagógico na linha do Planejamento Participativo é hoje, concretamente, uma potente ferramenta teórico--metodológica de transformação da realidade educacional, ou seja, é uma mediação que ajuda organizar e expressar o *desejado* e o *vivido*, tomar consciência da distância entre ambos, bem como diminuir essa distância. O grande potencial transformador do Planejamento Participativo está em articular os vários níveis de reflexão (para onde queremos ir, onde estamos e o que fazer para chegar lá), e em oferecer estes instrumentos de passagem do desejado (*Marco Referencial*) à realidade: o *Diagnóstico* e a *Programação*.

---

mostra que a mudança não é fruto de condições ou pessoas "excepcionais", mas de explorar possibilidades, o *ainda-não* (Bloch), o *inédito viável* (Freire). A Zona de Autonomia Relativa revela que temos o que fazer já, coisas que não só estão ao nosso alcance como também que, caso não as desenvolvamos, ninguém poderá fazê-las em nosso lugar (por exemplo, no momento da dificuldade do aluno em sala), tendo, portanto, uma repercussão ética (atuar sobre um campo que é de nossa responsabilidade). Ao mesmo tempo, revela-nos que temos espaços para lutar contra a lógica maior que dificulta nossa prática. Para aprofundar, ver C. S. Vasconcellos, *Currículo: a Atividade Humana como Princípio Educativo*, p. 236 e ss.

2

SOBRE O TRABALHO DA EQUIPE DIRETIVA NO PROCESSO DE MUDANÇA DA PRÁTICA PEDAGÓGICA:
por uma Gestão Democrática

I. Papel da Equipe Diretiva

O movimento de democratização e qualificação da educação é um amplo e complexo processo, que tem como meta a mudança da prática em sala de aula, na escola e nas relações dessa com a comunidade e a sociedade. Em tal processo, a equipe diretiva (direção, supervisão/coordenação pedagógica, orientação educacional) tem um importante papel, dada sua influência na criação de um clima organizacional favorável.

Nas reflexões que faremos, precisamos ter presente o pano de fundo, o contexto social em que a escola está inserida: a experiência democrática brasileira é ainda muito recente. Assim sendo, as instituições de ensino, naturalmente, sofrem o reflexo — não mecânico

— dessa realidade maior. Dizemos isso não a título de justificativa das contradições, mas de contextualização da análise.

1. Autoritarismo em Questão

Temos aqui uma questão cultural muito séria: o autoritarismo está impregnado em nossas relações e, o que é pior, não nos damos conta dele. A influência do nosso tipo de colonização (dependente, predatória) e, mais recentemente, do regime militar (1964-1985), está para ser decifrada ainda. Podemos ver o reflexo disso no ambiente acadêmico ou escolar, que deveria ser, por excelência, o espaço do debate, do confronto de ideias e posições, de cooperação e decisões coletivas. Todavia, o que se observa muitas vezes é algo muito distante de tal perspectiva. Parece que se instalou uma espécie de ciclo vicioso entre o autoritarismo e a imaturidade: a postura dogmática de alguns acaba alimentando a atitude imatura de muitos. No cotidiano da escola, uma frase dita por membros de equipes diretivas é emblemática: "Enquanto estamos presentes, a coisa sai; quando saímos, para". A "coisa", no caso, costuma ser alguma "proposta", mais ou menos mirabolante, que foi implantada de cima para baixo, por imposição do dirigente (pacote pronto, sem questionamento), ou por omissão dos dirigidos (de fato, era proposta, porém foi decodificada no modelo clássico de pacote e ninguém se animou a discutir).

O arquétipo[1] autoritário se configura como sendo o do dono de um lugar de poder privilegiado, de um saber inquestionável, de uma incrível coerência, de uma intrínseca bondade e de absoluta ausência de falhas nas suas ações; uma dúvida colocada é tida como ofensa

---

1. Falamos de *arquétipo* porque, embora tenha manifestação singular, num determinado indivíduo, corresponde também, numa perspectiva junguiana, a algo mais geral, a imagens estruturantes em ação no inconsciente de cada ser humano (Leloup, 2000, p. 15). O polo, a posição que o sujeito vai ocupar — e que, obviamente, pode mudar, até mesmo pela simples mudança de contextos —, será resultado da sua interação com o caldo de cultura dado.

("Você não entendeu? Por acaso está insinuando que não fui claro?"). Por *fazer tudo* pelos outros e não ser reconhecido, sente-se incompreendido ou injustiçado; todavia, isso só aumenta sua convicção de que está certo. Já o imaturo pode apresentar-se como o enquadrado, o certinho, mas que pode ter o outro lado de ardiloso, dissimulado, "esperto" (levar vantagem com tal comportamento); em alguns casos, há rompantes de rebeldia, porém isso costuma ser puro jogo de cena, já que não leva adiante os enfrentamentos. Tem medo de qualquer conflito, como se fosse perder o *amor* do outro. Tende a se portar como vítima.[2] Nos relacionamentos humanos concretos, é comum um fluxo, uma certa circulação entre submissão e confronto; nos relacionamentos patológicos, há a fixação, a cristalização de posições.[3]

Dão-se, então, situações deprimentes, na medida em que a palavra não circula, não há interação; a conversa, o autêntico diálogo inexiste. Os encontros são marcados pelo medo das críticas, dos olhares, dos risinhos, das fofocas posteriores. Tudo (ou quase) acontece nos bastidores: as decisões dos dirigentes, bem como as redes de intrigas dos dirigidos. Um, *iluminado* que é, traz a decisão pronta; o outro, não discorda, mas também não executa (porém, finge que).

Um fato que me chama a atenção nos espaços de formação de professores é a preocupação que alguns têm de, ao final do encontro, virem se desculpar por terem participado ativamente (sendo que desde o início eu já incentivo e provoco a participação); se ocorreu alguma divergência ou discordância, aí então as desculpas são muito mais insistentes. Ora, que formação tiveram estes professores, em que o

---

2. Particularmente aqui a orientação educacional tem de estar atenta para não se envolver com este estratagema; ouvir individualmente, acolher, mas desafiar a colocar claramente suas queixas no grupo.

3. Embora o lugar institucional hierárquico costume influenciar, nem sempre é assim: temos situações em que, por exemplo, professores colocam a supervisão numa posição de "culpa e má-consciência" (por estar fora da sala de aula, por "ter mudado de lado", por ganhar mais, por ter mais tempo livre etc.), de forma que esta sente-se na obrigação de fazer de tudo para justificar sua existência, passando a "agradá-los". Por isto é que as *relações* é que devem ser analisadas sempre.

confronto de ideias — elemento nuclear de qualquer prática educativa saudável — é tido como negativo, desrespeitoso?[4]

Não estamos acusando nenhum dos dois polos dessa trágica relação de simbiose. É a *relação* que está em questão. Depois das reflexões sobre a microfísica do poder (Foucault), sobre a servidão voluntária (Etienne La Boétie), sobre o medo à liberdade (Fromm), a introjeção do opressor no oprimido (Freire), a dialética do reconhecimento (Hegel), fica muito difícil alguém se sustentar na posição de *coitadinho*, de vítima indefesa! Toda relação tem pelo menos dois lados. Trata-se de uma maldita cultura que precisa ser urgentemente revertida. A(s) verdade(s) — de cada um e de todos — precisa(m) aparecer; para isso, o clima de liberdade e respeito é fundamental.

2. Construção de uma Nova Postura

Tendo em vista o papel de referência que a equipe diretiva desempenha, podemos dizer que o desenvolvimento de práticas autenticamente democráticas no interior da escola vai depender, em grande medida, de uma nova postura a ser assumida por esta equipe.

Exercício do Poder

O exercício do poder talvez seja um dos aspectos mais delicados para a equipe diretiva. Inicialmente, é preciso reconhecer a existência do poder, não querer negá-lo. Resgatamos aqui as valiosas contribuições

---

4. Certa feita, num encontro no interior de São Paulo, na porta do fundo do salão onde era realizada a palestra, postou-se uma representante da delegacia de ensino; a cada pessoa que ia sair, interrogava: "Aonde vai?", já indicando o local (bebedouro ou banheiro) e disparando "Anda logo!". Duas coisas me chamaram a atenção: primeiro, evidentemente, a postura autoritária de tal representante; segundo, a aceitação passiva dos professores, uma vez que praticamente todos entravam no jogo e voltavam rapidamente, como que se desculpando.

de Foucault (1926-1984): o poder não é uma coisa que está num determinado lugar, mas algo que flui entre os sujeitos em relação; esta é uma característica inalienável dos relacionamentos humanos. Assim, a questão passa a ser não negá-lo, porém discutir sua forma de exercício: a serviço de que e de quem se coloca. A polarização equivocada da postura da equipe pode se dar entre o espontaneísmo (ausência de direção) e o autoritarismo (imposição de formas de agir). Um elemento complicador no contexto brasileiro, como apontamos, são as raízes históricas fortemente marcadas pelo autoritarismo, de tal forma que, quando se tenta mudar, cai-se na simples negação (ao invés da superação por incorporação): para não ser taxado de autoritário, o sujeito não se posiciona claramente, não explicita seus pressupostos, convicções e valores; cria-se um "pudor do poder", como se todo ele fosse despótico. Por outro lado, há em muitos indivíduos uma hipersensibilidade, de tal forma que qualquer posicionamento mais firme já é taxado de autoritário (este processo, inclusive, está ligado a um outro mais amplo de imaturidade social, onde não se tolera ouvir um "não"). Entendemos que o educador deve ter uma presença marcante, ser uma forte referência para a coletividade; não é ser tirano nem omisso: é ter proposta e dialogar. E isto vale tanto para a sala de aula (professor), como para a escola como um todo (equipe).

A equipe ajuda quando não impõe, mas propõe, provoca. O provocar é necessário em função da existência de uma lógica para manter as pessoas anestesiadas, alienadas. É necessário administrar uma tensão no processo: respeito pelo professor e ao mesmo tempo posicionamento, provocação. Na precisa formulação de Makarenko (1888-1939), devemos buscar o "máximo respeito e a máxima exigência" (1977, p. 190). Não deixar pairar clima de indefinição na instituição; definir, mesmo que provisoriamente. Depois, se necessário, rever; não ter medo de se posicionar e de errar.

Cabe atentar para o perigo do paternalismo (que é uma forma de autoritarismo também), tão enraizado na nossa cultura. O papel da equipe diretiva pode ser comparado ao catalisador na reação química: estar junto, propiciar as condições, mas não fazer pelo outro.

Confiança

A desconfiança é um dos pilares da organização alienada do trabalho educativo, e se dissimula nos sistemas de organização, fiscalização e hierarquias (Garcia, 1997, p. 122). Eis um grande desafio: confiar no grupo, superar o controle, a vigilância, como se os professores fossem irresponsáveis.[5] A educação formal é um dos campos mais normatizados. Não sabemos se existe uma profissão tão regulamentada como a do magistério: é norma, parecer, portaria, decreto, lei para tudo, para os mínimos detalhes. Digamos que os educadores de uma determinada escola estejam percebendo um problema grave de disciplina e resolvam parar para refletir coletivamente. Essa ideia, muito provavelmente, será abortada logo que alguém lembrar: "Ah, mas e os 200 dias, as 800 horas?". E depois, dizemos que estamos lhes confiando o "futuro da nação", que os alunos devem ser cidadãos autônomos etc.

É preciso construir o trabalho em outras bases: "A **confiança** nos homens é a condição prévia indispensável para uma mudança revolucionária" (Freire, 1980, p. 60). É interessante que se confia aos professores o bem mais precioso do sistema de ensino — os alunos — e depois estes mesmos professores são tratados com enorme desconfiança. A confiança é um daqueles fenômenos psíquicos que se dá no campo do contágio: a percepção, por parte de um sujeito, da confiança do outro encoraja-o, leva-o a baixar (ou sequer levantar) as barreiras de proteção, e possibilitar um encontro mais autêntico. Ocorre que a recíproca também é verdadeira: desconfiança gera desconfiança.

Podemos ilustrar essa situação com a célebre "convocação" dos professores para grandes encontros de formação. É comum esses encontros serem realizados em condições e locais impróprios[6]: é

---

5. Exemplo corriqueiro: ficar passando pelo corredor para "espiar" a atuação do professor em sala.

6. Sem ventilação e iluminação adequadas, cadeiras pouco confortáveis, sistema de som precário, sem consulta ou mesmo informação prévia aos educadores sobre temática e palestrante, sem um bom café, de longa duração frente às condições oferecidas etc.

impressionante o que se perde de energia da equipe "toureando" os professores que não estão a fim de participar, sem contar o desgaste para o conferencista. Convocação, lista de presença, pode garantir[7] a presença, mas não a participação. Dizem alguns dirigentes: "Ah, mas pelo menos ele ouve alguma coisa". Doce ilusão; a epistemologia deixa muito claro isto: sem desejo não há construção significativa do conhecimento![8] Se o grupo fosse menor (como numa sala de aula), se o trabalho tivesse mais tempo, o mediador teria condições de chegar em cada participante e interagir; mas isso não é o usual. Quando se exige a presença, se desqualifica a todos, pois todos os professores são tratados como imaturos ou, no mínimo, desinteressados. Quando há o convite (ao invés da convocação), se qualifica todos que participam, já que estão de espontânea vontade; o clima fica outro, o encontro rende muito mais. Quando voltarem para as escolas, irradiarão os resultados, provocando o desejo dos demais ou criando pressão por mudança, na medida em que as ideias começam a ser colocadas em prática. Vale a pena pensar sobre isso. A experiência de muitos dirigentes já avança nessa direção.

Se a vigilância deve ser rechaçada (por partir da desconfiança em relação ao outro), o mesmo não se diz do acompanhamento (que parte do princípio de que somos seres contraditórios e em desenvolvimento, portanto, não prontos e passíveis de errar), uma vez que devemos responder socialmente pelo trabalho que realizamos e que devemos nos ajudar mutuamente, tendo sempre o Projeto Político-Pedagógico como referência (e não nossas idiossincrasias). Se for preciso fazer uma colocação objetiva, que se faça, sem medo; isso é importante para estabelecer pontos de referência no cotidiano. Ao mesmo tempo, espera-se a abertura para eventual questionamento, diante do qual não se recua, mas se aprofundam os motivos, por exemplo, de uma cobrança ou chamada de atenção.

---

7. Se é que pode, já que este comportamento imaturo provoca outro no professor como reação.

8. Alguns dirigentes chegam a se referir a esses momentos colocados pela instituição como "formação obrigatória"; ora, esta é uma contradição nos próprios termos: a formação só pode ocorrer por uma decisão do sujeito!

Coerência

Gostaríamos de destacar um aspecto fundamental na atividade dos dirigentes: a busca da coerência entre aquilo que pregam e aquilo que se fazem:

Quadro 1. Coerência entre o que se prega e o que se faz

O que se prega	O que se espera que se faça
Importância da Educação	Propiciar condições adequadas de trabalho
Participação	Partilha do poder; decisão coletiva; não produzir surpresas com "pacotes"
Ensino mais personalizado	Não sobrecarregar as classes com alunos
Conhecimento novo se dá a partir do prévio	Levar em conta o conhecimento prévio do professor
Aprendizagem depende da mobilização do sujeito	Procurar despertar a necessidade de mudança no professor
Professor respeitar aluno em sala	Dirigente respeitar professor na escola
Professor não fazer avaliação classificatória e excludente do aluno	Dirigente não fazer avaliação classificatória e excludente do professor

Muitas vezes, quando os dirigentes se referem aos professores, caem na linha classificatória e não na transformadora: passam a julgar a pessoa do professor ("acomodado, resistente, incompetente"), no lugar de analisá-los como sujeitos históricos que são contraditórios como quaisquer outros. Isso revela o quanto a lógica tradicional de avaliar está impregnada: ao invés de ser elemento de acompanhamento e ajuda, passa a ser de prêmio ou punição, classificação com fins de exclusão, distorcendo seu sentido.[9] Dessa forma, leva os professores às clássicas "palavras alusivas" (assumir o discurso que, supõe-se, o dirigente espera ouvir). É importante a equipe trabalhar suas expectativas e preconceitos. Partindo da realidade do grupo, ver quais são

---

9. C. S. Vasconcellos, *Avaliação da Aprendizagem: Práticas de Mudança*, p. 110.

suas preocupações e começar por aí, só que com um enfoque novo, buscando estabelecer uma interação (dialética de continuidade-ruptura), procurando localizar qual o "ponto de contato" com o grupo. Tal prática demanda mais coragem de ouvir. Há um fator que dificulta o trabalho de direção ou coordenação: os professores vêm com suas queixas e a equipe com medo de que, com aqueles problemas todos, eles desanimem, já começa a tentar dar explicações, justificativas, dizer as propostas que tem, sufocando-os, não os deixando falar até o fim. De certa forma, parece que se sentem atingidos pessoalmente pelas queixas e problemas levantados, como se a responsabilidade fosse apenas da equipe dirigente. É preciso confiar mais na proposta, na força do próprio grupo e deixá-los falar com tranquilidade tudo que têm para falar, e só depois começar a reconstruir coletivamente.[10]

Condições Objetivas de Trabalho

Adentramos numa esfera da maior complexidade, cujo desafio é histórico. Podemos rapidamente lembrar de alguns impasses que interferem fortemente na prática da equipe e na dinâmica geral do ensino: sobrecarga de trabalho dos educadores, preocupação com sobrevivência, em função dos parcos salários (não "sobra" tempo para estudar, planejar as aulas, pesquisar, enfim, pensar em mudança); falta de espaço de trabalho coletivo constante na escola; rotatividade da equipe educativa escolar; cobranças burocráticas (material chega na escola ou no professor num dia para ser devolvido no dia seguinte), exigências formais, que ninguém sabe exatamente para que servem, já que nunca se tem o retorno; pressão violenta dos órgãos centrais, apego às normas, às leis (ou até a certas interpretações da lei); o poder central, muitas vezes, não quer a realidade, quer dados para

---

10. Qual a teoria do conhecimento que vai fundamentar o relacionamento: justaposição ou interação?

os relatórios, mesmo que não sejam fidedignos;[11] (des)organização administrativa que faz com que educador se ocupe com outras coisas que não são sua função (substituir pessoal auxiliar que falta na escola, por exemplo).

Diante do descompasso entre tantos esforços teóricos, tanta produção nos últimos anos em termos de ideias e propostas, de um lado, e a pouca repercussão para a prática, de outro, e sem desconsiderar o peso específico da subjetividade, será que não dá para *desconfiar* que sem um mínimo de condições materiais objetivas fica muito difícil avançar? É tarefa intransferível da equipe comprometer-se com a melhoria das condições de trabalho dos profissionais da educação. Sem isso, todo o resto corre o risco de ser *remendo novo sobre o tecido velho*.

Outras Práticas Emancipatórias

Para favorecer a mudança da prática pedagógica, basicamente, o papel da equipe de direção é criar um clima de confiança, pautado numa ética libertadora e no autêntico diálogo. Isso se reflete em algumas práticas:

■ Ajudar a trabalhar o medo: em primeiro lugar, tomando consciência de sua existência (nomear os fantasmas, que, só por isso, já perdem grande parte de seu efeito ameaçador). Ter clareza de que o medo faz parte do processo de mudança; é até indicador de responsabilidade; mas não deve ser o medo paralisante, aquele que impede de tentar o novo. A fundamentação teórica, a segurança na equipe que está dirigindo o processo e o apoio técnico (o que fazer) e/ou político (respaldo para enfrentar resistências de pais, alunos, colegas professores), são fatores decisivos para colocar o medo em patamares administráveis.

---

11. Existem casos de se mandar de volta relatórios, por não aceitar certos dados colocados pela escola ("Uma escola sob a minha administração *não pode* ter um quadro como este!").

■ Apoiar as iniciativas de mudança dos professores; isso possibilita a emergência de sinais de vida na instituição. Dar tempo para colocar em prática e analisar, não frustrando logo no começo, com rigorismo e medo do erro.

■ Pesquisar a própria prática; favorece muito quando há preocupação em levantar as representações dos professores em relação aos problemas ou às situações que estão em pauta. "Desde uma perspectiva da representação, podemos dizer que a gestão é a 'capacidade de articular representações mentais'" (Casassus, 1999, p. 17).

■ A mudança do professor e da prática não se faz por determinações legais. Porém, normas mais democráticas favorecem o trabalho do professor comprometido, que está querendo mudar.[12] Aquele que é mais fechado tem de ser trabalhado por outro canal; não será através de imposições normativas que se reverterá substancialmente sua atuação.

■ Superar o legalismo, o formalismo, colocando as estruturas a serviço dos objetivos maiores. Lembrar que o regimento é feito para dar suporte ao Projeto Educativo (e não o contrário).

■ Procurar reduzir a burocracia ao mínimo necessário. Nesse campo, temos situações quase inacreditáveis: salas de aula com carteiras antigas empilhadas (por não ter mais onde guardar na escola), já que Secretaria de Educação não recolhe e a escola não pode se desfazer, pois tais carteiras têm o tal do "número de patrimônio"; verbas que chegam de última hora e "têm que" ser gastas até determinado dia; escola que não tem autorização para comprar livro diretamente, pois este é considerado pela administração central como "bem durável"; o professor, no começo do ano, participa da reunião de planejamento numa escola, e depois vai trabalhar em outra, visto que a escolha de classes é posterior ao

---

12. Na *Programação* do Projeto Político-Pedagógico, como vimos no capítulo anterior, as normas são uma das modalidades de ação que se pode estabelecer coletivamente para mudar a prática.

planejamento... A equipe diretiva não pode conviver com esses fatos na base do "é assim mesmo"!

■ Criar espaços para que o professor possa atender os alunos em suas necessidades, seja de aprendizagem ou de relacionamento. Oferecimento de suporte, orientação, ajudando a formar o professor para que possa estabelecer diálogo mais autêntico com aluno, pois, na medida em que abre mão da postura autoritária, podem surgir colocações para as quais não está preparado a ouvir.

■ Muitas vezes, fica-se tentando fazer o trabalho com todo o coletivo escolar e nada avança; ora é um, ora é outro que levanta problemas e objeções, de tal forma que quando parece que vai andar, tudo volta às origens, causando um grande desgaste no grupo, que paulatinamente vai desacreditando de qualquer proposta de mudança. Outras vezes, a equipe se envolve demais com quem não está concordando com a proposta e esquece de apoiar aqueles que estão tentando colocá-la em prática. Entendemos que a estratégia pode ser outra: levar a proposta ao coletivo geral, mas trabalhar, num primeiro momento ou simultaneamente, com coletivos menores, com pessoas que estejam realmente mais abertas, mais dispostas à transformação da prática, minimamente querendo, que revelem um estofo de humanidade preservada. Criar base para um trabalho maior. Com o tempo, essa dinâmica provoca um desequilíbrio nos demais, propiciando novas adesões efetivas.

■ No caso de se fazer avaliação dos professores junto aos alunos (o que, a nosso ver, é muito salutar), essa deverá ser discutida com os professores em todas as suas etapas: desde a finalidade, a elaboração de instrumentos de coleta de dados, formas de aplicação, análise, até, e sobretudo, o uso dos resultados (concretização da intencionalidade).

■ Trabalhar com os pais para explicitar a linha político-pedagógica da escola (aproveitar época da matrícula, reuniões de pais, Conselhos, circulares, cartazes, jornalzinho escolar, site). Os pais podem resistir às mudanças seja em função da expectativa que trazem de que a escola deva ser "como no seu tempo", seja como fruto da insegurança que sentem face ao confronto entre a linha inovadora da escola e a dura e conservadora realidade, ou ainda em decorrência da falta de informação por parte da escola. A equipe não pode cair no equívoco do *intramuros*: ficar tão ocupada em convencer os professores da necessidade de mudança e deixar de trabalhar as crenças e convicções da comunidade, seu modelo de "escola ideal" (Tyack e Cuban, 2001, p. 210).

- Dar apoio ao professor diante da comunidade; os eventuais equívocos devem ser tratados internamente. O professor se sente muito desprestigiado — e se fecha para mudanças — quando seu trabalho não é respaldado pela equipe. Vejam, isso não significa conivência, acobertar erros, mas profissionalismo: tratar as coisas na hora e local adequados.

- Favorecer a construção de um clima ético, cortando "diz-que-diz-que", "fofocas", troca de favores para se fortalecer ou obter informações. Os desafios a serem enfrentados são enormes; se nem entre os companheiros de trabalho encontrarmos um clima favorável, ficará muito difícil manter o ânimo e a esperança de que as coisas podem de fato mudar. É por isso que os conflitos devem ser tratados abertamente, para não envenenarem os relacionamentos. Não substituir o diálogo por intermediários (mandar recado) ou medidas burocráticas (fichas, questionários a serem preenchidos). Todavia, cabe um alerta aqui: para além da objetividade da razão, pode chegar a um ponto no grupo onde será necessária uma dose de tolerância[13] e, até mais do que isso, de amor mesmo, no sentido de se perdoar e abrir possibilidade de se reinvestir em termos de esperança no outro (acreditar que pode mudar), e, enquanto investe nisso, ser capaz de lidar com a contradição do outro; nossa visão do ser humano apresenta, com frequência, mais uma marca imatura: ou idolatramos ou

---

13. Não no sentido de resignação diante do diferente, mas positivo e ativo: reconhecimento da legitimidade e busca de entendimento da outra posição.

desprezamos;[14] temos muita dificuldade em assimilar nossa condição de seres contraditórios, nossas dimensões *sim-bólica/dia-bólica* (Boff, 1998, p. 11), *sapiens/demens* (Morin, 2000, p. 58).[15] A Psicologia nos ensina que, muitas vezes, a dificuldade de perdoar advém da dificuldade de *se* perdoar, de tal maneira que o sujeito se fecha ao outro, não lhe dá nova oportunidade, por qualquer coisa já parte para regressão, evoca "os problemas não resolvidos do passado", que assim se configuram *ad aeternum* como parâmetro do — entravado — relacionamento. Sem uma certa carga de humildade (perceber-se como humano, não se considerar para *além do bem e do mal*, uma espécie de semideus que jamais poderia ter sido ofendido) e de afeto (capacidade de se deixar afetar pela necessidade do outro, de acolher e engendrar o outro) não é possível uma caminhada de grupo. No decorrer deste trabalho, insistimos numa nova postura para com o erro; mas isso depende tanto do sujeito admitir seu equívoco quanto da capacidade do grupo em acolhê-lo.

Sabemos que a questão não é só conseguir uma determinada mudança, mas fazer com que tenha uma larga duração histórica. Isso não se consegue na base do poder autoritário e sim através da formação cultural, da alteração do imaginário, dos quadros de referência das pessoas e da instituição. Daí a necessidade de investimento no processo de formação dos sujeitos (e estamos nos referindo não só aos alunos, mas também aos mestres e pais) e na criação de mecanismos estruturais de participação, como as reuniões pedagógicas semanais ou os Conselhos Escolares.

---

14. O modelo parece ser o das novelas de televisão onde o bem e o mal são dicotomicamente apresentados no *mocinho* e no *bandido* da estória.

15. Assumir que somos contraditórios é importante para evitar o pensar dicotômico, a lógica do "puro x impuro" (da longa tradição judaico-cristã); mas não deve servir de justificativa para acomodação, uma vez que somos também seres capazes de desenvolvimento, logo, podemos superar contradições em direção a outras mais qualificadas.

Neste sentido, entendemos que a divisão de trabalho entre os membros da equipe diretiva não deve ser por setores ou segmentos (por exemplo: os professores ficariam a cargo da coordenação, os alunos, da orientação, os pais e funcionários, da direção) e sim por tarefas (por exemplo: processos de aprendizagem, construção de identidades, gestão global etc.).

Cabe, pois, à equipe diretiva superar a fragmentação do trabalho, lutar contra as relações autoritárias, que levam a comportamentos passivos, inércia, comodismo, medo de repreensões, afastando do novo. É preciso buscar a gestão transparente e participativa, visando criar as condições para que a escola possa cumprir seu papel e promover a aprendizagem efetiva, o desenvolvimento humano pleno e a alegria crítica (*docta gaudium*) dos alunos, tendo como referência uma Educação Dialética-Libertadora.

II. Papel Específico da Direção

Na equipe dirigente, a direção tem papel fundamental enquanto fator institucional. Sabemos que na escola o diretor costuma corresponder ao arquétipo do poder, que tradicionalmente está vinculado a práticas autoritárias, que variam num espectro que vai do capricho ou implicância a atitudes despóticas e até de violação de direitos humanos fundamentais. Nesse sentido, a efetivação de um Projeto Político-Pedagógico de caráter emancipatório, a consolidação da autonomia da escola, bem como o avanço do processo de gestão democrática das escolas estão vinculados à postura que a direção assume. Como afirma o professor Severino (1941-), a direção da escola deve ser "o lado objetivo da intencionalidade subjetiva que vivifica o projeto" (1992, p. 87), portanto, a expressão viva do projeto construído coletivamente, mas a todo momento ameaçado pela lógica desumana instalada na sociedade.

A direção tem por função ser o grande elo integrador, articulador dos vários segmentos — internos e externos — da escola, cuidando da gestão das atividades, para que venham a acontecer e a contento (o que significa dizer, de acordo com o projeto).[16] Um grande perigo é o diretor se prender à tarefa de "fazer a escola funcionar", deixando de lado seu sentido mais profundo. Se não há falta de professor, se tem merenda, se não há muito problema de disciplina, "está tudo bem". É claro que a escola tem de funcionar, todavia sua existência só tem sentido se ocorrer dentro de determinadas diretrizes, de uma intencionalidade. Desde há um bom tempo, tem-se a clareza de que a assim chamada *Teoria Geral da Administração* não passa, na verdade, de uma teoria capitalista da administração, que de *neutra* nada tem, uma vez que, sob o manto da "cientificidade", oculta, de maneira ideológica, formas de controle e de exploração do trabalho (Paro, 1986). Assim, *não se trata de um papel puramente burocrático-administrativo, mas de uma tarefa de articulação, de coordenação, de intencionalização, que, embora suponha o administrativo, o vincula radicalmente ao pedagógico* (Severino, 1992, p. 80). Portanto, a grande tarefa da direção, numa perspectiva democrática, **é** *fazer a escola funcionar* **pautada num projeto coletivo**.

Como outros setores, a direção também deve ter seu projeto de trabalho, para qualificar sua intervenção e ficar menos sujeita às enormes e dispersivas pressões do cotidiano.

Sabemos que uma das raízes do comportamento autoritário é a insegurança: por falta de fundamentação, de argumento, o indivíduo agride, usa seu poder de forma dominadora para tentar calar o outro. A direção deve se qualificar, buscar crescer, se fortalecer também no conhecimento, para enfrentar os conflitos do cotidiano de maneira mais qualificada e produtiva. É muito animador quando a direção, além do estudo próprio, incentiva a equipe a estudar, pesquisar, inclusive no tempo de trabalho na escola, rompendo o paradigma, anacrônico e dicotômico, de que o horário de trabalho é tempo de "prática" e não de "teoria".

---

16. Até há cerca de três décadas, as atividades de planejamento (fazer planos) e de administração (cuidar da execução) eram conceitualmente distintas; a ideia de gestão procura integrar ambos os processos (Casassus, 1999, p. 17).

Participação nas Reuniões Pedagógicas

É fundamental a participação constante da direção nas reuniões pedagógicas semanais,[17] pois assim tem oportunidade de ouvir e expor argumentos, conhecer por dentro a realidade da escola, enfim, acompanhar o processo e se comprometer também com ele. Alguns diretores se confundem aqui: acham que, por serem "hierarquicamente superiores", sua presença implicaria em ter de coordenar a reunião ou em ter de dar "a última palavra"; ora, esta é uma visão pautada num paradigma ultrapassado (relação linear e de submissão, poder centralizador), que não condiz com a perspectiva da gestão democrática: a atribuição de coordenar a reunião é da supervisão ou coordenação, e a tomada de decisão é feita coletivamente. À direção compete coordenar a reunião (no mínimo semanal) da equipe escolar (onde as deliberações também são em conjunto). É muito complicado quando a direção fica de fora, se colocando apenas no papel de aprovar ou não as decisões tomadas nas reuniões pedagógicas; além do mais, quando vai esporadicamente, o grupo tem a sensação de que está sendo vigiado ou controlado.

Certa feita, ouvimos a seguinte afirmação de uma diretora de escola: "Sabe que eu nunca pensei em deixar a direção para participar do HTP[18]". Por aí se constata a concepção arraigada: ser direção é resolver problemas do dia a dia, é assinar papéis etc. A nosso ver, justamente no trabalho coletivo é que se deve construir a direção, o que, no limite, ajudará inclusive a administrar melhor os problemas cotidianos. Antes de tudo, o diretor deve entender-se como um educador.

Conselho de Escola

Na busca de reinvenção da escola (Freire, 1991), de consolidação de uma gestão democrática, vários mecanismos têm sido desenvolvidos,

---

17. Sobre as reuniões, ver Capítulo 5, que trata exclusivamente dessa temática.
18. Horário de Trabalho Pedagógico, na época, uma prática das Escolas Padrão da SEE/SP.

desde a superação da indicação *política* para o cargo de diretor (passando por concursos ou eleição) até os Conselhos de Escola, que representam uma das mais avançadas formas de participação efetiva na instituição, uma vez que congregam representantes dos vários segmentos (comunidade, alunos, funcionários, professores e equipe diretiva) e são o órgão máximo de decisão na escola. Para alguns diretores, e mesmo para certos professores, no entanto, o Conselho ainda representa "uma ameaça", por limitar ou controlar seu *poder*. Em determinadas escolas, percebemos claramente que os pais são muito bem vindos enquanto é para organizar a festa junina, colaborar na formatura, ajudar a preparar a excursão ou coisas do gênero; quando se toca no pedagógico, nas questões do currículo, há uma forte reação, como se se tratasse de campo proibido, onde "só especialistas" poderiam circular e palpitar. É evidente que não podemos confundir as coisas; como já afirmamos, gestão participativa não significa que todos vão fazer tudo. Cabe sim ao diretor o papel de gestão, de coordenação geral da execução da programação, de acompanhar a operacionalização das decisões do Conselho, tendo uma visão ampla e articulando as dimensões Administrativa, Pedagógica e Comunitária. Só que também não é admissível a exclusão da comunidade da discussão de temas tão relevantes na organização da escola como são, por exemplo, o currículo e a prática pedagógica. O Conselho não pode ser reduzido a momento de recados, cobranças ou ameaças (Freire, 1991, p. 16), uma reedição das famigeradas "reuniões de pais" do passado. Parece que aqui a estratégia que se usa, ainda que de forma inconsciente, é aquela de que a "melhor defesa é o ataque": para não ser questionada em sua fragilidade de propósitos e de práticas, a escola parte para o ataque sobre os pais, numa postura arrogante, prepotente, como se estivesse a fazer um grande favor àquela — necessitada —[19] população. O Conselho deve ser um espaço

---

19. Necessitada se aplica aqui tanto do ponto de vista socioeconômico (classes populares que precisam da escola até como forma de complementação da alimentação de seus filhos), quanto sociocultural (classes abastadas que "não sabem o que fazer com os filhos": não querem ser perturbadas por eles ou não sabem como educá-los). Embora com maior violência explícita sobre a primeira, muitas escolas "passam o trator" sobre toda a comunidade.

de exercício autêntico do diálogo, do poder de decisão, portanto, de resgate da condição de sujeitos históricos de transformação, na busca do bem comum no âmbito da escola e de suas relações. A direção tem, pois, um duplo papel: em relação a si (superar o fantasma da "perda de poder") e aos professores (exorcizar o fantasma da "invasão de privacidade").

Abertura da Escola

A abertura da escola[20] à comunidade tem se revelado como uma estratégia da maior importância para sua vitalização. Alguns diretores tratam os equipamentos da escola como se fossem objetos pessoais, propriedades privadas; outros, ao contrário, estabelecem relações de parceria[21] com a comunidade e, com isso, não só passam a contar com ela como elemento de apoio para as mudanças, como ainda obtêm diminuição do vandalismo, da violência; os alunos se sentem acolhidos, experimentam a escola como um território aliado. Queremos deixar claro que estamos nos referindo à abertura tanto no que diz respeito às instalações e equipamentos, quanto, num sentido mais sutil, de se deixar sensibilizar pelas exigências colocadas pela sociedade. Para a escola crescer enquanto instituição educativa, deve estar atenta ao movimento do real mais amplo, aos desafios que estão sendo postos pelo movimento social, interagir com as transformações que aí estão se dando. Numa perspectiva de desenvolvimento ecológico, é absolutamente fundamental que a escola vá "além muros".

---

20. Seja pública ou particular; esta última, de um modo geral, não tem necessidades materiais tão prementes, mas precisaria, em muitos casos, de um banho de civilização, uma vez que trata os pais como se fossem indesejados, inimigos da escola.

21. Sabemos que este é um terreno minado: por muito pouco podemos sair de uma saudável relação de parceria com a comunidade e cairmos na legitimação da omissão do Estado. É muito complicado quando a ajuda da comunidade acaba virando política pública (ver caso emblemático da campanha *Amigos da Escola*, da Rede Globo de Televisão).

III. A Questão da Resistência à Mudança

Uma questão constantemente trazida pelas equipes diretivas é: como trabalhar as resistências? Como trabalhar com o professor que não quer mudar? Isso é algo que carece ser mais bem estudado, pois essa resistência pode ter diferentes origens: falta de conhecimento, falta de segurança em fazer o novo, defesa psicológica natural diante de situações novas, posicionamento ideológico (não concordância com valores, princípios, da nova concepção), questões de relacionamento interpessoal, ser mero reflexo do não saber fazer, ou até mesmo pela percepção da falta de condições para pôr em prática (falta essa não reconhecida por quem está propondo a mudança). Por outro lado, é sempre colocada com uma conotação negativa. Tendo em conta as diferentes origens, será que, em alguns casos, a resistência não poderia ser positiva?[22]

1. Autocrítica

Frequentemente, lamenta-se que as pessoas têm resistência à mudança, que na "hora do vamos ver" pulam para trás, que são acomodadas, que têm medo do novo, que não têm competência para mudar. Seria salutar, neste momento, colocar uma *perguntinha*: quem garante que estamos certos? Quem garante que a concepção que defendemos não está equivocada? E que a reação das pessoas é até algo legítimo e positivo.

O fato de ter mais familiaridade, mais tempo de reflexão dedicado a determinado aspecto da realidade, não deve colocar o sujeito como o dono da verdade, que necessita ser seguida — sob pena de a "revolução não acontecer". Ao contrário, caso conheça algumas trilhas, isso deve estar a serviço do grupo, no sentido de ajudá-los a decifrar

---

22. C. S. Vasconcellos, *Avaliação da Aprendizagem: Práticas de Mudança*, p. 112.

a realidade, a pensar e fazer, juntos, algo novo. Tem-se incorporado os mecanismos do dominador (Freire, 1981b), de maneira que quando se assume alguma função de liderança, a tendência é reproduzir esses esquemas autoritários e não-participativos.

Poderíamos, só para ilustrar, lembrar algumas outras resistências que estão presentes na prática educativa, para além da resistência do professor:

- **Sociedade:** *teima* em não valorizar efetivamente a educação escolar; *teima* em entender que a democracia termina com o voto; *teima* em ser altamente seletiva; *teima* em delegar para a escola tarefas que são suas.

- **Sistema de Ensino:** *teima* em não ouvir os professores e mandar "pacotes"; *teima* em não pagar o suficiente; *teima* em superlotar as salas de aula; *teima* em formar mal os professores.

- **Equipe Escolar:** *teima* em ser autoritária; diretor *teima* em cindir o pedagógico do administrativo; coordenação *teima* em não preparar bem as reuniões; orientação *teima* em dar um monte de papéis para professor preencher.

Com tanta *teimosia*, como falar só da resistência do professor?

Discordância pode ajudar

É preciso reconhecer um campo possível de valência positiva para a resistência à mudança, na medida em que:

- Leva a refletir, aprofundar, a fundamentar melhor e evitar ampliação da margem de envolvimento com uma proposta que, apesar do desejo de acertar, poderia eventualmente estar equivocada;
- Possibilita resgatar os aspectos positivos do trabalho, o valor das práticas tidas até então;
- Favorece o não cair em meros modismos.

2. Crítica à Resistência

Por outro lado, quando se confronta a profunda necessidade de mudança das instituições de ensino e a passividade de uns tantos educadores, emerge o sentido negativo da resistência. Feita a autocrítica, analisado o contexto, vista a eventual contribuição da resistência, é pertinente também fazer sua crítica.

Temos sinais bastante fortes da resistência do professor: *teima* em não alterar sua prática; *teima* em não estudar; *teima* em se considerar "pronto"; *teima* em se portar como dono de sua *especialidade*; *teima* em acusar os alunos (e suas famílias); *teima* em infernizar os alunos com tanta lição de casa que ninguém sabe para quê; *teima* em se sentir vítima; *teima* em encaminhar aluno para fora da sala de aula; *teima* em não valorizar o coletivo; *teima* em querer o aluno "num certo ponto"; *teima* em ficar se queixando o tempo todo. Embora essas resistências não possam ser descontextualizadas, como vimos acima, é preciso reconhecer também a Zona de Autonomia Relativa (ZAR) do sujeito: o que vai fazer com o que fizeram com ele? (Sartre, 1978, p. 151).

De início, seria razoável solicitar: que sejam resistentes com as coisas certas! Lamentavelmente, há professores que são muito dóceis para com os novos discursos (rapidamente já estão a recitar as novidades), não resistem aos discursos desmobilizadores ("Globalização é assim mesmo, com exclusão"; "O aluno não está aprendendo porque não tem este *tipo* de inteligência[23]").

O ponto de partida, então, para enfrentar a eventual resistência do educador é procurar despertá-lo para a mudança. A mobilização do sujeito para a mudança depende do seu Querer e do seu Poder.[24]

---

23. Referindo-se à teoria das múltiplas inteligências de Gardner. Ocorre que Gardner nunca disse isso; afirma que sujeito pode ter mais facilidade em determinadas atividades, em função de suas "janelas" mais abertas, mas isso não nega a possibilidade de aprendizagem nos vários campos.

24. Ver de C. S. Vasconcellos as seguintes obras: *Para Onde Vai o Professor*, p. 162-166; *Planejamento: Projeto de Ensino-Aprendizagem e Projeto Político-Pedagógico*, p. 39-40; *Currículo: a Atividade Humana como Princípio Educativo*, p. 66 e ss.

Como forma de sensibilização para romper as resistências, apontamos algumas estratégias:

Quadro 2. Possíveis Mediações para romper as Resistências

Campo	Área	Possível Mediação
Querer	**Necessidade**	• Ajudar professor a tomar consciência das suas contradições (entre o que sente, pensa, quer, faz). Desestabilizar, provocar a reflexão o Procurar romper estado de equilíbrio cognitivo do professor; problematizar a ingenuidade, a alienação
	Desejo	Possibilitar o contato do professor: • Com pessoas que desejam, que estão vivas, buscando; este contato pode se dar direta ou indiretamente • Com práticas de mudança que estão acontecendo na nova direção; sentir o gosto, o clima, a satisfação de quem mudou. Perceber que é possível • Com o "outro lado" (os que sofrem sua ação); ver como sua ação está repercutindo • Com os excluídos (tocar a *chaga*) • Consigo: rever a opção pelo magistério, para ficar inteiro o Ajudar a superar o isolamento, o medo de mudar e, sobretudo, a indiferença
Poder	**Saber** Conceitual	• Propiciar a construção de saberes por parte do professor através da Pesquisa (ter acesso a novas concepções; aprender a dialogar com os vivos e mortos significativos) e da Produção (se expressar, escrever — como forma de consolidação e socialização do conhecimento) o Provocar a desconstrução de saberes equivocados. Ajudar a desvelar as implicações (pedagógicas, psicológicas, éticas, epistemológicas, políticas, sociais, econômicas) de sua prática. Criticar os pressupostos (visão de pessoa e de sociedade)
	Saber Procedimental	• Propiciar o desenvolvimento de um *Méthodos* de Trabalho, da autêntica Atividade Humana: sensibilidade, motivo, análise da realidade, projeção de finalidades, elaboração do plano de mediação, ação e avaliação. Ajudar a encontrar passos concretos, alternativas viáveis para a mudança; incentivar pequenas iniciativas na nova direção; trabalhar visão de processo o Fazer a crítica da rotina inconsciente, da repetição mecânica das práticas, do trabalho sem fundamento, na base do improviso irresponsável. Criticar o pensar dicotômico e a idealização das alternativas. Valorizar iniciativas, mas não ficar preso à superfície: problematizar, apontar para núcleo da problemática. Ajudar a superar sensação de impotência

Continua ➲

➲ Continuação

Campo	Área	Possível Mediação
	Saber Atitudinal	• Favorecer o desenvolvimento da Ética, do compromisso. Sensibilização através da arte (filmes, poesia, música, dança, peças de teatro, relacionados à questão educacional). Usar dramatização, desempenho de papéis, como exercício de empatia (colocar-se no lugar do outro); jogos/exercícios de reversibilidade (a favor x contra) para descentrar, aprender a ver de outros ângulos. Resgate da potência: tomada de consciência do poder de intervenção, da Zona de Autonomia Relativa (ZAR) pessoal. Valorizar as práticas realizadas, acompanhar, socializar. Buscar ambiente de respeito e verdade, onde o professor sinta-se acolhido. Enfrentar o sentimento de medo de mudanças. Acreditar no diálogo (P. Freire, Habermas) como caminho de humanização ○ Apontar para os mitos, preconceitos, convicções enraizadas. Lutar para que a atitude demissionária, a transferência de responsabilidade, o desânimo não sejam a tônica da escola. Combater a não persistência nas práticas de mudança
Poder	**Ter**	• Favorecer a conquista de Recursos Políticos: ▪ Clima de abertura, inovação, fluxo, vida, projeto ▪ Apoio da equipe diretiva ▪ Estruturas de Participação ▪ Fortalecer relacionamentos, mística de grupo; buscar parcerias ▪ Clima de liberdade, sentir que pode optar, que não é algo que está sendo imposto ▪ Clima de respeito: permite que as pessoas se exponham, expressem o que de fato pensam, sentem, fazem, enfim, que a verdade de cada um venha à tona ▪ Referencial comum; Projeto Político-Pedagógico ▪ Ocupar e Desenvolver a Zona de Autonomia Relativa (ZAR) da Escola ○ Combater a desarticulação, o trabalho isolado, o autoritarismo, a burocracia paralisante, o clima necrófilo, da repetição, da rotina pesada; não deixar a "peteca cair". Combater expectativas sociais alienadas em relação ao trabalho docente • Lutar pela obtenção de Recursos Materiais: ▪ Espaço de Trabalho Coletivo Constante ▪ Condições de Trabalho (n. alunos, salário, instalações, recursos didáticos, menor número de aulas para docente, tempo para estudo, equipe escolar completa) ▪ Programa de Formação Permanente; abertura para autoformação ○ Combater a lógica do "ensino pobre para os pobres" (Demo, Arroyo)

É claro que tanto o *Querer* quanto o *Poder* admitem gradação (não se trata de tudo ou nada), bem como são históricos, portanto, passíveis de serem alterados também no seu conteúdo.

O fato de a escola se envolver efetivamente com a inovação (através de gestos concretos e não só de discursos genéricos) cria uma pressão institucional para a mudança dos vários sujeitos que dela participam, de tal forma que, mesmo aquele que ainda não se abriu, vai se dando conta progressivamente de que a mudança já está em curso, devendo, portanto, se informar e formar para tal.

3

ORIENTAÇÃO EDUCACIONAL:
Mediação das Relações e da Mudança na Escola

I. Sobre os *Especialistas*

Uma pergunta que "fica no ar" quase sempre que se trata da questão dos assim chamados *especialistas*[1] ou *técnicos* educacionais é: "A escola pode funcionar sem eles?". Sem professor e aluno, com certeza, não temos escola, mas sem técnicos é possível sua existência. "Então, qual o seu papel se a escola prescinde de sua presença para existir?" A questão poderia ser encaminhada da seguinte forma: será

---

1. Essa denominação teve origem no bojo da reforma universitária e na reformulação do curso de pedagogia. O Parecer CFE n. 252/69, completando tais modificações, abre a possibilidade de o pedagogo ser um "especialista em educação"; as habilitações previstas eram de administração, inspeção, supervisão e orientação educacional, além da possibilidade de cursar concomitantemente a habilitação para o magistério de disciplinas profissionalizantes dos cursos normais; a habilitação em Planejamento Educacional ficou restrita à pós-graduação (Saviani, 1999, p. 29). O termo especialista não nos parece muito adequado, uma vez que poderíamos dizer que também o professor é um especialista na sua área de atuação. A rigor, percebemos outras conotações: relações de poder, divisão social do trabalho, visão pragmática e tecnicista, com forte influência norte-americana.

que o que importa para uma instituição de ensino é simplesmente existir ou fazê-lo com uma determinada qualidade? É certo que podemos ter ensino de qualidade só com professores, todavia as pesquisas educacionais têm demonstrado à exaustão que as escolas que têm ensino de melhor qualidade contam sempre com a presença de alguma liderança pedagógica, sendo que muito frequentemente essa liderança é exercida pela direção, orientação ou coordenação pedagógica, até pela possibilidade que têm, por contingência do tipo de atividade que exercem, de ajudarem a construir e articular uma visão de conjunto da instituição.

Poderia se argumentar que, em determinados contextos, o *técnico* mais atrapalha do que ajuda. Fazendo um raciocínio raso, poderíamos dizer o mesmo em relação aos professores... Sabemos que existem situações assim, porém isso corresponde, tanto num caso como noutro, a uma distorção no exercício da função.

Do ponto de vista dos dirigentes dos sistemas de ensino, temos observado dois equívocos em relação aos *especialistas*: em alguns contextos, o órgão central coloca-os como intermediários na relação com a instituição, fazendo com que os dirigentes percam o contato com o "chão da escola". Em outros, o órgão central apresenta uma grande desconfiança em relação aos técnicos da escola (que seriam conservadores, resistentes à mudança), e passa a não investir neles, a não propiciar momentos específicos para discutir suas questões.[2]

Internamente às instituições de ensino, tem-se dado um outro equívoco: a partir da constatação da complexidade do trabalho do professor, começou-se a reparti-lo com outros profissionais, ao invés desses profissionais (orientadores, supervisores) estarem trabalhando junto ao professor para melhor formá-lo, já que é ele quem deve enfrentar os conflitos, para não cair no jogo dos "encaminhamentos".[3]

---

2. O especialista, em alguns casos, vira um verdadeiro "tapa-buracos", substituindo o professor quando esse falta ou sai para formação.

3. C. S. Vasconcellos, *(In)Disciplina: Construção da Disciplina Consciente e Interativa*, p. 61.

O horizonte que vislumbramos para os serviços especializados é o do intelectual orgânico, qual seja, aquele que está atento à realidade, que é competente para localizar os temas geradores (questões, contradições, necessidades, desejos) do grupo, organizá-los e devolver como um desafio para o coletivo, ajudando na tomada de consciência e na busca conjunta de formas de enfrentamento.

> O modo de ser do novo intelectual não pode mais consistir na eloquência, motor exterior e momentâneo dos afetos e das paixões, mas num imiscuir-se ativamente na vida prática, como construtor, organizador, "persuasor permanente", já que não apenas orador puro (...); da técnica-trabalho, eleva-se à técnica-ciência e à concepção humanista histórica, sem a qual permanece "especialista" e não chega a "dirigente" (especialista mais político). (Gramsci, 1982, p. 8)

O intelectual orgânico é aquele que tem um projeto assumido conscientemente e, pautado nele, é capaz de provocar, despertar, ajudar a mobilizar as pessoas para a mudança, e fazer junto o percurso de transformação.

Levando-se em conta a complexidade cada vez maior que os professores têm de enfrentar no cotidiano da sala de aula, consideramos que é também cada vez maior a importância de a escola ter um quadro adequado de pessoal para colaborar nessa tarefa. Não se trata de *encher* a escola com profissionais de várias áreas (psicólogo ou psicopedagogo clínico, fonoaudiólogo, médico, assistente social, antropólogo, sociólogo — que podem prestar um grande serviço, porém não precisam ser alocados em cada escola),[4] até porque existem necessidades prementes ainda não satisfeitas em muitos estabelecimentos de ensino (de falta de biblioteca a falta de saneamento básico), mas de a escola poder contar com elementos essenciais enquanto equipe dirigente: direção, supervisão/coordenação pedagógica e orientação educacional.

---

4. Com a crise do emprego, várias categorias profissionais estão a pleitear sua presença na escola. Vira-e-mexe, algum deputado assume uma dessas bandeiras.

É evidente que também os *especialistas*, como vimos, podem se deixar envolver pelo esquema alienante e se tornarem simplesmente novos braços da engrenagem do sistema, meros elementos de "lubrificação" da maquinaria escolar. Todavia, essa não é a nossa perspectiva. O compromisso dos *especialistas* deve apontar na direção da superação da razão instrumental (Habermas), do simples "fazer a escola funcionar", dado que isso poderia acontecer sem eles.

A simples presença dos *especialistas* na escola é (ou deveria ser) uma denúncia, um anúncio, um testemunho de que o trabalho escolar:

1. Vai além do trabalho de cada professor, individualmente considerado; tem uma dimensão coletiva;

2. Vai além da sala de aula; não basta cada professor ter seu projeto de trabalho; há um projeto maior, que inclui o didático-pedagógico, mas o ultrapassa (visão de pessoa, sociedade, educação);

3. Vai além da mera administração;[5] deve estar voltado para a mudança, para a reflexão crítica sobre a prática, tendo em vista seu aperfeiçoamento, a superação das contradições.

Sintetizando: os *especialistas* devem se especializar em mudança! Sabemos que esses processos são extremamente complexos, uma vez que envolvem concepções, desejos, medos, decisão, avaliação, plano de ação, relações de poder, disponibilidade de recursos, caldo de cultura, relações interpessoais, teoria, necessidades, imaginário, narrativas, memória, condições de trabalho. Todavia, é preciso ter pessoas altamente qualificadas nesse âmbito a fim de ajudar na coordenação da travessia, não como o "iluminado", dono da verdade, mas naquela perspectiva que apontamos do intelectual orgânico: alguém que ajuda o grupo na tomada de consciência do que está se vivendo, para além das estratégias de intransparências (Habermas, 1987) que estão a nos alienar. Os professores, comumente, estão envolvidos com mudanças

---

5. No sentido estrito de executar (desvinculado do planejar), "fazer funcionar", repor o mesmo, reproduzir.

localizadas, das suas práticas em sala de aula. Há necessidade de pessoas que se dediquem a refletir sobre os próprios processos de mudança, a buscar tanto socializar as tentativas localizadas como tirar princípios que possam orientar as práticas de intervenção objetivando mudança. É interessante notar que, por muito tempo, encontrávamos uma farta produção sobre mudança na literatura empresarial, porém, no campo das instituições de ensino, onde tanto se fala de mudança (Demo, 2000b), ainda eram incipientes os estudos e publicações, o que, inclusive, representava um risco, dada a tentativa de se aplicar mecanicamente a teoria de um campo em outro.[6] Atualmente, há uma verdadeira febre de "mudança", "inovação", "transformação" no campo da educação e da escola. Devemos estar atentos para não cairmos, mais uma vez, em modismos.

Destino dos *Especialistas*

Pensando em termos de futuro, qual seria o lugar dos especialistas na escola? Se olharmos, por exemplo, a partir da formação atual dos especialistas, tivemos momentos um tanto conturbados, uma vez que a formação do professor, de um modo geral, e os cursos de pedagogia, em particular, passaram por reformulações bastante significativas.[7] Com certeza, essa diversidade de iniciativas ou expectativas expressa um desejo de redefinição desses profissionais. Saviani (1944-), num artigo sobre a supervisão educacional (1999, p. 13-38), faz uma interessante reflexão; querendo entender o lugar do supervisor na prática educativa,

---

6. Uma ilustração disso foi o fenômeno da "Qualidade Total".

7. É só ver a concepção de formação dos profissionais da educação da Lei de Diretrizes e Bases da Educação Nacional — LDB (Lei n. 9.394/96, em especial o artigo 64), os vários pareceres do Conselho Nacional de Educação, as diferentes modalidades que as universidades, centros universitários ou faculdades estão adotando para a formação docente, os debates sobre o que cabe em termos de formação inicial e o que deve ser feito como educação continuada, inclusive com capacitação em serviço, a formação em nível de graduação ou de pós-graduação etc.

começa com um resgate histórico na comunidade primitiva, revelando que ali, embora houvesse supervisão das atividades (no sentido de busca de aperfeiçoamento), essa não estava objetivada em ninguém especificamente: era exercida espontânea e implicitamente pelos vários membros da coletividade na interação do cotidiano. Depois de fazer todo um percurso histórico,[8] lança uma hipótese sobre o futuro da supervisão que nos parece bastante pertinente e que poderia ser generalizada para outros especialistas: o horizonte seria uma espécie de retorno à situação primitiva, onde todos poderiam exercer as *especialidades*[9] (formação omnilateral); isso, considerando um quadro ideal em que as divisões alienadas do trabalho já não existiriam e demandas básicas da existência humana concreta teriam sido satisfeitas (*reino da liberdade*).[10] No limite, entendemos que, de fato, tanto a supervisão/ coordenação, quanto a orientação e a administração escolar poderiam ser exercidas por qualquer educador membro do grupo, na medida em que tivesse condições, que estivesse qualificado para isso, não havendo necessidade de uma instância particular formadora.[11] Contudo, ainda estamos um tanto longe desse horizonte, seja pela consideração das profundas desigualdades sociais (e o consequente não atendimento das necessidades básicas da maioria da população), seja pelas precárias condições concretas de funcionamento de grande parte das escolas no país. De qualquer forma, fica a exigência de uma atividade que seja significativa e significadora, integrada e integradora, visando a melhor qualidade do trabalho pedagógico. Os papéis desempenhados pelos *especialistas*, nessa linha, são tão relevantes que, no caso de ausência

---

8. Ao qual remetemos o leitor, pois neste momento não é o foco da nossa abordagem.

9. Entre si e em relação às máquinas, que estão cada vez representando a extensão não só dos braços, mas também do cérebro (Saviani, 1999, p. 36), liberando o homem de atividades mecânicas (ainda que com a microeletrônica e a automação flexível, altamente complexas).

10. Essa ideia nos remete a outra: o autêntico mestre tende a desaparecer, dado o crescimento do discípulo (Chaui, 1980, p. 39).

11. Esse assumir por diferentes profissionais, embora não sem problemas, já vem acontecendo, desde membros da equipe diretiva que acabam acumulando funções até o exercício por professores, psicólogos, psicopedagogos, assistentes sociais etc.

de agentes que os ocupem formalmente, serão exercidos por outros profissionais no interior da instituição;[12] não estamos, pois, falando de "cargos", mas de funções decisivas, tarefas imprescindíveis da prática educativa transformadora.

Na sequência, nos deteremos na análise da orientação educacional, por considerarmos que é um desses serviços necessários ao adequado trabalho da escola.

II. Orientação Educacional: Contexto e Desafios

Podemos iniciar a reflexão sobre a orientação educacional nos interrogando sobre sua postura diante do mundo: ajustamento (do aluno à escola, do professor às exigências dos dirigentes, do profissional ao mundo do trabalho, do cidadão à sociedade)[13] ou transformação (do sujeito, da escola, das instituições, da sociedade)? Entende que já chegamos ao *fim da história* ou compreende a história como tarefa? A incumbência educativa seria dar conta das necessidades postas pela "realidade bruta" ou caberia à escola provocar necessidades novas a partir de outras dimensões da realidade (o sonho, o desejo, o compromisso, o projeto, a trajetória, as possibilidades *ainda-não* exploradas)?

Para um olhar desatento, é grande o perigo de desvio das questões essenciais, pois são tantas as conquistas decantadas (domínio do genoma, estações espaciais, rede mundial de computador, chegada a Marte, avanço exponencial da automação com comando numérico, inteligência artificial etc.). Para além do deslumbramento tecnológico,

---

12. Podemos lembrar aqui do conceito de Liderança Emergencial, trabalhado por Lauro de Oliveira Lima (1921-2013) (1976b).

13. Nos primórdios da atividade da orientação em nosso país (década de 20 do século XX), o grande lema (também de origem norte-americana) — que se tornou tarefa do orientador — era colocar "o homem certo no lugar certo", a síntese do ajustamento, uma vez que a sociedade era considerada um sistema harmonioso. Aliás, num interessantíssimo depoimento à TV USP (Canal Universitário), Antonio Candido nos lembra que, até meados dos anos 50, apontar algum problema do Brasil era ser considerado antipatriótico... ("A visão da USP", de 29/5/2001).

entendemos que o século XXI será, com certeza, do humano, do resgate do sentido, do fortalecimento de uma ética libertadora. Não queremos, com essa afirmação inicial, entrar num pensar dicotômico de negação ou desvalorização da técnica, elemento tão exaltado nos dias atuais. Trata-se apenas de repor uma hierarquia: não é possível mais essa subserviência do ser humano à perversa lógica do mercado, transubstanciada nos seus produtos de "última geração" a abastecer a síndrome de consumo. Como denuncia Morin (1921-): "Cada vez mais poderosa e influente, a tendência tecnoeconômica tende a reduzir a educação à aquisição de competências socioprofissionais, em detrimento das competências existenciais (...)" (2015, p. 27).

Desafios à Cidadania

O que está em jogo aqui é o próprio conceito de cidadania, já que há uma fortíssima tendência em reduzir o cidadão ao consumidor ou, pior ainda, a membro *imprestável* das massas sobrantes. Sabemos que estamos nos movendo em torno de conceitos polissêmicos e complexos; se pensarmos em termos de origem, por exemplo, *cidadão* é uma categoria contraditória: entre os gregos, era um grupo relativamente reduzido (sexo masculino, não estrangeiro, não escravo); na revolução burguesa, a princípio, cidadão era o proprietário. De qualquer forma, o processo histórico de emancipação busca atribuir novos significados, que respondam às novas demandas e visões de mundo. Assim, atualmente, podemos associar a ideia de cidadão àquela de Gramsci, quando se refere à formação do novo dirigente: "Formar o jovem como pessoa capaz de pensar, de estudar, de dirigir ou de controlar quem dirige" (1982, p. 136). Portanto, cidadão é aquele que participa ativamente, que decide os destinos da *Polis,* que não espera ser chamado, que se engaja na luta de autodeterminação pessoal e social.

A cidadania se exerce no concreto, e o concreto existencial contemporâneo, pelo menos em termos hegemônicos, é avassalador: desemprego, desigualdades sociais, fome, violência, desestruturação familiar, apelos de todo tipo da mídia etc. Do ponto de vista específico da escola, temos a expansão do atendimento, com praticamente a universalização do acesso à escola fundamental; se, de um lado, isso corresponde a um tremendo avanço em termos de direitos sociais, de outro, é um desafio na medida em que não se trabalha mais só com os filhos da elite, e muitos alunos passam a frequentá-la por imposição legal e não por opção. O professor, por seu turno, está marcado por uma formação aligeirada e frágil, condições precárias de trabalho, desprestígio social. Paralelamente, e como decorrência do desmonte social, passa a haver uma expansão de expectativas em relação às atribuições da escola; funções que no passado eram secundárias ou complementares passam a ocupar cada vez mais espaço (sexualidade, prevenção de gravidez, drogas, afetividade, educação de base — *bons costumes* —, sentido da existência, consumo, ética, trânsito, respeito ao meio ambiente). Soma-se ainda a isso tudo a perspectiva da inclusão: fazer educação inclusiva implica, entre outras coisas, trabalhar com a diversidade e, sobretudo, com alunos com deficiência, portadores de *direitos*[14] especiais (Frei Betto). Crianças e jovens que no passado eram simplesmente ignorados pela escola, agora podem exercer seu direito de conviver com seus pares de idade. Para que isso possa ser feito respeitando a dignidade desses novos sujeitos educativos, os professores precisam ser sensibilizados e capacitados.

Avaliação

Do ponto de vista pedagógico, muitas são as necessidades de mudança no cotidiano escolar; podemos trazer uma, que é das mais cruéis: a avaliação do processo de ensino-aprendizagem. Cremos não ser necessário "desfiar todo o rosário" dos estragos que certas práticas de avaliação vêm fazendo no cotidiano escolar. Basta lembrar que atingem as mais diferentes esferas: pedagógica (obstáculo à

---

14. Ao invés de *necessidades*.

aprendizagem, por mais paradoxal que possa parecer, já que deveria promovê-la), psicológica (rebaixamento da autoestima), política (formação do pacato cidadão), social (exclusão das oportunidades), econômica (não desenvolvimento do potencial de criação de trabalho e riqueza), e também ética (profundas injustiças, bem como inversão de valores: o valor de troca — nota — torna-se mais decisivo do que o valor de uso — conhecimento, aprendizagem).

III. Papel da Orientação

Neste delicado contexto, entendemos que a orientação educacional tem um papel da maior relevância, entre outras coisas, por trabalhar com a questão da construção das identidades dos educandos[15] e, por que não dizer, dos próprios educadores.

Que função terá a orientação no processo de mudança da escola? Será uma mera expectadora? Ficará de fora, servindo de colo para os eventuais feridos no conflito? Estará ocupada com as disputas internas de poder, ou com os infindáveis atendimentos individuais, anamneses e testes? Ou assumirá a liderança, radicalizando as análises e articulando a coletividade em torno de um novo projeto?

O trabalho da orientação, comprometido com a mudança, deve partir de onde o sujeito (professor, aluno, pais) está e não de onde se considera que eventualmente *deveria* estar. Esse é um princípio básico do interacionismo que deve ser aplicado não só em sala de aula (partir de onde o aluno está!), mas também na pedagogia institucional. Não cair numa análise moralista, de acusação, como se a pessoa tivesse o tipo de prática que tem por ter decidido livre e conscientemente. Ter clareza, no entanto, que partir de onde está não é ficar lá. Entender

---

15. Alguém pode argumentar que o trabalho com os *temas transversais* poderia dar conta destas questões. Ocorre que quem vai trabalhar com os temas são os professores que, como acabamos de apontar, estão precisando ser trabalhados também.

não para justificar, mas para ajudar a mudar. Trata-se de estabelecer a dialética de continuidade-ruptura.

1. Resgate da Identidade do Professorado

Está em curso, na sociedade como um todo, uma profunda crise de sentido. Particularmente, no interior da escola, essa crise atinge, por um lado, o aluno ("Estudar para quê?") e, por outro, o professor ("O que é que estou fazendo em sala de aula?"). A crise do aluno retomaremos mais à frente, ao tratarmos da questão da orientação profissional. Ainda que muito rapidamente, abordaremos agora a do professor.

Nos últimos anos, podemos dizer que estamos vivendo uma nova onda de desmonte da educação escolar, que vem se sobrepor a outras já existentes, das quais o achatamento salarial e a degradação geral das condições de trabalho são manifestações concretas. Em função de alguns fatores como a baixa procura pelos cursos de formação de professores e a consequente facilidade para acessar a licenciatura ou a pedagogia, e a disponibilidade de postos de trabalho para professores, como consequência do aumento expressivo das redes de ensino, temos tido um número cada vez maior de professores que estão a lecionar sem terem uma opção radical pela profissão! Se isso é grave em qualquer área profissional, no magistério é seríssimo, uma vez que, como sabemos, a pessoa do professor entra substancialmente no trabalho formativo. Além disso, se já é difícil enfrentar as agruras da função tendo uma opção consciente, imaginem estando em sala de aula "de paraquedas" ou numa situação de (pseudo/imaginária) provisoriedade.

Nesse campo, o orientador tem uma especial tarefa, na medida em que pode ajudar no delicado processo de hermenêutica existencial, de interpretação dos acontecimentos e de produção de sentido para o trabalho (ajudar a ressignificar as opções feitas), para os conteúdos, para o estudo e, no limite, para a vida. Num texto muito provocativo, Julia Kristeva (1941-) chega a interrogar: "quem, hoje em dia, ainda tem alma?" (2002, p. 13). Fundamenta a pergunta na constatação daquilo que vem configurando a vida humana recente: o declínio da busca de sentido e, mais genericamente, da própria capacidade de representar, tendo como *substitutivos* a neuroquímica (remédios de vários tipos, antidepressivos ou outras drogas) e a imagem (sobretudo televisão, mas também jogos eletrônicos, internet, *outdoors*) (Kristeva, 2002, p. 14-15). Não é à toa que percebemos uma sede enorme do aluno por um professor que tenha uma mística, qual seja, alguém que *cultiva a alma*, que busca um centramento do ser, um sentido para a existência, que pensa sobre a vida, para além das manifestações imediatas, das banalidades dispersivas e apelativas da nossa cultura de massa.

Orientação vem do latim *oriens*, particípio presente do verbo *oriri*, levantar-se, ter a sua origem (*origo*) de... (Foulquié); essa raiz etimológica é muito sugestiva: diz respeito tanto ao começo quanto aos princípios (no sentido de fundamentos), buscar a origem é procurar a gênese e o caminho, ajudar o viajante a encontrar a direção (a partir de uma viagem interior rumo aos seus desejos mais profundos, que, evidentemente, tem profundas raízes na realidade concreta). O orientador, até pelo lugar institucional que ocupa, pode ajudar o professor nessa construção, nessa busca de identidade profissional. Orientar é cuidar (Boff, 2001),[16] ser hermeneuta (Gadamer, Ricoeur), para ajudar a formar o hermeneuta de sala de aula (o professor). Hermenêutica, arte ou ciência da interpretação, vem do verbo grego *herméneuein* (que significa interpretar) e do deus grego Hermes, que tinha como missão não só trazer as mensagens dos deuses para os homens, mas também interpretá-las. O orientador pela acolhida e diálogo franco pode ajudar o professor a interpretar os signos, as várias — complexas e, por vezes, contraditórias e doloridas — manifestações da existência

---

16. Ser "terapeuta" (Leloup). É preciso esclarecer que os assim denominados *terapeutas de Alexandria*, a quem se refere Leloup, eram, sobretudo, hermeneutas; "terapia é sem dúvida 'arte da interpretação'" (Leloup, 2000, p. 15). Portanto, não há nenhuma conotação psicologizante aqui (como já aconteceu no passado com os orientadores).

e do trabalho. A grande busca humana é a de atribuição de sentido; quando isso falta, o sofrimento advindo de uma determinada situação que se está vivendo é ainda maior.

A orientação não é autocentrada, não se volta sobre si mesma, nem cria dependência nas pessoas com as quais interage. Seu horizonte, numa perspectiva de formação da e para a autonomia, é que o sujeito possa orientar-*se*.

Atenta aos acontecimentos, a orientação se reorienta, para desempenhar as tarefas que a comunidade educativa espera e precisa.

2. Alunado como Sujeito

Se queremos uma escola libertadora, é absolutamente decisivo que os alunos assumam seu papel de sujeitos, que sejam protagonistas do seu processo de educação, superando a longa tradição da maquinaria escolar que tenta, de todas as formas, ainda que com a *melhor das boas intenções*, reduzi-los a meros "receptáculos". Quanto mais viva e inteligente a criança, mais cedo ela descobre que, para *sobreviver* na escola, tem de entrar no "esquema"...

É preciso um exercício de descentramento: sair do próprio umbigo! Ver e ouvir os educandos. Entendemos que a orientação pode ajudar no sentido de:

1. Não participar do processo de cerceamento da voz dos alunos;
2. Colaborar na busca de canais de sua legítima expressão.

O aluno deve ter preservado seu direito de participar da vida da escola em todos os níveis: da sala de aula até o relacionamento com a comunidade, da discussão da proposta de conteúdos à elaboração do Projeto Político-Pedagógico, da elaboração das normas de trabalho em sala de aula às normas de convivência da escola, da prática didática cotidiana às decisões no Conselho de Escola.

O trabalho da orientação com a organização dos alunos (representantes de classe, grêmio, grupos de interesse) pode, além disso, ter um papel essencial no processo de mudança: existem momentos em que a cobrança dos alunos tem um efeito muito maior na alteração da prática dos professores do que longos discursos e reuniões com os mesmos.[17] Objetivamente, muitos problemas da escola podem ser resolvidos de maneira menos desgastante e bem mais eficaz quando os alunos são sistematicamente ouvidos. Eles estão completamente inseridos no cotidiano escolar, são *antenados*, estão percebendo as questões que estão *rolando*; se houver uma escuta atenta e qualificada, pode-se estabelecer um fecundo diálogo. Esse é, inclusive, um poderoso caminho de formação de lideranças e, sobretudo, de cidadania.

Cabe lembrar ainda o trabalho com os ex-alunos (tipo Associação de Antigos Alunos): é um canal aberto com a realidade maior e pode ajudar a redirecionar as práticas escolares.

3. Orientação Profissional

O trabalho de orientação *vocacional* é um dos campos clássicos de atuação do orientador e uma frente da maior importância, sobretudo nos conturbados dias correntes: os jovens estão profundamente desorientados, não compreendendo o que está acontecendo com eles, com a escola e sua relação com a sociedade, em especial com o mundo do trabalho; muitos começam a perceber que o diploma já não é garantia de um "lugar ao sol", como parecia ser alguns anos atrás; outros tantos se angustiam ao verem o terreno minado que é o mercado de

---

17. Temos relatos de casos vivenciados por alunos no início do Ensino Fundamental: depois de terem passado por experiência na Educação Infantil de trabalho por projeto, montagem pessoal de agenda diária ou semanal de atividades, assembleias de classe ("rodinha") para avaliar o trabalho do dia etc., provocaram verdadeira crise no 1º ano a partir de suas *perguntinhas*: por que a gente não pode escolher o que vai fazer primeiro? Por que não podemos trabalhar em grupo? Por que já vem tudo pronto?

trabalho, com tanta competição e hiperindividualismo. Nesse clima de "geleia geral", *atiram para todo lado*; a análise das inscrições para os exames é um bom indicador: um mesmo aluno se candidata aos cursos de Administração, Odontologia e Arquitetura; tudo a ver...

Alguns educadores apontam na direção da empregabilidade, outros para o empreendedorismo. Mas por falta de análise crítica, tais visões acabam quase que por introjetar a culpa pelo fracasso na própria vítima ou criar uma expectativa alienada, na medida em que o modelo social não é posto em questão. Há aqui um enorme campo a ser explorado, pelo fato de que essa problemática precisa ser discutida não só com os alunos, mas também com seus professores e pais; engloba desde a compreensão dos impactos das novas tecnologias de comunicação e informação no mundo do trabalho, globalização da economia, políticas neoliberais, até a necessidade de um reordenamento mundial, de forma a se construir um modelo onde caibam todos os seres humanos e se preserve a nossa casa, a Terra.

Está colocada uma grande contradição, uma vez que, do ponto de vista do avanço das forças produtivas, seria possível, por exemplo, o pleno emprego, a redução da jornada de trabalho, a liberação humana do trabalho mecânico e repetitivo. Todavia, o macro modelo econômico e social impõe a acumulação vertiginosa de uns poucos, a formação de grandes conglomerados empresariais, o desemprego em massa, a profunda desigualdade nas relações entre as nações, o aniquilamento dos direitos sociais em nome do *Estado mínimo*. Embora tivessem motivos,[18] não podemos ter ilusão de que, de uma hora para outra, os vorazes capitalistas tenham uma crise de consciência e resolvam revolucionar esse quadro.[19] Tal certeza pode nos tentar a ceder ao "canto

---

18. Miséria, violência galopante, crise ética, ameaça de armas nucleares ou químicas, terrorismo, esgotamento de recursos naturais, poluição etc. Mesmo no campo pessoal, os grandes empresários não ficam de fora da ameaça de sequestro dos seus filhos, da restrição da liberdade de movimento e da privacidade em nome da segurança, do envolvimento com drogas, da desestruturação familiar etc.

19. Já tem crescido a denúncia de que, em muitos casos, o "compromisso social da empresa" ou o "voluntariado pessoal" nada mais significam do que um apaziguamento de consciências,

da sereia" do *senso de realidade*: para não sermos idealistas ingênuos, deveríamos simplesmente nos enquadrar nas exigências do mercado. Ora, fazer isso é renunciar a uma demanda ética fundamental, que é o compromisso com um mundo para todos, considerando a dignidade inalienável de cada um e de todos seres humanos.

O campo é tenso. As novas gerações estão, de uma forma ou de outra, se formando e indo (ou sendo empurradas) para o mercado. Têm, naturalmente, expectativas imediatas, necessidades prementes a serem atendidas; não podem se alimentar com uma remota possibilidade de um mundo novo para daqui a não sabemos quantos anos. Por outro lado, se as coisas continuarem na lógica presente, a tendência é de agravamento e colapso. No passado, certas coisas que hoje são óbvias (por exemplo: fim da escravidão, limite para a jornada de trabalho, direito da mulher ao voto) também foram utopia, foram *irreais*. Além disso, o jovem não tem só fome de pão (embora essa não possa ser abstraída em nenhum momento): precisa de sonho, precisa de esperança (*docta spes*, Bloch, 1977, p. XVIII). É necessário, pois, que tenhamos a competência de denunciar o esquema facínora do "açambarca e devora", anunciar com convicção que *um outro mundo* (de solidariedade planetária e local, justiça, liberdade, paz) *é possível*, ao mesmo tempo em que ajudamos nossos alunos a se conhecerem, a entenderem essas circunstâncias históricas complicadíssimas em que estão envolvidos, a acompanharem o movimento das profissões[20] e a se capacitarem para encontrar alternativas dignas de sobrevivência (portanto, sem abrirem mão do compromisso com esse horizonte mais geral de mudança).

A partir dessa "janela para o mundo", voltamos o olhar para nossa atividade escolar e começamos a nos dar conta de que com os

---

uma vez que são absolutamente inoperantes no que diz respeito à alteração das estruturas opressoras.

20. Sem cair no discurso ingênuo das "maravilhosas possibilidades do mundo globalizado", cabe reconhecer que novas profissões e carreiras estão a surgir; novos campos de atividades também: organizações não governamentais, movimentos populares, cooperativismo, movimentos culturais locais (ver, por exemplo, o *Hip Hop*, que acaba gerando ocupação significativa para muitos jovens de uma determinada periferia).

saberes disciplinarizados, estanques, que veiculamos, dificilmente poderemos ajudar os alunos a superar a "incapacidade intelectual de reconhecer os problemas fundamentais e globais" (Morin, 2002, p. 17). Também nessa área, podemos encontrar interfaces com a avaliação, seja no interior da escola (quantos alunos não se afastam de determinada área de conhecimento em função de experiências negativas na avaliação dos professores dessas disciplinas), seja no famigerado processo seletivo para o ensino superior.[21] Aqui, o orientador deve provocar o supervisor/coordenador, e ambos problematizarem a prática pedagógica da escola e dos professores.

4. Outras Contribuições da Orientação Educacional

É muito comum a reclamação entre os orientadores de que, no cotidiano escolar, ficam reduzidos a "quebradores de galho", "tapadores de buraco", "bedéis de alto nível". Isso é muito sério e pede novas atitudes institucionais. Uma delas é a prática de planejamento da orientação: não é raro constatarmos que os mesmos orientadores que lamentam o desvio de função não têm seu projeto de trabalho.[22] É evidente que dessa forma ficará muito mais difícil lutar por seu espaço!

Deve haver um bom entrosamento entre a orientação educacional e os demais serviços da escola, para evitar a percepção que se tem muitas vezes de que a escola funcionaria melhor (e os professores poderiam até ser mais bem remunerados...) se não tivesse técnicos que ficam disputando poder entre si, enchendo os docentes com papéis para serem preenchidos,[23] introduzindo ruídos na comunicação, marcando reunião para marcar reunião etc.

---

21. Sobre a questão dos exames, ver último capítulo.

22. No próprio Projeto Político-Pedagógico da instituição seria interessante que, no Marco Operativo, a comunidade tivesse oportunidade de se expressar sobre a orientação educacional que deseja.

23. Que nunca se sabe para quê servem, pois não há devolutiva.

Um aspecto importante do trabalho da orientação é deixar de dar *status* científico à discriminação feita em relação aos alunos, como acontecia até há algum tempo: diante de qualquer problema, o professor já rotulava o aluno ("problemas neurológicos", "déficit de atenção", "hiperatividade") e contava com o endosso da orientação. Tal prática alimentava uma outra distorção: a "síndrome de encaminhamento" (prática de mandar aluno para orientação ou direção para que "dessem um jeito"), que, por sua vez, provocava outra síndrome: a do "chamamento" (ficar convocando os pais para dizer que "o filho tem problema").

Questão Disciplinar

Na sua ação junto aos alunos, a orientação deve ter uma postura muito bem definida, pautada na dialética ternura-vigor, para, de um lado, não deixar o "rolo compressor da escola" (arbitrariedades, autoritarismo, preconceitos, trabalhos sem sentido) passar sobre eles, e, de outro, não cair no equívoco de "paparicar" (paternalismo, assistencialismo), mimar, proteger o aluno dos conflitos, desfibrando o caráter e sua capacidade de enfrentar desafios; nesses casos, o orientador vira uma espécie de "advogado de defesa" do aluno, de tal forma que esse acaba por não se exigir muito, barrando seu desenvolvimento. Além disso, provoca-se uma crise de relacionamento com os professores, que passam a ver a orientação como "estando sempre do lado do aluno".

Essa concepção do trabalho junto aos alunos, portanto, nada tem a ver com a posição equivocada de muitas escolas que, face aos crescentes problemas disciplinares, adotam o esquema do "coordenador disciplinar" (sendo que, com frequência, o orientador é "convidado" para tal função). O engodo dessa iniciativa está, antes de tudo, na visão distorcida do que vem a ser (in)disciplina e de qual a melhor forma para seu enfrentamento. Colocando-se uma pessoa para cuidar especificamente disso, reforçam-se ideias do tipo: 1) O problema estaria na pessoa (e não nas relações); 2) O problema poderia ser isolado (desconsiderando o contexto que o produziu); 3) A linha dos "encaminhamentos".[24] Assim, além de não resolver o problema, geram-se outros: de um lado, o professor perde a autoridade em sala, não consegue resolver os conflitos, já que são transferidos para um terceiro; por outro lado, *pobre* do tal de coordenador disciplinar, pois cria-se a expectativa de que poderá sozinho resolver todos os problemas.

Em relação à questão de os orientadores terem de "trabalhar com os conflitos", não vemos problema se for assumido um paradigma de enfrentamento e não de acobertamento; se a tarefa da orientação fica reduzida a "harmonizar" o ambiente no sentido quase sempre de fazer os sujeitos se calarem ou se convencerem de suas culpas, certamente, estamos num caminho equivocado. Se, pelo contrário, o conflito é tomado como um incidente que por detrás tem uma questão institucional, ética, epistemológica, política ou, sobretudo, humana, se o episódio é motivo de diálogo para se investigar a rede de relações, fazendo com que esses elementos possam emergir, então a orientação está prestando um relevante serviço.[25]

A atividade mediadora do orientador deve favorecer que se estabeleça um substancioso vínculo de relacionamento entre o aluno e o professor, e não tanto entre ele e o aluno. Por tudo que sabemos atualmente a respeito do processo de aprendizagem, fica muito claro que sem uma carga afetiva não há elaboração de conhecimento significativo no sujeito; por isso, a relação professor-aluno, um dos suportes do fluxo da afetividade em sala, deve se estabelecer em bases sólidas. O que estamos querendo dizer é que a ação orientadora não deve ser autocentrada, mas transitiva, propiciadora do estabelecimento do vínculo onde ele é mais importante: no cotidiano da sala de aula. A intervenção do orientador nos contatos tanto com o aluno quanto com o professor deve caminhar nessa direção.

---

24. Por qualquer coisa, aluno já é colocado para fora de sala.

25. Algumas redes de ensino têm substituído o orientador educacional pelo professor mediador de conflito. Há uma evidente perda aqui, uma vez que facilmente um orientador assume também o papel de mediador de conflito (se é que já não fazia isso), mas a recíproca não é verdadeira!

IV. A Orientação e os Instrumentos Metodológicos de Trabalho Coletivo

Os desafios são enormes; com certeza, a mudança não vai se dar por práticas isoladas. A superação do trabalho fragmentado no interior da escola é, pois, uma importantíssima meta. Todavia, como sabemos, isso também não acontecerá de maneira espontânea. É preciso um esforço decidido e qualificado. A orientação não pode ficar fora disso. Cremos que aquele modelo de trabalho da orientação restrito aos atendimentos individuais dos alunos já foi suficientemente criticado. Devemos procurar (novos) instrumentos metodológicos que propiciem sistematicamente o trabalho coletivo na instituição. Na sequência apontamos alguns.

Projeto Político-Pedagógico

Entendemos que o Projeto Político-Pedagógico, construído participativamente, é um grande instrumento para a escola superar o isolamento, a histórica prática individualista e, portanto, a fragmentação do trabalho no seu interior.[26] A orientação educacional desempenha uma importante tarefa nessa construção, seja na fase de sensibilização, quanto na construção e, depois, na concretização. Na fase de sensibilização, o orientador, a partir de sua sensibilidade aguçada, pode perceber os focos de resistência ou de não envolvimento, e intervir para reverter esse quadro. Na construção, além de sua participação ativa em todos os passos, pode ajudar muito, por exemplo, se estiver atento à dinâmica do plenário ou dos grupos, à monopolização das falas ou até mesmo às "panelinhas", ajudando na coordenação geral do trabalho. Na realização, entre outras tantas coisas, em função do seu contato com vários segmentos da escola (alunos, pais, funcionários),

---

26. Sobre o Projeto Político-Pedagógico, ver Capítulo 1.

pode trazer preciosas contribuições no sentido de alertar para pontos da Programação que eventualmente não estão sendo concretizados.

De um modo geral, nas instituições, o grande ressentimento é relativo não tanto às ideias, às propostas ou aspectos técnicos do trabalho, mas às relações: respeito, poder, ritmos, humor, ética. Por isso, há que se levar em conta as questões afetivas, emocionais, éticas da mesma forma que se levam as racionais, ideológicas ou políticas. A orientação educacional pode ajudar a construir um projeto coletivo para desencadear a mudança, de maneira a fazer emergir novos tipos de relações interpessoais, capazes de favorecer uma reestruturação dos quadros de referência e uma redefinição de papéis dos atores sociais envolvidos. Os conflitos, ainda que incomodem, são contingentes a qualquer relacionamento humano, já que nem todos têm os mesmos valores, querem as mesmas coisas, enxergam a realidade da mesma forma, têm as mesmas competências para a ação.[27] Só que, para terem efeito formativo, os conflitos devem ser mediados. Havendo um projeto, existe maior facilidade em não se tomar os conflitos ou as críticas como pessoais.

Representantes de Classe

O trabalho com os alunos representantes de classe é um dos campos clássicos de atuação da orientação educacional. Isso pode, inclusive, ser verificado pela diminuição dessa prática nas escolas em função da extinção do cargo de orientação, fato que, lamentavelmente, tem ocorrido em muitas redes públicas, como estratégia de "diminuição dos custos".

Costuma haver na escola uma crítica exaltada em relação à mídia, aos apelos consumistas, às estratégias de *marketing* etc. De fato, existe todo um universo de distorção e manipulação de necessidades. Todavia, talvez tivéssemos algo a aprender com os marqueteiros: eles

---

27. C. S. Vasconcellos, *Avaliação da Aprendizagem: Práticas de Mudança*, p. 105.

ouvem os indivíduos! Empregam horas e mais horas em pesquisas objetivas ou subjetivas, entrevistas, grupos de discussão qualitativa, atendimento pós-venda etc. Não estamos, de forma alguma, querendo comparar a escola à lógica do mercado, nem muito menos querendo transformar os alunos em "clientes". Desejamos apenas apontar uma contradição muito concreta: muitas vezes, na escola, embora tendo o aluno o tempo todo ao nosso lado, não nos dispomos a "perder tempo" com suas questões; pelo contrário, alguns dirigentes "não gostam" de ser procurados pelos alunos com reivindicações ou sugestões.

A escola deve trabalhar com representantes (ou líderes) de classe a fim de ampliar o protagonismo dos alunos (desde o 1º ano do Fundamental).[28] Há um cuidado especial nesse processo que é a busca de clareza do papel do representante de classe (tanto para os próprios alunos quanto para os adultos), considerando a necessidade de superando visões equivocadas (de dedo-duro, menino de recados da direção ou *office-boy* de professor). A perspectiva geral de atuação do representante de classe vai também na do intelectual orgânico: aquele que está atento às necessidades/desejos do coletivo e procura expressá-los da forma mais clara possível a fim de que, juntos, possam buscar soluções, alternativas.[29]

Depois, há que se cuidar da eleição dos mesmos, das reuniões sistemáticas com gestores (em que podem sentir que, de fato, estão interferindo nos destinos da escola), da articulação com o Conselho de Escola, do trabalho de formação dos representantes, das assembleias de classe e de escola, até dos encontros interescolares ou municipais de representantes para troca de experiências e valorização da função.

O trabalho sistemático[30] com os representantes de classe ajuda a inserção não fragmentada da gestão nas dimensões Pedagógica,

---

28. Há quem defenda essa prática também na Educação Infantil.

29. O trabalho forte com representantes de classe diminui a necessidade de "chamar os pais", uma vez que alunos e escola assumem suas questões e buscam, juntos, soluções.

30. Notem como esse adjetivo aparece de forma recorrente ao longo dos capítulos; justamente porque não se trata de fazer "de vez em quando", "quando sobrar um tempinho". Não! É uma ação levada muito a sério para que dê resultado.

Comunitária e Administrativa da escola, uma vez que os alunos, especialmente os do Fundamental I, trazem isso de forma integral, porque trazem para a discussão elementos da sua vida concreta, que é integrada. Um currículo que tem como eixo a humanização não deve deixar de lado a vida concreta do aluno, as questões do cotidiano escolar. O currículo escolar deve corresponder ao encontro dos currículos pessoais dos diferentes sujeitos da prática educativa e, em especial, professores e alunos. O trabalho com representantes de classe é uma importante mediação para isso.

Reunião Pedagógica Semanal

O espaço constante de trabalho coletivo na escola é absolutamente fundamental para a mudança da instituição, tanto em termos de despertar, qualificar, como avaliar a intervenção. Sem esse recurso, fica deveras custoso concretizar qualquer projeto! Por reunião pedagógica semanal estamos entendendo um espaço de trabalho (de duração em torno de 2 horas) que congrega, ao menos, professores de determinado segmento da escola, direção, orientação e supervisão/coordenação pedagógica. Como é trabalho, deve fazer parte do contrato dos educadores, sendo obviamente remunerada.

Essas reuniões[31] podem ser momentos de partilha de dúvidas, troca de experiências, descobertas, sistematização da própria prática, resgate do saber docente, estudo, pesquisa, avaliação do trabalho, replanejamento.

As reuniões pedagógicas semanais são espaços privilegiados para a orientação acompanhar o trabalho dos docentes, observar suas participações e ter elementos mais concretos para dialogar (na própria reunião ou num momento mais oportuno).

---

31. Como veremos com detalhes no Capítulo 5.

Conselho de Classe Participativo

O conselho de classe é outro campo clássico de atuação da orientação. É um espaço de grande relevância, tendo em vista o encontro dos vários segmentos em torno da *mesma mesa* (alunos, professores, pais, equipe). Todavia, cabem alguns alertas. Em primeiro lugar, não acreditamos que um conselho, por melhor preparado que seja, possa dar frutos significativos se não for articulado ao trabalho com o coletivo dos alunos (assembleia de classe, representantes de classe) e, sobretudo, às reuniões pedagógicas semanais (aliás, o conselho seria mais uma dessas reuniões). Em segundo lugar, embora esse problema esteja já razoavelmente superado, ainda encontramos conselhos marcados pela já referida "síndrome de chamamento": quando termina o conselho de classe, o orientador tem uma lista enorme de alunos e pais para chamar. O pior é que tem orientador que faz disso a justificativa de sua existência na escola! O conselho, pelo contrário, deve ser um momento para se pensar a prática educativa como um todo e como processo. As visões dos vários segmentos são da maior relevância para a melhor compreensão da atividade pedagógica. A retomada da história dos conselhos (através dos registros feitos), dá a exata dimensão dos avanços (ou estagnações) do percurso educativo.

Conselho de Escola

Os conselhos escolares também representam importante espaço para a democratização da escola, através da articulação do trabalho entre os vários segmentos que a compõem. A orientação educacional deve incentivar que esses segmentos explicitem nas reuniões as suas percepções do cotidiano da instituição, a fim de que ou sejam relativizadas pelo confronto de vários pontos de vista, ou sejam assumidas como desafios que vão além da dimensão individual, e que merecem, portanto, um posicionamento e encaminhamento comum.

Quantas queixas são feitas no dia a dia da escola (seja por pais, alunos, professores, funcionários, direção) e ficam por ali, não são politizadas, e acabam gerando um clima necrófilo, fatalista, de que "aqui é assim mesmo", de que "não adianta, que não vai mudar". As mudanças são difíceis, mas não impossíveis, sobretudo quando há uma coletividade organizada. É preciso incentivar a participação, bem como manter um vínculo mais orgânico entre representante-representados, pois alguns membros, depois de eleitos, passam a falar por si, sem ter o cuidado de dialogar com seus pares. A orientação deve estar atenta para os eventuais conflitos entre interesses corporativos e demandas dos demais segmentos. A mobilização da comunidade na luta por um ensino de qualidade é uma atribuição primordial da orientação.

Cabe também ao orientador educacional um cuidado especial com as relações no interior do conselho, pois, por falta de cultura participativa, as pessoas podem se expressar de forma a agredir a quem se dirigem; como já apontamos, nossa vivência democrática enquanto sociedade é muito recente ainda. Há também a questão do diálogo entre os saberes sistematizados e os cotidianos, que nascem da prática, que talvez não tenham aquela roupagem sofisticada da linguagem científica ou acadêmica, mas que dão conta dos desafios concretos da existência. Sabemos que linguagem é poder, e esse poder pode ser usado de forma libertadora ou castradora, buscando silenciar as diferenças, ao invés de aprender com elas.

É grande a tarefa! Essa escola inovadora, essa nova orientação que queremos ser, ainda não somos. Todavia, com certeza, será a partir daquilo que somos que construiremos esse novo, critica e coletivamente. Que possamos nos realizar no exercício da orientação educacional, mostrando, muito concretamente através de nosso trabalho, como ela é necessária para a construção da escola de qualidade democrática e para a emancipação social.

4

SOBRE O PAPEL DA SUPERVISÃO/ COORDENAÇÃO PEDAGÓGICA

O objetivo desta reflexão é enfocar o papel da coordenação pedagógica (ou supervisão)[1] no processo educativo escolar. Trata-se de um recorte, de uma primeira aproximação, já que a esfera de atuação e preocupação da coordenação é muito ampla (envolve questões de currículo, construção do conhecimento, aprendizagem, relações interpessoais, ética, disciplina, avaliação da aprendizagem, relacionamento com a comunidade, recursos didáticos, relações de poder, projeto educativo).

---

1. Também aqui percebemos uma flutuação conceitual, assim como uso diferenciado dos termos Supervisão Pedagógica (ou Supervisão Educacional) e Coordenação Pedagógica (ou Professor-Coordenador, Orientador Pedagógico, Pedagogo) de acordo com as regiões do país, ou mesmo entre redes municipais, estaduais, federais ou particulares. Cabe destacar o avanço da função no ensino superior. Deve ficar claro que não estamos nos referindo à Supervisão Escolar, profissional vinculado ao órgão central do sistema de ensino, responsável pelo acompanhamento de um determinado número de escolas.

I. Papel da Supervisão/Coordenação

Afinal de contas, qual o papel da supervisão/coordenação pedagógica? Diversas são as reclamações que emergem do cotidiano dos coordenadores: sentem-se sozinhos, lutando em muitas frentes, sobrecarregados, tendo que desempenhar várias funções. Qual seria sua efetiva identidade profissional? A sensação que têm, com frequência, é de que são "bombeiros" a apagar os diferentes focos de "incêndio" na escola, e no final do dia vem o amargo sabor de que não se fez nada de muito relevante. Sentem ainda o distanciamento em relação aos professores, a desconfiança, a competição, a disputa de influência e de poder com outros membros da equipe diretiva.

Breve Histórico

Muitos dos problemas que se colocam atualmente no exercício da coordenação pedagógica têm sua explicação na origem mesma da configuração formal da função, associada ao "controle". Embora tenhamos no Brasil rastros da função supervisora desde o século XVI, com a influência dos jesuítas e sua *Ratio Studiorum*,[2] o modelo de supervisão que terá maior incidência sobre o nosso é o dos Estados Unidos,[3] que surgiu no século XVIII como "Inspeção Escolar"[4], no bojo do processo de industrialização. Aqui é quase inevitável nos

---

2. Promulgada, depois de várias versões, em 1599. Ali já se previa, por exemplo, que o *prefeito dos estudos* deveria "ouvir e observar os professores", lembrar de sua obrigação de esgotar a cada ano a programação que lhes fora atribuída, assistir suas aulas, ler os apontamentos dos alunos etc. (Saviani, 1999, p. 21).

3. Ver, por exemplo, o Plano de Assistência Brasileira-Americana no Ensino Elementar (PABAEE, 1957-1964), no qual uma das ações foi a de levar professores aos Estados Unidos para se especializarem em supervisão e depois montarem cursos dessa especialidade no Brasil.

4. Que se aproxima da Supervisão Escolar. Esta função, que tradicionalmente era exercida de forma burocrática e legalista, vem se transformando.

remetermos a Foucault (1977, p. 177), à ideia de Panóptico:[5] a *super-*
-visão como expressão do desejo de controle total dos movimentos
dos outros. Mais recentemente, ganhou força e contorno legal, num
contexto nada favorável:

> Sabe-se que a Supervisão Educacional foi criada num contexto de dita-
> dura. A Lei n. 5.692/71 a instituiu como serviço específico da Escola de
> 1º e 2º Graus (embora já existisse anteriormente). Sua função era, então,
> predominantemente tecnicista e controladora e, de certa forma, corres-
> pondia à militarização Escolar. No contexto da Doutrina de Segurança
> Nacional adotada em 1967 e no espírito do AI-5 (Ato Institucional n. 5)
> de 1968, foi feita a reforma universitária. Nela situa-se a reformulação
> do Curso de Pedagogia. Em 1969 era regulamentada a Reforma Uni-
> versitária e aprovado o parecer reformulador do Curso de Pedagogia.
> O mesmo prepara predominantemente, desde então, "generalistas",
> com o título de especialistas da educação, mas pouco prepara para a
> prática da educação. (Urban, 1985, p. 5)

A introdução da Supervisão Educacional traz para o interior da
escola a divisão social do trabalho, ou seja, a divisão entre os que
pensam, decidem, mandam (e se apropriam dos frutos), e os que
executam. Até então, o professor era, em muito maior medida, o ator
e autor de suas aulas, e a partir disso passa a ser expropriado de seu
saber, colocando-se entre ele e o seu trabalho a figura do técnico.

> Comprometido com a estrutura de poder burocratizada de onde emana
> a fonte de sua própria autoridade individual, o supervisor escolar tende
> a "idiotizar" o trabalho do professor porque, tal como na situação in-
> dustrial, "não se pode ter confiança nos operários" (...) A incompetência
> postulada do professor se apresenta assim como a "garantia" perversa
> da continuidade da posição do supervisor, de vez que inviabiliza a

---

5. O Panóptico de Bentham corresponde a um projeto arquitetônico em que na periferia
há uma construção em anel e no centro, uma torre, vazada com largas janelas, de onde se pode
ver sem parar tudo o que acontece nas celas, onde está *um louco, um doente, um condenado, um*
operário ou um escolar (Foucault, 1977, p. 177).

discussão sobre sua competência presumível e sobre a validade de sua contribuição específica. (Silva Jr., 1984, p. 105)

Em função dessa origem profissional ligada ao poder e controle autoritários, há necessidade de o coordenador, que assume uma postura diferenciada, conquistar a confiança dos educadores.

Definição Negativa do Papel

Há a demanda pela definição do papel da coordenação pedagógica; certamente esta busca reflete o desejo de redefinição da atuação do profissional. Comecemos pela definição negativa, qual seja, por aquilo que a supervisão/coordenação pedagógica não é (ou não deveria ser): não é *fiscal* de professor, não é *dedo-duro* (que *entrega* os professores para a direção ou mantenedora), não é *pombo-correio* (que leva recado da direção para os professores e dos professores para a direção), não é *coringa/tarefeiro/quebra-galho/salva-vidas* (ajudante de direção, auxiliar de secretaria, enfermeiro, assistente social), não é *tapa-buraco* (que fica "toureando" os alunos em sala de aula no caso de falta de professor), não é *burocrata* (que fica às voltas com relatórios e mais relatórios, gráficos, estatísticas sem sentido, mandando um monte de papéis para os professores preencherem — escola de "papel"), não é de *gabinete* (que está longe da prática e dos desafios efetivos dos educadores), não é *dicário* (que tem dicas e soluções para todos os problemas, uma espécie de fonte inesgotável de técnicas, receitas), não é *generalista* (que entende quase nada de quase tudo).

Definição Positiva

Poderíamos dizer que a coordenação pedagógica é a articuladora do Projeto Político-Pedagógico da instituição no campo Pedagógico,[6]

---

6. Que, naturalmente, se articula com os campos Administrativo e Comunitário.

organizando a reflexão, a participação e os meios para a concretização do mesmo, de tal forma que a escola possa cumprir sua tarefa de propiciar a todos os alunos a aprendizagem efetiva, o desenvolvimento humano pleno e a alegria crítica (*docta gaudium*), partindo do pressuposto de que todos têm direito e são capazes de aprender.[7] O núcleo de definição e de articulação da supervisão/coordenação deve ser, portanto, o pedagógico (que é o núcleo da escola, enquanto especificidade institucional) e, em especial, os processos de ensino-aprendizagem. Neste sentido, a própria concepção de supervisão se transforma, na medida em que não se centra na figura do supervisor, mas na **função** supervisora, que, inclusive, pode, e deve, circular entre os elementos do grupo, cabendo à coordenação a sistematização e integração do trabalho no conjunto, caminhando na linha da interdisciplinaridade. A função supervisora pode ser compreendida como um *processo em que um professor, em princípio mais experiente e mais informado, orienta um outro professor ou candidato a professor no seu desenvolvimento humano e profissional* (Alarcão, 2001b, p. 13). É importante lembrar que, antes de mais nada, a coordenação é exercida por um educador, e como tal deve estar no combate a tudo aquilo que desumaniza a escola: a reprodução da ideologia dominante, o autoritarismo, o conhecimento desvinculado da realidade, a evasão, a lógica classificatória e excludente (repetência ou aprovação sem apropriação do saber), a discriminação social na e através da escola.

> Nos últimos anos, temos desenvolvido algumas pesquisas de cunho etnográfico, analisando a prática pedagógica "bem-sucedida".(...) Em todos esses trabalhos, o que sobressai, como principal fator para o sucesso da escola, é a presença de um supervisor que vê sua tarefa como essencialmente pedagógica, que está junto com os professores, discutindo com eles os problemas e buscando as soluções, conhecendo as crianças, enfim, o fato de a escola contar com alguém preocupado com o ensino e que busca meios de auxiliar o professor a tornar a sua

---

7. *Boniteza é poder ler o nome das coisas e todos os livros*, aluna Jéssica Fiel, 2º ano do Ciclo I do Ensino Fundamental. In: VVAA. *Poetizando Paulo Freire*. São Paulo: SME, 2002, p. 38.

tarefa menos árdua contribui sobremaneira para o sucesso da escola. (Mediano, 1990, p. 83)

O supervisor deve colaborar ainda com a definição e explicitação do Projeto Político-Pedagógico da Escola[8] — o que não deve ser entendido como longas páginas de declaração de intenções, mas sim alguns pontos considerados fundamentais e assumidos pelo conjunto dos educadores —, bem como com a integração da própria coordenação pedagógica com os demais setores da escola.

O foco de atenção do supervisor no trabalho de formação é tanto individual quanto coletivo: deve contribuir com o aperfeiçoamento profissional de cada um dos professores e, ao mesmo tempo, ajudar a constituí-los enquanto grupo (tarefa na qual é particularmente ajudado pela orientação educacional).

Entendemos o supervisor como um intelectual orgânico no grupo (Gramsci);[9] sua práxis, portanto, comporta as dimensões reflexiva, organizativa, conectiva, interventiva e avaliativa. Nessa medida, nos afastamos daquela postura de controle burocrático, em direção à do educador do educador (não podemos perder de vista a clássica e sempre atual pergunta: Quem educa o educador?).[10]

Mediação

Quando analisamos a função social da escola (a educação através do ensino), nos damos conta de que a atuação da coordenação pedagógica se dá no campo da **mediação**, pois quem está diretamente vinculado à tarefa de ensino, *stricto sensu*, é o professor. O supervisor relaciona-se com o professor visando sua relação — diferenciada,

---

8. Sobre Projeto Político-Pedagógico, ver Capítulo 1.

9. Como apontamos no capítulo anterior.

10. K. Marx, III Tese Contra Feuerbach (1978, p. 51).

qualificada — com os alunos. Nesse contexto, é preciso atentar para a necessária articulação entre a pedagogia de sala de aula e a pedagogia institucional, uma vez que, no fundo, o que está em questão é a mesma tarefa: a formação humana, seja dos alunos, dos professores, da coordenação, dos pais etc. A relação supervisão pedagógica — professor, em termos de processo de interação, é muito similar à professor-aluno. Assim como o aluno — e não o professor —, naquele momento da aula, é o foco das atenções em termos de construção do conhecimento, quem vai ter a prática pedagógica em sala é o professor, e não o supervisor. Seu papel é, pois, de mediador.[11]

Considerando, então, que quem pratica, quem gere a prática pedagógica de sala de aula é o professor, a coordenação, para ajudá-lo, deve estabelecer uma dinâmica de interação que facilite o avanço:

- Acolher o professor em sua realidade, em suas angústias; dar "colo": reconhecimento das necessidades e dificuldades. A atitude de acolhimento é fundamental também como uma aprendizagem do professor em relação ao trabalho que deve fazer com os alunos;
- Fazer *a* crítica dos acontecimentos, ajudando a compreender a própria participação do professor no problema, a perceber as suas contradições (e não acobertá-las);[12]
- Trabalhar em cima da ideia de *processo* de transformação;
- Buscar caminhos alternativos; fornecer materiais; provocar para o avanço;
- Acompanhar a caminhada no seu conjunto, nas suas várias dimensões.

Podemos localizar aqui um certo movimento em que há uma alternância entre criar e aliviar tensão.[13]

---

11. Nos parece que novamente cabe bem aqui a analogia com o *catalisador* na reação química: não entra na reação, embora seja seu elemento desencadeador ou acelerador.

12. Demagogo é o dirigente que diz o que o outro quer ouvir. O desafio que se coloca na perspectiva democrática é o outro se sentir acolhido e ao mesmo tempo desafiado a crescer.

13. C. S. Vasconcellos, *Avaliação da Aprendizagem: Práticas de Mudança*, p. 110.

O coordenador, ao mesmo tempo em que acolhe e engendra, deve ser questionador, desequilibrador, provocador, animando e disponibilizando subsídios que permitam o crescimento do grupo; tem, portanto, um papel importante na formação dos educadores, ajudando a elevar o nível de consciência: tomada de consciência (Freire, 1980), passagem do "senso comum à consciência filosófica" (Saviani, 1983a), ou criação de um novo patamar para o senso comum (Boaventura Santos, 1995, p. 45).

Em termos de abertura para um novo paradigma, podemos nos propor passar de "super"- visão para **"outra"-visão**!

Ampliando o Horizonte

Um outro desdobramento da função supervisora é o da educação da mantenedora, da administração educacional. Existem contradições que estão colocadas pelo próprio lugar que se ocupa na estrutura e não por "maldade". O coordenador, em função do espaço em que atua, tem tanto a interface com o "chão da sala de aula" (através do contato com os professores e alunos), quanto com a administração, podendo ajudar uns e outros a se aproximarem criticamente.

Dando mais um passo, nos deparamos com a comunidade em que a escola está inserida, e encontramos mais um campo de atuação da supervisão/coordenação pedagógica, na medida em que também aí estão envolvidos processos de aprendizagem aos quais a supervisão deverá estar atenta. Assim, chegamos a um conceito mais amplo da supervisão/coordenação pedagógica: *líder de comunidades formativas* (Alarcão, 2001b, p. 50). Toda relação educativa, seja lá onde se dê, embora não se esgote nele, implica um vínculo epistemológico, o qual será objeto do cuidado da coordenação. É como afirma Paulo Freire:

> A educação, não importando o grau em que se dá, é sempre uma teoria do conhecimento que se põe em prática. (...) O supervisor é um educador e, se ele é um educador, ele não escapa na sua prática a esta

natureza epistemológica da educação. Tem a ver com o conhecimento, com a teoria do conhecimento. O que se pode perguntar é: *qual o objeto de conhecimento que interessa diretamente ao supervisor?* Aí talvez a gente pudesse dizer: **é o próprio ato de conhecimento** que está se dando na relação educador/educando. (Freire, 1982, p. 95)

É possível afirmar, portanto, que a especificidade da atuação da coordenação pedagógica são os processos de aprendizagem, onde quer que ocorram.

Condições Objetivas e Subjetivas

Para que esse papel possa se efetivar na instituição, e o coordenador ajudar a produzir as mudanças indispensáveis da prática pedagógica, são necessárias, amplamente falando, condições *objetivas* e *subjetivas* (entendidas como entrelaçadas e não dicotomizadas numa distintividade categórica). Embora a tarefa de conseguir essas condições para o trabalho não seja, evidentemente, só da coordenação, é *também* dela, devendo, portanto, se comprometer com sua concretização, articulando-se com os demais segmentos envolvidos. Na sequência, analisaremos essas duas exigências.

II. Condições Subjetivas para a Ação Supervisora/Coordenadora

Quando se fala de mudança da prática de sala de aula para educadores, não há uma adesão imediata; ao contrário, manifesta-se amiúde uma certa resistência, comentários que deixam transparecer nas entrelinhas descrença ou desânimo. É comum encontrarmos situações em que, de um lado, estão os técnicos a defender, e, de outro, os professores fazendo de tudo para se livrarem das tais novas propostas.

Para dar conta desse desafio, a coordenação pedagógica deverá ser capacitada nas três dimensões básicas da formação humana: conceitual, procedimental e atitudinal.

1. Dimensão Atitudinal

Essa provavelmente seja uma das dimensões mais difíceis de serem trabalhadas, justamente por envolver valores, interesses, sentimentos, disposição interior, convicções; por isso, devemos nos aproximar dela com bastante coragem e rigor.

Diante da forte crise de sentido para o trabalho que os educadores estão vivenciando, e da consequente resistência à mudança, há o perigo de o coordenador cair na postura moralista no trato com os professores. Não "moralizar" significa não fechar a porta para o outro; acreditar na possibilidade de mudança do outro; ao invés de ficar preocupado em julgar e rotular alguém (atribuir a eventual falha à "essência" da pessoa), procurar, antes de mais nada, compreender o porquê daquele ato ou situação (abordagem hermenêutica), e, a partir dessa atitude de acolhimento, ajudar o sujeito a encontrar ou, se for o caso, apresentar outro caminho, outra possibilidade de ser. Podemos nos remeter aqui para uma metaleitura: quando dizemos isso a um supervisor é porque estamos procurando vivenciar esse princípio, acreditando que esse supervisor (que vai nos ler) pode ter uma visão diferente a respeito dos professores com quem convive.

Muitas vezes, parece que encaramos o professor como se fosse um indivíduo perverso, mau-caráter, como se tivesse a prática distorcida porque quer, porque conscientemente escolheu, desejou aquilo. Numa postura de cuidado, de acolhimento, ao contrário, entendemos que isso pode estar ocorrendo em função de um processo de alienação. Se nós não conseguirmos um grau mínimo de **empatia** (capacidade de nos colocarmos no lugar do outro), se logo partirmos para juízo moral do professor, estabeleceremos uma ruptura no relacionamento pela colocação do estigma: o professor **é** autoritário, **é** descompromissado etc., ao invés de buscar compreender, entender que ele eventualmente **está sendo**, está tendo algumas práticas autoritárias. Criticamos o professor que rotula o aluno e, de repente, podemos estar agindo de forma semelhante com ele.

O supervisor não pode "queimar" a relação com os docentes. Toda relação humana autêntica se baseia na crença da possibilidade do outro, de que ninguém é melhor ou superior a ninguém. Acreditar que o outro pode mudar, que o que lhe faltou até então foi efetiva oportunidade ou percepção da necessidade. Este é o ponto de partida: confiar que o professor pode mudar sua visão e postura em relação à prática pedagógica. Precisamos nos trabalhar nesta direção, desarmar preconceitos, buscar sinceramente essa crença.

Guardadas as devidas proporções e as diferenças de contextos (um está no início da formação, outro no exercício profissional), poderíamos dizer que assim como o professor não pode desistir do aluno, o coordenador não pode desistir do professor. Parte-se sempre do pressuposto de que todo ser humano pode aprender, todo ser humano "tem jeito".

a) Categorias de Análise

Portanto, há que se analisar as causas de tal atitude do professor. Para isso, propomos algumas *categorias de análise* (e também de intervenção): criticidade, historicidade e totalidade.[14]

Criticidade

Não ficar preso à manifestação primeira, ao que aparece; ver através. Lukács sinaliza que "já na vida cotidiana os fenômenos frequentemente ocultam a essência do seu próprio ser, ao invés de

---

14. Por *categoria* estamos entendendo determinada forma de ser da realidade; podem também ser compreendidas como *princípios* orientadores para a prática.

iluminá-la" (1979, p. 25). Cabe pesquisar, investigar: por que as coisas estão acontecendo assim? A criticidade se contrapõe à:

- Ingenuidade: não perceber a existência do problema; ficar preso aos discursos; não conseguir furar os esquemas de ocultação, de desaparição, de intransparência; não estar apto para ver o que está por detrás, por dentro; "não desconfiar", viver "em outro mundo";

- Inserção na ideologia dominante: negação do problema, pela crença compartilhada com o sistema; convicção no equívoco; repetição de explicações prontas que, com efeito, não dão conta das reais causas dos problemas;

- Pseudossuperações: por não captar o núcleo do problema, são feitas pequenas modificações, sem alterar o elemento determinante, a estrutura. Quando não se sabe onde está o problema, corre-se o risco de se eleger (ou inventar) um e tomá-lo como se fosse o verdadeiro, o que traz a sensação de segurança e de que se está fazendo algo. Confundir crítica com "falar mal": do ponto de vista da ordem dominante, é até interessante que existam "críticos" ao sistema — o que dá a sensação de liberdade —, desde que se fique no nível da mera catarse, e não se parta para a organização, para a ação concreta, pois é a ação que transforma a realidade (e não simplesmente as palavras).

Diante do problema, é preciso uma atitude de análise, de investigação, de busca de compreensão da estrutura profunda e de compromisso de transformação. Esse é o papel da Ciência: "passar do movimento simplesmente aparente dos fenômenos ao movimento interno real" (Garaudy, 1967, p. 127).

Um dos elementos essenciais à mudança é a compreensão da natureza contraditória do real, tanto no que concerne aos sujeitos, quanto às estruturas.[15] Pela análise crítica, podemos ir identificando

---

15. No Capítulo 2, já tínhamos iniciado essa reflexão, em especial no tocante à contradição dos sujeitos.

as contradições presentes na realidade e nos educadores, e trabalhá-las, qual seja, ajudar na tomada de consciência, bem como na busca de superação. Esse trabalho deve se basear ao mesmo tempo por um respeito profundo e pela verdade.[16] No entanto, "a arma da crítica não pode esquecer a crítica das armas" (cf. Marx, 1989, p. 86): quando criticamos, por exemplo, a preocupação em cumprir o programa (o que, de resto, põe por terra qualquer possibilidade de um planejamento mais autêntico), não podemos esquecer as condições que levam o professor a tal atitude;[17] por isso, a *análise da realidade* deve ser muito bem feita, para o professor não ser depois destronado pelos acontecimentos.[18]

Criticar é também ser capaz de ver e resgatar os aspectos positivos; não ficar só no cobrar. Valorizar o saber do outro: dado o caráter contraditório da realidade, por mais equivocada que nos pareça uma prática, sempre tem algo válido e não deve ser totalmente descartada.

Cabe igualmente a autocrítica: o supervisor aprender a colocar em pauta a própria prática, trabalhar suas contradições, para poder de fato — sem defesas — dialogar com o professor.[19] O coordenador não pode se prestar a fazer o papel de *pelego*, de justificar as contradições da instituição.[20]

É preciso ainda a metacrítica: a crítica da própria crítica, qual seja, a reflexão saber-se limitada, o sujeito estar sempre atento aos perigos, às armadilhas do pensamento e da subjetividade. Daqui advém um

---

16. Omitir contradições percebidas não é respeitar o outro, já que revela a descrença no seu potencial de acolher e de poder mudar.

17. Sobre isso, ver o Capítulo 8, *Aula Expositiva: ainda existe espaço para ela?*

18. Como analisamos no Capítulo 1.

19. A autocrítica não pode ser assumida como autoflagelo, autoexpiação (dos pecados...); a crítica, a rigor, procura decifrar a realidade, em suas positividades e negatividades; é a busca da verdade (ou de uma verdade, naquele momento histórico).

20. Lembro-me de um fato, ocorrido em Feira de Santana/BA, em que os professores se queixavam do número excessivo de alunos em sala, aquele mundo de gente, o professor nem podendo andar entre as carteiras, o forte calor etc.; o supervisor, vendo-se acuado, sai com esta: "Nós não trabalhamos numa linha interacionista? Então, quanto mais aluno tiver, melhor, mais interação"...

vetor importante para orientar a atividade do educador: a partir de certo ponto, só conseguimos avançar na crítica se avançarmos na tentativa de intervenção no real, uma vez que "a consciência crítica não se constitui através de um trabalho intelectualista mas na práxis — ação e reflexão" (Freire, 1981a, p. 82).

Diante de situações de conflito, de que lado deve se colocar o coordenador: dos professores ou da mantenedora/direção? Nos parece que esta é uma questão mal colocada: não se trata de assumir a "defesa" de uma das partes *a priori* — muito menos de "ficar em cima do muro", já que não há neutralidade —, mas sim de estar comprometido com um Projeto Político-Pedagógico, e, em função disso, se posicionar em cada situação concreta.

Alguns coordenadores, ingenuamente, defendem a entrada da escola nas redes empresariais de ensino (tipo franquia). Só que não percebem que, com esta atitude, estão sendo autofágicos: em pouco tempo a escola vai perceber que, para fazer simplesmente os professores seguirem aquelas famigeradas apostilas ou materiais estruturados, não precisará de alguém para auxiliar nisso. Além do mais, as redes oferecem padronização através de cursos, *reciclagens*, atendimento eletrônico para as dúvidas etc., ou seja, no caso de filiação, o coordenador, sobretudo se tentar fazer um trabalho mais crítico e reflexivo, não só se torna descartável como indesejável!

Totalidade

Procurar perceber as múltiplas relações, as várias partes envolvidas (princípio de complexidade), bem como seus nexos e conexões. Entra aqui a relação entre *parte* e *todo*, geral e particular. Buscar a visão de conjunto, ver as várias dimensões do problema — adiante e atrás; de um lado e de outro; acima e abaixo (Alarcão, 2001b, p. 41) — é fundamental para sua compreensão concreta e para a adequada intervenção. Os esquemas explicativos monocausais são muito confortantes, mas também muito ineficazes!

Devemos considerar que o comportamento de resistência à mudança do professor não é um caso isolado; essa distorção está presente num número bastante significativo de docentes. Além disso, não podemos focar só o professor: é preciso resgatar a rede de relações da qual o professor faz parte; caso contrário, parece que o problema é só ele, como se todo o resto estivesse muito bem.

Por outro lado, em termos de intervenção, quanto maior o número de fatores atingidos por nossa ação, maior a probabilidade de dar certo.

Algumas vezes, o professor-coordenador é acusado pelos colegas de ter "mudado de lado". Isso, com efeito, pode acontecer, qual seja, o supervisor passar a defender a mantenedora como forma de manter o emprego ou certos privilégios. No entanto, normalmente o que acontece não é mudar de lado, mas ver outros lados, perceber aspectos que até então não tinha tido oportunidade. É preciso, pois, trazer estes elementos novos para os professores, ajudá-los a ver também, para enfrentar juntos.

Historicidade

Para que possamos saber *como sair* dessa situação, precisamos nos localizar no movimento da história, a fim de entender como chegamos a isso (gênese e desenvolvimento do problema). Cabe, pois, investigar: como o professor atingiu esse descrédito em relação à prática de ensino e às possibilidades de mudança? Não nasceu assim. Devemos reconhecer que as propostas de mudança, em muitas realidades, foram implantadas de cima para baixo, sob a égide do tecnicismo, num contexto de desqualificação da formação,[21] achatamento salarial, entrada dos *especialistas*, avanço da indústria do livro didático, enfim, do esvaziamento da função docente. Aqui está a raiz de grande parte da sua descrença no ensino: a alienação desse processo, o seu caráter

---

21. Lembrar, por exemplo, a reforma universitária, o acordo MEC-USAID (Ministério da Educação e Cultura; United States Agency for International Development).

exterior, estranho, burocrático, autoritário. No cotidiano da escola, muitas foram as contradições: propostas desvinculadas das condições para sua efetivação; formalismo (por exemplo: exigência de preencher formulários com determinados verbos ou termos); imposição do livro didático (professor "tem que" seguir); estratégia de dirigentes do sistema de ensino de transferir toda a responsabilidade para a escola, em nome da delegação da tarefa de elaboração do Projeto Político-Pedagógico; faz-se projeto, muda alguém da mantenedora, impõe-se outro; faz-se plano de trabalho e nunca ninguém sequer lê etc. A história do profissional, do grupo e da instituição nos ajuda a entender muita coisa, possibilitando uma aproximação mais adequada à realidade.

Quando todos esses elementos são levados em conta no processo de mudança, passamos a ter um outro olhar sobre nós mesmos e sobre os colegas docentes, por compreender o fenômeno na sua complexidade e movimento.

b) Sensibilidade e Confiança

Uma das grandes virtudes que se apontam hoje para a função supervisora é a **sensibilidade**, a capacidade de estar aberta, perceber o outro, reconhecer suas demandas, suas lacunas, bem como seu potencial, seu valor. Podemos nos lembrar do conceito radical de afetividade (capacidade de se deixar afetar pela necessidade do outro). Tal sensibilidade leva ao cuidado de não generalizar (por exemplo: *"os" professores são resistentes*); as generalizações apagam as diferenças, tendendo a ser injustas; conseguir ver os *nuances*, a diversidade do espectro, e preservar as diferenças (combinando-as). Ser sensível é ser capaz de ver os sinais mais tímidos ou sutis; *não apagar a chama que ainda fumega*. Ter capacidade de identificar e valorizar as práticas novas que estão acontecendo (ainda que frágeis e até contraditórias, num primeiro momento). A sensibilidade dá uma certa leveza ao tão desafiador trabalho de formação, sobretudo quando consideramos a necessidade de desconstruir conceitos, hábitos e atitudes já enraizados.

É imprescindível procurar construir o relacionamento baseado na confiança. É claro que isso não se faz com discursos vazios ("podem confiar em mim"), mas com atitudes concretas no cotidiano do trabalho, onde o coordenador revela, de fato, a que veio e a quem está servindo; temos de mostrar aos professores que estamos com eles, no sentido de ajudá-los a terem um trabalho mais adequado do ponto de vista pedagógico, portanto mais realizador, com menor grau de sofrimento e desgaste. O nosso papel não é destruir ninguém, não é desprezar ninguém, não é desvalorizar ninguém. O que queremos é construir uma prática educativa transformadora, libertadora, onde todos possam se tornar mais humanos, livres, solidários, justos, sábios. Nosso empenho é alertar para a necessidade de desconstruir os eventuais elementos de alienação que existam nos sujeitos que participam da prática educativa. Como diz a tradição oriental, para se confiar em alguém é necessário comer um saco de sal junto... A confiança não vem por decreto; conquista-se com o tempo.

Por seu turno, diante das críticas que recebe, a supervisão pedagógica não deve começar logo a se justificar ou a desqualificá-las. Há um discurso corrente de que "as críticas devem ser construtivas" que é um tanto perigoso, uma vez que pode ser usado como uma forma sutil de calar o outro. Em primeiro lugar, é inerente à crítica um certo caráter *destrutivo*, na medida em que se busca a mudança da realidade (o que não justifica, de maneira alguma, desrespeito às pessoas). Em segundo lugar, não é obrigação de quem critica já ter clareza do que deve ser posto no lugar do que está sendo criticado. Por fim, se formos solicitar que cada crítica seja acompanhada por seus fundamentos ontológicos, axiológicos, epistemológicos etc., o que estamos fazendo, na verdade, é decretar o fim das críticas.

A coordenação colabora muito quando se coloca numa postura de formação permanente, não se julga pronta só porque tem determinado curso, grau ou tempo de trabalho; cultiva a tão saudável e absolutamente necessária *consciência da incompletude*, que leva a sempre buscar, para corresponder à vocação ontológica de "ser mais" (Freire, 1981b, p. 83-86). Humildade, abertura.

2. Dimensão Procedimental

Um outro campo de formação e domínio por parte da coordenação pedagógica é o relativo ao *saber-fazer*, encontrar caminhos para concretizar aquilo que se busca (métodos, técnicas, procedimentos, habilidades).

a) Categorias de Intervenção

Indicamos, na sequência, algumas categorias nas quais a ação supervisora pode se referenciar.

Práxis

O que muda a realidade é a prática; precisamos chegar a ela. Não há mais espaço para intenções genéricas; é preciso transformar ideias em ações concretas, para assim, dialeticamente, transformar a própria consciência, enraizando o lampejo inicial que provocou a ação, bem como alterando-a de acordo com o confronto com o movimento do real. Mas, se desejamos transformar a realidade, não pode ser através de qualquer prática.[22] Essa deve corresponder a uma nova visão (logo, pautada numa reflexão crítica) e, mais do que isso, a uma nova postura (adesão interior, crença, convicção). A práxis plena, portanto, é muito complexa, já que envolve não apenas a reflexão (clareza da realidade e da finalidade) e emoção (*necessidade*), mas também, para que possa realmente acontecer, a correspondência a determinadas condições objetivas (*possibilidade*).

Alguns educadores, fazem uma divisão grosseira entre teoria e prática, e dizem, por exemplo, que a reflexão fica no "antes" da atividade pedagógica, no polo da teoria, e a ação fica no "depois" da reflexão, no da prática. Não podemos aceitar essa visão, exatamente

---

22. Conforme análise precedente, quando tratamos do Projeto Político-Pedagógico.

por fazer uma justaposição (e não interação) e romper a concepção de educação como práxis transformadora. Na perspectiva dialética, a atividade educativa engloba tanto a *Elaboração* quanto a *Realização Interativa*,[23] qual seja, reflexão a partir da prática, prática refletida, reflexão sobre a prática e sobre a reflexão.

Percebe-se, com frequência, um certo preconceito em relação à teoria, fruto do contato com determinadas "teorias" mágicas. Daí a assertiva: "Na prática, a teoria é outra". Podemos dizer de imediato que tal afirmativa também é uma teoria. Teoria sempre fazemos; a questão é: que teoria? Blábláblá ou algo que efetivamente decifre a realidade, a explique e nos ajude a intervir? Por outro lado, há um problema sério no exercício do magistério: quando começamos a nos formar na academia, já temos muitos anos de experiência no campo (é certo que como aluno e não como professor, mas no mesmo campo que exerceremos nossa atividade profissional); isto também pode gerar a tendência de menosprezar a teoria ("dar aula" é óbvio). Na formação dos novos docentes, esse saber advindo da experiência prévia normalmente não é trabalhado, o que reforça a separação entre teoria e prática. Um outro fator de secundarização da teoria é que os erros pedagógicos não têm tanta visibilidade como em outras áreas (na Engenharia, a ponte cai; no Direito, o processo é perdido; na Publicidade, a campanha não decola, na Odontologia, o dente dói etc.): o ensino pode ser mal feito e demorar anos para isto ser percebido!

O distanciamento entre teoria e prática pode se dar por diferentes motivos, desde um fator antropológico (a intrínseca diferença que existe entre aquilo que vivemos e aquilo que desejamos, tensão geradora do processo de hominização, a não-conformação com o que está dado), até fatores sociais (divisão do trabalho), econômicos (divisão em classes sociais) ou culturais (idealismo). O problema nas instituições, muitas vezes, não é tanto a distância entre teoria e prática, mas o fato de isso não ser assumido, não ser tematizado;

---

23. Como vimos no Capítulo 1.

nesses casos, a teoria acaba virando ideologia, no sentido negativo de encobrir contradições da prática.

Coloca-se aqui aquele questionamento básico: será que precisamos de uma nova relação **de** ideias **sobre** a realidade ou nova relação **com** as ideias e **com** a realidade?[24] Seria importante tomar algumas ideias, propostas, e acreditar, ir fundo, levar a sério, procurar concretizar, tentar efetivamente colocar em prática. Não ficar pulando de "galho em galho" nos modismos pedagógicos.[25]

O que se visa, então, é estabelecer na escola a dinâmica constante de Ação⇔Reflexão, de tal forma que possamos cada vez mais nos apropriar criticamente de nossa prática (e da nossa teoria) e fazê-la(s) avançar. Para isso, o acompanhamento individual e o trabalho coletivo constante são fundamentais, como veremos com detalhes mais à frente.

Método

Para construir a práxis e atingir seus objetivos, a supervisão/ coordenação pedagógica precisa se estruturar. Vimos acima a queixa do "desvio de função". Todavia, podemos questionar: a coordenação tem seu projeto de trabalho? Sabemos que o projeto não é panaceia, porém o mesmo argumento utilizado para com os professores serve para a supervisão: se é difícil o trabalho com um bom plano, será muito mais sem ele! Essa ideia tão simples não é tão facilmente assimilada pelos supervisores: em decorrência de toda a ênfase que se tem dado ultimamente ao trabalho coletivo, muitos coordenadores acabam fazendo uma *fusão sincrética*, qual seja, não se distinguem do coletivo e não conseguem perceber a necessidade de um projeto próprio, de um plano específico de trabalho (embora, naturalmente, vinculado, como todos os outros planos setoriais da instituição o devam ser, ao Projeto Político-Pedagógico).

---

24. C. S. Vasconcellos, *Avaliação: Concepção Dialética-Libertadora*, p. 53.

25. A construção do Projeto Político-Pedagógico é uma excelente oportunidade para isso, uma vez que define alguns princípios considerados relevantes pela coletividade escolar.

Sistematizando os elementos colocados até aqui, podemos dizer que para a qualificação da ação mediadora do supervisor junto ao professor é preciso:

1. Compreender a realidade; construir a rede de relações mentais; conhecer, mapear, apreender o que está por detrás dos limites da prática ou das queixas;

2. Ter clareza de objetivos; saber a serviço de que e de quem se coloca; ganhar clareza em relação à intencionalidade do trabalho;

3. Estabelecer o plano de ação, a partir da tensão entre a realidade e o desejo.

4. Agir de acordo com o planejado.

5. Avaliar a prática.

Ter *Méthodos* [*Metà* (fim) + *Hodós* (caminho)] ajuda a entender a complexidade do real: há uma grande diferença entre o perceber intuitivamente o imbróglio que está aí, e o se munir de instrumentos de análise, de tal forma que se consiga estabelecer as relações (dando melhores condições para a intervenção). São comuns no meio escolar expressões múltiplas de descontentamento, reclamações meio difusas. Ora, a percepção sincrética tem seu valor, já que faz parte do processo de construção do conhecimento, do desenvolvimento humano. A experiência sincrética é muito rica, importante, até porque, como momento de instabilidade, é abertura a novos possíveis, a novas leituras, visto não estar fechada ainda num quadro conceitual mais rígido ou estruturado. O problema é estagnar aí. Quando começamos a esmiuçar, conhecer melhor a realidade, estabelecendo os nexos (conhecer, enquanto processo, é estabelecer relações), ganhamos nitidez da realidade que ajuda tanto a explicitação dos objetivos, quanto a definição do plano de mediação. Às vezes, passamos um pouco rápido demais por esse olhar sobre o real; achamos que já sabemos como as coisas são. Ficamos repetindo discursos, chavões e não nos apropriamos da teoria. Se passarmos superficialmente pela realidade, tanto os objetivos quanto o plano de ação podem ficar empobrecidos, comprometendo o caráter transformador da ação. Este processo de elaboração vai nos remeter à necessidade de formação, de construção teórica, de qualificação do sujeito (individual e coletivo). O projeto de trabalho é uma estratégia para isso.

Continuidade-Ruptura

A dialética de continuidade-ruptura (Snyders, 1978) implica em dois vetores de orientação para o trabalho:

1. Partir de onde o sujeito/grupo está (e não de onde consideramos que "deveria estar");

2. Mas superar (não ficar lá). Possibilitar o salto qualitativo.

Assim, a supervisão/coordenação pedagógica deve procurar entender o que se passa com o professor, não a fim de justificar, mas para levar o próprio professor a entender o que está acontecendo com ele, quais são os fatores que, naquele momento, estão condicionando sua prática, e assim poder mudar. Trata-se de um respeito dialético: máximo respeito e máxima exigência (Makarenko, 1977). Ser "colo" quando necessário, todavia também ser firme se a situação assim o exigir. É um trabalho difícil, onde não se pode perder a tensão entre os polos *respeitar* (procurar entender) e *problematizar* (lembrando que a problematização é uma forma de respeito também: admitir que o outro pode crescer). Aqui já estamos apontando a necessidade da próxima categoria.

A vivência da tensão entre continuidade-ruptura permite superar a visão dicotômica: ou só se faz o novo ou (exclusivo) só o antigo. O novo vai ser construído não a partir do nada, mas dos elementos dispostos atualmente no real, que precisam ser identificados e articulados na nova direção. Isso não significa sincretismo, justaposição de partes desconexas e de intencionalidades conflitantes, mas um esforço de construção, de ressignificação dos elementos disponíveis, enfim, de criação.

Diálogo Problematizador

A coordenação pode ser uma interlocução privilegiada para o professor:

1. Antes de tudo, pelo simples fato de se colocar em efetiva atitude de escuta, de diálogo; sabemos que muitas vezes o que as pessoas precisam é de alguém para ouvi-las, pois ao falarem vão organizando as ideias, podendo chegar a conclusões por si mesmas (Rogers, 1982). Mesmo o interlocutor que nada domina da área em questão pode ajudar com suas dúvidas, com suas perguntas básicas, já que essas obrigam o sujeito a ter de dizer de maneira simples, o que exige organizar as representações, sintetizar.

2. Porque a coordenação tem um certo domínio, uma certa noção, uma visão geral do trabalho e pode, objetivamente, dar algum direcionamento para a prática do professor, se não em termos de conteúdos específicos, certamente em termos de processo global de ensino-aprendizagem.

O diálogo deve ser franco, chegando a discutir abertamente as questões com os professores, inclusive a eventual percepção que a coordenação estiver tendo, por exemplo, da desmotivação para o trabalho. Distinguir bem: uma coisa é defender uma ideia, tentar deixá-la bem clara, marcar uma posição; outra, bastante diferente, é colocar-se como "iluminado", como único *portador* da sabedoria. A referência, o pano de fundo do diálogo deve ser o Projeto Político-Pedagógico; isso é muito importante para evitar abordagens idiossincráticas que geram disputas imaturas pelo poder. No caso de o diálogo tornar-se mais difícil, o coordenador pode solicitar que alguém o ajude, supervisionando a relação; essa supervisão é algo relativamente simples: dialogar com um terceiro (pessoa com quem tenha um bom relacionamento) sobre os entraves do seu diálogo com determinado professor.[26] Com essa

---

26. Onde o sigilo é mantido, uma vez que o que está em questão não é o conteúdo das falas, mas a relação professor-coordenador.

iniciativa, a coordenação reafirma, simultaneamente, sua crença no diálogo, sua abertura à crítica e a necessidade da atividade supervisora.

O supervisor deve ter a preocupação, sobretudo nos primeiros contatos, na constituição inicial da dinâmica grupal, de **legitimar as falas**, as perguntas, as dúvidas. Aprender a escutar (Freire, 1997, p. 127). Não as desqualificar de forma alguma. Pelo contrário, respeitar para que o sujeito possa se sentir valorizado. Há o perigo de o diálogo ficar truncado em nome do "alto nível epistemológico" ou das "especificidades das áreas do conhecimento".[27] Essa pode ser uma forma sutil, porém extremamente autoritária, de fazer o outro calar ("Você precisa ler mais para que possamos discutir"). Um professor de uma determinada área ou o próprio coordenador, por exemplo, pode não saber a melhor forma de ensinar *Números Primos*; mas pode, como ser vivo, curioso e inteligente, começar por perguntar para quê estudar esses tais números. À medida que for entendendo essas questões de base, poderá até se capacitar para fazer questionamentos mais específicos; por outro lado, esse questionamento radical (que vai à raiz) ajuda o outro a resgatar o sentido de sua prática que já teria se tornado repetitiva, mecânica.

Significação

Todo o esforço da mediação da supervisão/coordenação pedagógica vai na perspectiva de ajudar o professor a construir um sentido para seu trabalho e, dessa forma, ajudar o aluno a também elaborar um sentido para o estudo. Vai ser por esse empenho de articulação de sentido que enfrentaremos a descrença do professor no ensino. Dado o caráter teleológico, de intencionalidade do ser humano, a tarefa de construção de sentido é da maior relevância. A supervisão pedagógica tem um papel muito importante na direção de resgatar o valor e o sentido do ensino como espaço de transformação. Deve ter coragem de, junto com a orientação educacional, ir fundo nessa tarefa,

---

27. O primeiro argumento geralmente é utilizado pelos técnicos; o segundo, pelos professores.

capacitando-se para trabalhar a carga de desesperança e ceticismo a que chegaram muitos educadores.

b) Categorias de Sustentação

A questão não é só desencadear um conjunto de ações; é preciso sustentar um processo de mudança. Para isso, apontamos algumas categorias que têm se revelado como decisivas em tal propósito.

Ética

Muitas tentativas de mudança naufragam por uma espécie de boicote interno: a falta de transparência, de ética entre os membros do grupo. É preciso jogar claro; não ter "duas caras", não ficar com indiretas, cinismo ou sarcasmo. Não entrar no *leva-e-traz*, comentando pelas costas. Cortar na raiz qualquer diz-que-diz-que. Saber guardar sigilo daquilo que for assim solicitado pelo professor. Ética implica em o sujeito assumir responsabilidades pelos seus atos (ao invés de entrar no "jogo de empurra"). No limite, ética libertadora significa querer o bem, não prejudicar o outro.

Visão de Processo

Quando nos referimos à concretização processual daquilo que desejamos, não o fazemos como simples força de expressão, mas, ao contrário, baseados em toda uma concepção metodológica de trabalho e intervenção na realidade. Precisamos ter uma visão e uma prática de processo, tendo consciência da necessidade de mudança radical das estruturas, todavia compreendendo também a importância dos passos concretos possíveis, ainda que limitados, porém efetivos, em direção à finalidade maior. "Ninguém chega lá partindo de lá". Aproximações sucessivas: não podemos imaginar que implantaremos de repente um ensino de qualidade democrática. A visão de processo também se contrapõe à abordagem dicotômica da realidade: ou muda tudo ou nada muda.

Avançar mais onde for possível; esse princípio, aparentemente tão elementar, tem provocado crises nos dirigentes das instituições, por se sentirem inseguros pelo fato de existir, por exemplo, ao mesmo tempo, três sistemas de avaliação no seu interior (Educação Infantil e primeiros anos do Ensino Fundamental,[28] demais anos do Fundamental, e Ensino Médio). A unificação formal da escola parece trazer mais tranquilidade, mas é pura ilusão: quantas e quantas escolas que têm o mesmo sistema de avaliação do início ao fim e, no entanto, são na verdade várias escolas no interior da mesma. No caso de a escola conviver com diferentes modalidades de práticas, o importante é que sejam devidamente conhecidas, ou seja, que a prática de um segmento não seja estranha ao outro, e que as diferenças possam ser abertamente discutidas.

Alimentar a tensão entre o desejável e o realizável (não atropelar os limites, em nome do desejo, nem abdicar do desejo em nome dos limites).[29] Dessa tensão é que emergirá o histórico-viável (Freire). Muitas vezes, só acharemos um razoável ponto de equilíbrio (sempre provisório) depois de algumas tentativas e alguns erros cometidos; lamentavelmente, em certos casos, esses erros são usados como justificativa para interromper a experiência, ao invés de servirem de elemento de aprendizado e avanço.

Alterar a realidade é um grande desafio, e uma transformação mais substancial pode depender da acumulação de uma série de pequenas transformações na mesma direção. Tenta-se uma mudança

---

28. Onde, de um modo geral, pode-se avançar muito mais.

29. Por exemplo: a mudança na forma de expressão da avaliação de nota para relatório (ou parecer descritivo). Há o risco de se exigir que o professor faça relatórios sem que sejam alteradas suas condições de trabalho (menor número de alunos ou carga horária adicional); com isso, ele passa a usar seu tempo útil com preenchimento de relatórios sobre os quais não terá tempo de refletir e, o mais importante, nem usará para intervir na superação das dificuldades que foram encontradas. Por outro lado, a falta de um registro mais elaborado faz com que muitos aspectos do desenvolvimento discente passem desapercebidos, além do clássico problema da ênfase ao aspecto quantitativo em detrimento do qualitativo. Eis a tensão a ser administrada.

durante uma semana; se não funcionou, já não se faz mais. É preciso persistir, ter a impaciente paciência histórica.

Ter clareza de que, embora seja necessário levar em conta todas as dimensões da realidade (Totalidade) e ter presente que nem todas as alterações têm a mesma importância, não há um caminho único, um ponto de gênese absoluta,[30] qual seja, uma mudança da qual todas as outras dependeriam. É por isso que cada coletivo deverá decidir o passo concreto que será dado naquele momento. E em todas as dimensões, em todo esse leque de iniciativas que se abre, a perspectiva é sempre de aproximações sucessivas, porque não temos as condições ideais (e nem podemos ficar à espera delas para daí começar).

Devemos ter a visão de processo também em relação à própria atividade supervisora: essa nova coordenação que desejamos ser ainda não está pronta; está se fazendo.

Avaliação

O mesmo empenho que temos na avaliação do aluno, deveríamos ter na avaliação do trabalho da escola, das nossas atividades, relacionamentos. Trata-se da função crítica (Criticidade, vista anteriormente), de ter coragem de questionar o trabalho, não ficar comprometido com a *imagem*. A avaliação, quando de fato é avaliação (e não mera classificação para exclusão), é fator de revitalização pessoal e institucional, na medida em que, além de identificar potencialidades, ajuda a localizar os pontos em que precisamos melhorar, os aspectos nos quais precisamos investir nossas energias para corrigir rotas e avançar na direção desejada.

É preciso ter uma nova relação com o erro: entendê-lo como parte da aventura de construir o novo. Abrir mão daquela posição de "infalível", pois tal atitude conduz necessariamente à reprodução do mesmo (que seria a única garantia de não errar — a pergunta

---

30. Se a escola quer mudar, necessariamente teria que primeiro mudar o diretor. Não!, primeiro o salário dos professores. Não!, sua formação...

que poucos se fazem é: quem garante que o que se vem fazendo está certo?). É impressionante como isto está impregnado: por medo dos olhares, do julgamento dos colegas, as pessoas sequer se expressam no grupo; num quadro competitivo subjacente à dinâmica dos relacionamentos, perguntar algo seria como "perder" frente ao outro; não se expor passa a ser uma forma de se proteger, de não ter sua imagem *arranhada*; não saber ou ter um saber diferente seria uma desvalia. No paradigma emergente, percebemos como até nas "ciências duras" (Física, Química, Biologia) há uma nova compreensão (Einstein, Heisenberg, Prigogine, Maturana, Varela, Morin), para além da ilusão do determinismo positivista. Fazer do erro uma oportunidade de aprendizagem.

Participação

Falar em participação é nos remetermos à questão do poder e à sua longa tradição autoritária, em que era comum no interior da escola a centralização (uns decidiam, outros executavam), a interferência de outras instâncias no planejado (a escola previa uma coisa, o órgão superior determinava que outra fosse feita), a participação no periférico (naquilo que não é importante), o controle autoritário. Já vimos a necessidade de criar uma nova cultura nesse campo.[31] Cabe, pois, ao supervisor procurar realizar a construção da proposta pedagógica da forma mais participativa possível. Como sabemos, a participação, entre outras coisas, leva à diminuição das resistências internas à mudança.

Muitas vezes, emerge uma dúvida nos supervisores: "Não seria o caso de impormos algo, para ver se assim a coisa muda?". Por exemplo: "O conteúdo tem de ser este e acabou. Se algo é bom, a coordenação não poderia impor, 'com jeitinho'?". A questão de fundo aqui é: fazer algo por imposição ou por convicção? Aparentemente o resultado é o mesmo (fez-se a coisa), mas a dinâmica interna no sujeito é totalmente

31. Capítulo 2.

diferente. É fundamental a participação do professor no processo de mudança na condição de **sujeito** e não de objeto. É preciso lembrar que quem vai estar em sala de aula no cotidiano é o professor, e se ele não estiver minimamente convencido, o trabalho fica só na superfície. Por outro lado, alguns orientadores pedagógicos, querendo superar a posição autoritária, acabam assumindo uma posição espontaneísta. Ser libertador não significa não ter proposta, mas sim não querer impor suas propostas. Vivenciar a dialética entre a direção da equipe e a iniciativa do professor (como vimos na Continuidade-Ruptura). A supervisão/coordenação tem dever de provocar,[32] mas respeitar a decisão coletiva. Esse é um processo um tanto mais lento, mas muito mais eficaz.

> Quando um supervisor, velada ou ostensivamente, pretende impor determinado comportamento a um professor ele nega com essa prática a educação que ambos pretendem ver promovida. A negação do sentido educativo também acontece quando o professor recusa-se a considerar as perspectivas de aperfeiçoamento profissional que o supervisor coloca à sua disposição. (Silva Jr., 1984, p. 109)

Assim, consideramos importante que o coordenador tenha sua proposta de educação, sua concepção de planejamento, objetivos, conteúdos, metodologia, avaliação, e que lute por ela, através de uma **diretividade interativa**, qual seja, uma diretividade que leva em consideração as posições dos outros, que é aberta e firme, marcada, ao mesmo tempo, pelo profundo respeito e determinação (dialética entre ternura e vigor).

No cotidiano escolar, costuma haver uma expectativa instalada sobre o papel do coordenador pedagógico, de tal forma que quando ocorre mudança, a pressão é tão grande que o novo coordenador termina se enquadrando no modelo existente, naquilo que já se esperava

---

32. Postura mediadora: acolher, provocar (propor, questionar, problematizar), subsidiar e interagir.

dele; a expectativa formata o desempenho. Por isso, a análise histórica é de grande valia também para a compreensão da figura da supervisão (os papéis que foram construídos, o imaginário do poder instalado no outro ou no grupo).[33] Existe, digamos assim, o poder *real* que o sujeito tem e o *imaginário*, ligado a uma projeção coletiva que deriva de uma certa tradição, de uma certa forma de ver a hierarquia na escola.

O coordenador deve ser mais educador, menos burocrata, controlador. Não adianta querer resolver os conflitos na base do poder autoritário; educação é antes de tudo envolvimento, compromisso. Ninguém tem condições, por exemplo, de controlar o que professor faz realmente em sala de aula; mesmo quando se consegue algum tipo de controle, vem a dúvida: como se comportará quando cessar o controle? Por isso, há que se *ganhar* o professor para a proposta. Um caminho bem concreto e adequado[34] de realizar isso é através da decisão coletiva do que vai ser feito (ou não).

c) Estratégias Complementares de Trabalho

Quanto às formas de atuação da supervisão/coordenação, encontramos as mais diversas: atendimento individual ao professor (sistemático ou de acordo com solicitação); orientação individual ou coletiva para o planejamento de sala de aula; sessão de orientação semanal por ano, ciclo ou área; acompanhamento de aulas; coordenação das reuniões pedagógicas; reunião sistemática com equipe diretiva; busca de subsídios para os docentes; análise de material didático; participação em projetos específicos; assessoramento para a produção de material didático; estímulo à pesquisa; incremento da formação permanente através da organização de cursos ou palestras para professores; encontros sistemáticos de formação do coordenador

---

33. Caso da professora que disse que "era a direção que pedia" que desse determinados conteúdos, sendo que, na verdade, isso nunca tinha acontecido naquela escola (mas talvez em outra, ou com uma colega etc.). Estava no imaginário, tinha incorporado o modelo.

34. Existem outros, perigosos: cair na linha intimista ou psicologizante da "sedução" do professor.

pedagógico de uma rede de ensino ou de um conjunto de escolas etc. Encontramos ainda coordenadores que fazem questão de dar aula na própria escola, para não deixarem o vínculo com a sala de aula. De qualquer forma, o importante é que não perca o eixo central do seu trabalho, como vimos antes: a qualificação do processo de ensino, como forma de possibilitar a efetiva aprendizagem por parte de todos.

Alguns professores usam o fato de o supervisor não estar em sala de aula como estratégia de resistência: "Só eu é que sei como é difícil o trabalho lá".[35] Ora, estar em sala não significa necessariamente ter maior grau de consciência (padecer de um problema não traz automaticamente a consciência; se assim fosse, não teríamos mais pobreza no mundo, uma vez que os pobres, por viverem a pobreza, *automaticamente* teriam consciência de sua raiz estrutural e já teriam feito a revolução). Já apontamos anteriormente a necessidade que vemos de o coordenador ter tido experiência docente. Porém, o fundamental é a sensibilidade, a capacidade de refletir criticamente sobre aquilo que se vive. Objetivamente, temos supervisores que, embora não estando nesse momento lá, compreendem muito mais concretamente (no sentido dialético do termo)[36] a realidade de sala do que alguns colegas professores que só sabem usar os episódios de classe para justificar o que não fazem, ao invés de se perguntarem sobre o que está por detrás dessas manifestações.

Entendemos que o fato de a instituição ter mais de um coordenador pedagógico é um elemento facilitador para um trabalho mais democrático e criativo. Não é raro a coordenação pedagógica desempenhar também outras funções (coordenação de curso, orientação educacional, orientação de convivência, assistente de direção), o que

---

35. Na verdade, este é um típico argumento "fim de linha", antidialógico, pois se se considera que cada situação de aula é uma, e ainda que, diante da mesma situação, cada professor pode ter uma percepção diferente, ainda que o supervisor estivesse em sala, segundo esta linha de raciocínio, nada poderia dizer dada a especificidade de cada situação...

36. *O concreto é concreto por ser a síntese de múltiplas determinações e relações numerosas* (Marx, 1978, p. 116).

pode levar a uma inversão de prioridades da função pedagógica ("não dá tempo"), para a qual devemos estar atentos.

Quanto às formas de vínculo da supervisão pedagógica com a escola, encontramos basicamente duas: o coordenador no interior da escola, como membro do grupo (podendo ser alguém que tem habilitação específica ou um professor-coordenador, indicado por seus pares para assumir a função). Uma segunda forma de vínculo é a do profissional sediado na mantenedora e que visita periodicamente as escolas (supervisão itinerante);[37] de um modo geral, esse modelo acontece ou como decorrência de uma visão centralizadora e com um certo ranço autoritário de controle, ou em função da alegada falta de recursos para contratar novos profissionais para a escola. Ultimamente, alguns gestores têm buscado um modelo híbrido em que fundamentalmente o supervisor fica na escola, mas tem um tempo semanal de trabalho na mantenedora (por exemplo: sexta-feira à tarde), como forma de possibilitar, ao mesmo tempo, um espaço de formação diferenciado e uma articulação enquanto rede.

Elencamos, a seguir, algumas práticas não como *receitas* mas como exercício de partilha de experiências de coordenadores que estão na mesma lida, procurando renovar a prática educativa.

- A supervisão busca estratégias adequadas de interação com os docentes, indo além do famigerado "colocar texto na mão do professor". Não estamos condenando a prática de dar texto para ler; o problema é quando isso é feito sem o menor cuidado, sem preparação, sem adequação do texto à realidade concreta. Outro problema é quando apenas esse tipo de prática é desencadeado pela coordenação.

- Estar *antenado*: procurar se informar sobre experiências que estão acontecendo na nova direção. Ir ver, levar professores, colocar em contato com práticas que estão dando certo.

---

37. Esses modelos, na verdade, vinculam-se a duas tradições: o primeiro (na escola), ao europeu (em especial, França e Bélgica); o segundo (centralizado), à americana (Atta, 2002).

■ Ter visão estratégica: identificar no grupo quem está querendo mudar, quem está mais aberto; fortalecê-los. Não concentrar todos os esforços e energias em quem não está aberto, pois isso pode levar a *sugar* o ânimo e deixar sozinhos outros que estão querendo mudar. Buscar apoio em quem está vivo, em quem não se entregou, seja entre professores ou funcionários, alunos, pais.

■ Considerando a complexidade dos processos de transformação, para avançar, podemos recorrer ao estudo de casos concretos: como determinado indivíduo ou grupo conseguiu realizar determinada transformação; "**análise concreta de situações concretas**". Esse é um bom método de aprendizagem para a inovação: toma-se uma situação objetivamente transformada e estuda-se seu processo, tentando descobrir os condicionantes da mudança.[38] Essa pode ser uma metodologia de aprendizagem da transformação: aprender com a história da inovação. Podemos atingir mais profundamente o professor a partir da análise de sua atuação, de episódios concretos, do que se levantarmos, logo de início, bandeiras gerais. Pela análise concreta de sua situação, chegar às questões que condicionam sua prática; a partir desta identificação, ficará mais fácil a superação, uma vez que a reflexão teórica ganhou significado para ele.

■ O acompanhamento de aula é um poderoso recurso para a formação do professor, desde que seja feito adequadamente. Infelizmente, no passado, a visita à sala de aula foi usada como forma de vigilância e controle sobre o docente. Hoje, a visão é totalmente outra. Entendemos que é um privilégio ter alguém para assistir nossa aula e depois sentar e dar a devolutiva, refletir conosco suas observações, visando a tomada de consciência e o eventual avanço da prática. Depois de uma certa caminhada,

---

38. Exemplo: professor que inovou sua metodologia de trabalho em sala de aula; como foi possível essa transformação da realidade? Outro exemplo: numa escola, enquanto todos os professores reclamam da indisciplina de uma determinada turma, um professor está conseguindo fazer um bom trabalho. Como? Por quê?

onde o grupo já adquiriu confiança, os professores podem ter suas aulas assistidas ou filmadas e discutidas no coletivo.

■ Superar a exigência de os instrumentos de avaliação terem de ser autorizados pela coordenação/supervisão antes de serem aplicados.[39] Esse costume se revela deveras controvertido na prática, e de mudança muito difícil. É interessante observar a contradição na equipe dirigente nesse sentido, pois defendem com ânimo as propostas de diminuição da ênfase na avaliação classificatória por parte do professor ("para que venha a fazer parte do processo"); porém, quando são questionados sobre a expectativa que têm de autorizarem o instrumento, a reação é muito forte, chegando a ser agressiva. O argumento, mais uma vez, é cheio de boas intenções: proteger a imagem do professor e da escola diante da comunidade: "O que iriam dizer se uma prova saísse com erros?". Só que não se apercebem que fazer isso é dar ênfase à avaliação, é desconectá-la do processo. Poderíamos indagar: o que é mais importante: a prova ou a aula? E acaso o professor tem de dar a aula antes para a equipe? Tal prática é, para além das boas intenções, insistimos, uma forma de manter o professor numa situação imatura, já que sabe que sempre haverá alguém sanando suas eventuais falhas. A necessidade de superação do papel de *controle* por parte da coordenação em direção ao de *formação* não é facilmente compreendida. É claro que compete à coordenação acompanhar *também* a avaliação (até porque se acompanhasse tudo menos a avaliação, ainda que pelo caminho da negativa, estaria dando destaque à avaliação), mas não com essa exigência de **anterioridade** à sua realização. Assim, se nesse acompanhamento percebe algum problema, com certeza a coordenação vai dialogar com o professor. Este, por sua vez, sabendo que terá que assumir a responsabilidade diante da comunidade,

---

39. Não estamos nos referindo aqui à exigência administrativa, de ter alguém que recebe os materiais que devem ser encaminhados à gráfica para reprodução. Isso é tranquilo. A situação em pauta é aquela em que a supervisão deve analisar antes de mandar (e só manda se estiver de acordo).

na elaboração do próximo instrumento ficará mais atento aos aspectos levantados, podendo até pedir ajuda aos colegas ou à coordenação. Mas vejam a diferença: na primeira situação ele é obrigado a "submeter" o instrumento à supervisão; na segunda, ele procurou a ajuda da supervisão; qual das duas é mais educativa? Entendemos, que dessa forma, qualifica-se tanto o trabalho do professor quanto o da equipe.

■ Reduzir o burocrático ao mínimo, estar atento para que não comprometa o fundamental do trabalho educativo.

3. Dimensão Conceitual

Existem diferentes visões sobre educação, ensino, aprendizagem, planejamento, Projeto Político-Pedagógico, tanto no que diz respeito à concepção e à elaboração quanto à execução. Cabe à coordenação buscar clareza conceitual, conhecer, discernir e elaborar a síntese pessoal (bem como favorecer a coletiva). O coordenador deve revelar inteligência no trato das questões; saber argumentar, não ficar preso aos aspectos formais, mas buscar a lógica interna, a pertinência daquilo que está em pauta.

Toda relação educativa implica um processo de construção do conhecimento, embora não se limite a ele. A relação educador-educando na escola está fortemente marcada pelo conhecimento. O coordenador precisa ter uma formação específica nesse campo. Trata-se de colaborar na construção de um **método de conhecimento**, que responda não só à pergunta do "o que", mas também "por quê", "para quê" e "como" conhecer. Um dos papéis centrais da supervisão/coordenação é justamente criar condições para que o professor descubra a melhor forma de ajudar o aluno a aprender.[40]

---

40. Ver C. S. Vasconcellos, *Construção do Conhecimento em Sala de Aula*.

A rigor, o que está em questão não é só o domínio crítico das diferentes teorias que informam contemporaneamente a ação educativa, mas ajudar o professor a ser produtor teórico, a ser autor, a perceber os pressupostos da sua ação educativa, a fazer a "epistemologia da sua prática" (Schön, 2000), a teorizar sobre ela.

Entendemos que a postura da coordenação pedagógica em relação às novas contribuições teóricas deve ser de abertura, porém sem baixar a guarda do senso crítico, para não cair na *síndrome dos modismos*.[41] Uma coisa é entrar em crise diante de cada nova manifestação teórica que aparece, e querer abandonar todo o trabalho que se vinha fazendo; outra, é estabelecer um diálogo com a nova contribuição, tendo como referência o Projeto Político-Pedagógico da instituição. Com isso, se diminui o estresse informacional entre os professores, resgatando, reafirmando o que é essencial. Chegam a ser desconcertantes algumas situações em que o educador cita um autor, cita outro e depois outro e... e fica por isso mesmo, qual seja, não se sabe o que pensa a respeito, ou se pensa, pois, como afirma E. Bloch (1885-1977), "o homem que não aprendeu a pensar (...) repete o que outros já repetiram" (1949, p. 10). A partir do confronto com o pensamento do outro, o sujeito deve construir o seu ponto de vista. Autoria para gerar autonomia.

a) Construção-Desconstrução

No processo de formação permanente do professor, o desafio não está apenas em construir um conceito, mas em desconstruir outros já instalados. Eis aqui mais uma tarefa delicada. Acompanhando processos de mudança na instituição, alguns coordenadores ficam um tanto angustiados com a assim nomeada "passagem da teoria para a prática", uma vez que os professores parecem já dominar determinada concepção teórica inovadora, mas a prática nova "não vem".

---

41. Um dia fomos tradicionais, noutro, modernos, tecnicistas, libertadores, construtivistas, sociointeracionistas etc. Sobre modismos, ver Capítulo 10.

Evidentemente, nessa *passagem*, há um enorme leque de questões envolvidas,[42] porém pode estar em jogo uma que também é teórica: partindo do pressuposto de que por detrás de toda prática sempre há uma mediação simbólica, uma justificativa, uma *teoria*[43] pautando-a (dado o caráter teleológico, de intencionalidade da atividade humana, bem como a necessidade de um mínimo de coerência interna do sujeito),[44] levantamos a hipótese de que o que pode estar dificultando a nova prática é essa teoria subjacente, tácita, enraizada no sujeito.[45] Em outras palavras, podem estar convivendo no sujeito a teoria desejada (inovadora) e a teoria enraizada (conservadora);[46] enquanto essa não for trabalhada, dificilmente aquela poderá assumir o papel de guia da prática; tendo em conta que o conhecimento novo se dá a partir do conhecimento prévio, trata-se, a rigor, de um trabalho de (re)construção, no qual o sujeito estabelece um diálogo interior[47] entre ambas as teorias.[48]

---

42. Ver, p. ex., o quadro "Possíveis Mediações para romper Resistências", do Capítulo 2.

43. Como se pode depreender, estamos usando aqui *teoria* não como uma concepção metódica, sistematicamente organizada, mas num sentido bastante abrangente de conjunto de representações mentais.

44. "Qualquer que seja o nível em que se dá a ação do homem sobre o mundo, esta ação subentende uma teoria. Tal é o que ocorre também com as formas mágicas de pensar" (Freire, 1986, p. 40). "Não há conduta social que não seja interpretada pelos próprios atores, que não deixam de se explicar, de se justificar, inclusive para dizerem, por vezes, que as suas condutas são automáticas ou tradicionais, que são o que são porque é assim que deve ser". (Dubet, 1996, p. 100)

45. Com as devidas ressalvas, tal saber poderia ser associado ao que Paulo Freire se refere como sendo *saber de experiência feito* (1981b, p. 68), ou à releitura que Boaventura Santos faz de *senso comum* (Santos, 1996, p. 56).

46. Exemplos: acredita no valor da metodologia participativa em sala, mas tem enraizada muito fortemente a metodologia meramente expositiva; deseja fazer a avaliação não-classificatória, todavia deseja também preparar os alunos desde cedo para os exames (concursos, vestibulares); critica Skinner, mas no fundo acha que as pessoas só funcionam na base de esforço-recompensa etc.

47. É interior porque acontece no sujeito, mas isso não significa a dispensa da mediação exterior (colegas, alunos, supervisão etc.).

48. Sobre a questão dos níveis de consciência, ver, de C. S. Vasconcellos, *Para Onde Vai o Professor*, p. 168 e ss, e *Currículo: a Atividade Humana como Princípio Educativo*, p. 212 e ss.

Superar Formalismo

Com o avanço da produção e circulação de novas concepções pedagógicas, temos atualmente o perigo de ver tudo resolvido formalmente, nos discursos: PPP, interacionismo, gestão democrática, avaliação formativa, trabalho por projetos, inclusão etc. Todavia, como aceitar isso com tranquilidade, sabendo que quase toda essa geração de professores que está na ativa foi formada num outro paradigma de ensino? Por mais que o indivíduo esteja "convertido" às novas perspectivas de trabalho, tem em si traços das outras em que foi plasmado. Será que, de uma hora para outra, todas essas marcas simplesmente "sumiram"? Um indicador dessa falta de internalização das novas proposições é a facilidade com que as inovações são interrompidas quando da mudança dos gestores do sistema de educação[49] ou até das lideranças no interior da escola.[50] Aliás, e sem querer ser pessimista demais, às vezes, até mesmo sem alterações nesses níveis, a escola simplesmente deixa de realizar uma prática inovadora porque ela própria não tinha consciência do valor (limitado, mas efetivo) de tal atividade.

Ora, justamente as dúvidas, as visões diferentes, assumidas e explicitadas, podem ser a ponta do *iceberg*, e sobretudo nos dar o *fio da meada*, possibilitando o aprofundamento. Se quisermos de fato mudar a prática, temos de possibilitar a emergência desses discursos subjacentes, que não são os inovadores veiculados, mas que estão presentes em nós. Podemos nos remeter à distinção que os gregos antigos faziam entre os vários tipos de saber: *episteme* era o conhecimento verdadeiro, sistematizado, "ciência"; *doxa* era o saber comum (isto é, corrente), espontâneo, a crença, a opinião (de caráter imediato, baseado na aparência, na *empeiria*: experiência sensorial);[51] *téchne* o saber prático

---

49. Por exemplo: entrada de um partido político de ideologia educacional bem diferente do anterior.

50. A simples transferência de um coordenador pedagógico pode significar o fim de uma série de práticas que a escola vinha fazendo.

51. Para Platão (427-348 a.C.), *doxa* não é um simples não saber, mas algo situado entre a perfeita ciência e a absoluta ignorância (Mora, 1986). Embora normalmente tivesse um caráter negativo, em alguns momentos admite que a opinião pode ser "boa".

(advindo de uma intervenção no real, uma atividade que segue determinadas regras, portanto, considerada superior à experiência, mas inferior à *episteme*); *sofia* era o saber fundado na longa experiência de vida, a sabedoria, uma espécie de síntese dos anteriores.[52] Num certo sentido, poderíamos dizer que o desafio posto para a coordenação é o de deixar aflorar *doxa* e *téchne*, para que a *episteme* possa se dar de uma maneira mais efetiva e completa, e se constituir em *sofia* (o professor como intelectual). "A prática educativo-libertadora se obriga a propor aos homens uma espécie de 'arqueologia' da consciência, através de cujo esforço eles podem, em certo sentido, refazer o caminho natural pelo qual a consciência emerge capaz de perceber-se a si mesma" (Freire, 1981a, p. 100). A supervisão/coordenação pode, logo no início do trabalho, pesquisar junto aos professores quais as representações mentais que têm em relação à escola, ao ensino, às várias dimensões do trabalho (inclusive à própria supervisão). Do ponto de vista da coordenação, é a oportunidade para tomar contato, trabalhar essas representações, ver com os olhos do outro, resgatar as positividades, bem como enfrentar os eventuais preconceitos, desconstruir os equívocos.[53] Já para o professor, é a oportunidade de tomada de consciência, de apropriação de conteúdos da sua consciência que poderiam estar passando desapercebidos.

Clima de Respeito e Liberdade

Para que possa se dar esse trabalho de (re)construção, antes de mais nada, tal concepção precisa vir à tona, ser explicitada. Isso reforça a necessidade de um clima não ameaçador, de abertura, em que o docente possa se sentir suficientemente seguro para se colocar e, a partir

---

52. Severino, 2001, p. 120; Saviani, 1991, p. 22.

53. A expressão, por exemplo, de uma queixa por parte de um professor, não significa que necessariamente ela corresponda à realidade; de repente, a queixa vem de um viés ("Ah, mas ninguém me convidou para a reunião"; "Ocorre, professor, que ninguém foi convidado pessoalmente; colocamos o aviso no quadro há 15 dias"); mas o fato de ser explicitada, permite o esclarecimento. Numa outra situação, a queixa pode ser pertinente, possibilitando a reparação.

daí, se dar a interação, o diálogo problematizador. Ao coordenador é solicitado ser um "interlocutor qualificado", uma vez que "deve estar capacitado para uma escuta que, criticamente informada, leve em conta as fantasias, angústias e defesas que acompanham qualquer processo de mudança" (Patto, 1990, p. 352).

Se o clima na instituição é de constrangimento, existe o risco de as dúvidas, as discordâncias, não serem explicitadas; omite-se o questionamento sobre o andamento do processo só para não dar a impressão de que se é tradicional, retrógrado, contra a proposta; o professor pode ficar preocupado com a sua imagem e/ou da escola: certas dúvidas já *não poderiam* mais existir (principalmente quando a instituição já fez uma certa caminhada); certos temas ou posicionamentos seriam tabus. Evitar o erro histórico de determinada proposta virar *dogma*, pois, nesse caso, passa a haver um compromisso com a aparência, criando duas escolas: a real e a "do papel", o que, consequentemente, inviabiliza qualquer mudança efetiva, já que a reflexão está descolada da realidade.

A autêntica educação só pode se dar num ambiente de liberdade; esta é uma exigência básica para o desenvolvimento humano. A autonomia, uma das grandes metas educativas, não se constrói sem espaço concreto de opção. Por isso, é preciso um clima adequado na instituição para que as pessoas se coloquem, tenham coragem de dizer: "Não sei, não concordo, não está claro para mim; por quê? Para quê?", e a partir disso, possam decidir. Garantir condições para o pensamento divergente, espaço de liberdade!

Provavelmente, nas primeiras tentativas de trabalho nessa linha, a coordenação precisará recuperar o sentido de tal prática, uma vez que, para muitos professores, isso de ficar ouvindo o que pensam os colegas é "perder tempo" (ou insegurança da coordenação).

O clima de acolhimento favorece também a superação do constrangimento interior: em certos contextos, o sujeito não se manifesta por se sentir envergonhado e culpado pelo fracasso da não aprendizagem do aluno. Nesse caso, seria importante ajudar a perceber que a crise do ensino não foi provocada pelos educadores (o que não significa que não tenham algo a ver com isso, enquanto tarefa, projeto, intervenção).

Construção-Desconstrução exige Autêntico Diálogo

Quando analisamos a questão do autoritarismo,[54] nos deparamos com duas grandes pragas, duas atitudes que acabam constituindo um perverso par complementar:

- Autoritarismo: dogmatismo, ser dono da verdade, não ter auto-crítica, cercear o direito de expressão do outro;

- Imaturidade: omissão, não lutar por seus direitos, comodismo, cinismo, demissão em ação.

Como forma de superação dessa polaridade imobilizadora, apontamos algumas exigências:

- Por parte de quem está em dúvida ou discordando, há um duplo movimento a ser desencadeado: primeiro,[55] o auto(re)conhecimento; depois, o trabalho em cima disso. Antes de tudo, o educador deve *cultivar a alma*, conhecer-se,[56] se reconhecer: no trabalho *arqueológico*, procurar perceber suas várias *camadas* de discursos, sentimentos, percepções; ter coragem de se investigar, ver as representações (ideias, conceitos, mitos, informações, imagens, fantasmas) que o habitam (ou que passam, que circulam por ele).[57]

---

54. No Capítulo 2; as relações de poder interferem muito na criação de campo favorável (ou não) ao diálogo.

55. Esse *primeiro* está a apontar mais um aspecto lógico do que temporal, uma vez que esse movimento, além de não ser intelectualista (não pode ficar só no mundo das ideias, mas pede o vínculo com as práticas do sujeito) e individualista (pede a relação com os demais), é um processo recorrente, de idas e vindas, de aproximações sucessivas.

56. Lembrar do mote de Sócrates (470-399 a.C.) tomado da inscrição no templo de Apolo em Delfos: "Conhece-te a ti mesmo". Nos parece que fica claro que essa é uma atividade que ninguém pode fazer pelo outro; corresponde a um automovimento do sujeito.

57. Não necessariamente que a pessoa *pense* aquilo ou assuma aquilo como uma linha de atuação, mas, de alguma forma, o perpassa (e, às vezes, nem ele mesmo tinha se dado conta até então).

"Mesmo que o esclarecimento racional não dissolva diretamente os mecanismos inconscientes — conforme ensina o conhecimento preciso da psicologia —, ele ao menos fortalece na pré-consciência determinadas instâncias de resistência, ajudando a criar um clima desfavorável ao extremismo" (Adorno, 1995, p. 136). Aquela curiosidade epistemológica que cabe ao professor despertar no aluno em sala de aula, ele deve ter não só em relação ao objeto de conhecimento com o qual trabalha, mas também consigo. Enquanto atividade crítica, não basta tomar conhecimento: é preciso a percepção dos condicionamentos desses conteúdos da consciência (Pinto, 1960, v. 1, p. 20), seja para não entrar num jogo desgastante de autoculpabilização, seja para permitir identificar caminhos de superação. Todavia, o reconhecimento não é suficiente; há necessidade da inserção crítica, da ação (Freire, 1981b, p. 40). O educador deve falar, superar a eventual imaturidade, não se omitir; ser transparente, ser verdadeiro. Ouvir, revelar abertura de pensamento, inteligência no confronto de argumentos; não boicotar o trabalho do outro só porque tem posição diferente. Essa postura parece algo relativamente simples, porém sabemos da dificuldade de sua concretização sobretudo pelo fato de o professor intuir que sua autoridade vem do conhecimento e admitir, por exemplo, que não domina determinado saber seria como que fazer um movimento autofágico, de autoanulação (ao invés de entender esse reconhecimento como sendo justamente aquilo que vai lhe permitir chegar a esse conhecimento e afirmar, portanto, sua genuína autoridade de ser eterno aprendente). Além disto, há a secular imagem projetada para o professor como sendo o que sempre sabe, o que não tem dúvidas, o que não pode errar. É preciso ter humildade[58] para perceber suas limitações e disposição para correr atrás das superações que julgar necessárias.

---

58. A postura do autêntico mestre (e do verdadeiro pesquisador) só pode ser de humildade, por reconhecer a grandeza e complexidade do mundo em que está inserido.

■ Por parte da instituição (e de seus representantes): propiciar momentos sistemáticos para a reflexão e expressão dos educadores (por exemplo: reunião pedagógica semanal);[59] ter capacidade de acolher (e combinar, ao invés de antagonizar) as diferenças; buscar garantir o clima de respeito; dar condições de estudo e aprofundamento para quem está em dúvida ou discordando; explicitar os motivos das opções e posicionamentos institucionais.[60] A prática de colocar concepções teóricas em questão[61] tem se revelado produtiva como forma de ajudar a desmistificar o saber "pronto e absolutamente verdadeiro", diante do qual só caberia "aos pobres mortais" dos professores se curvarem. Outra iniciativa é a de resgatar as práticas significativas[62] que estão acontecendo em sala de aula, uma vez que isso fortalece a autoestima do professor, favorecendo que venha a se expressar com mais frequência e segurança. A instituição deve fazer o exercício da dúvida metódica, autoavaliar-se, não se colocar como acabada, como modelo indefectível a ser seguido. Essas várias iniciativas, no entanto, não devem ofuscar a interação, o diálogo problematizador:

O que mais custa a um homem saber, de maneira clara, é a sua própria vida, tal como está feita por tradição e rotina de atos inconscientes. Para vencer a tradição e a rotina, o melhor procedimento prático não se encontra nas ideias e conhecimentos exteriores e distantes, mas no questionamento da tradição por aqueles que se conformam com ela, no questionamento da rotina em que vivem... (Freire, 1980, p. 35)

Estamos, pois, mais uma vez, investindo no *dia-logos* (a palavra circulando em/através/entre nós), no valor limitado, mas efetivo das

---

59. A existência do espaço propicia o desenvolvimento do hábito de reflexão, de busca de autoconhecimento.

60. "Ah, mas isto é óbvio". Pode ser para quem está propondo, porém não para o outro.

61. Por exemplo: um encontro em que educadores favoráveis e contrários a determinada ideia podem debater abertamente.

62. Tendo como referência o projeto educativo libertador.

ideias, das representações.[63] E para que haja diálogo, o mínimo que se exige é o falar e o ouvir; contudo, para que o diálogo seja autêntico, fecundo, se de um lado pede-se o clima de liberdade, de outro, pede-se uma atitude interior de abertura, de acolhida, de reflexão, de sinceridade. Paralelamente, para dar mais vigor à interação, é preciso buscar competência a fim de enfrentar os discursos concretos, os argumentos que vão surgindo no diálogo, que, por ser autêntico, provavelmente não estará formatado nos discursos institucionais até então elaborados.[64]

Temos observado que a existência de um referencial comum (Projeto Político-Pedagógico, por exemplo) é um elemento que ajuda a não criar "pânico", insegurança muito grande, que levaria o sujeito a não se manifestar por entender que sua fala colocaria o grupo sob impasse, sob uma situação muito caótica, ameaçadora.

Para ajudar a avançar, a supervisão pedagógica pode solicitar que o professor registre suas questões; o colocar por escrito, antes de tudo, favorece a conscientização: tomar contato com o que pensa e o que faz;[65] além disso, possibilita a sistematização e permite a reflexão mais organizada e crítica sobre suas inquietações (não só em termos pessoais, mas também pelo coletivo escolar). A coordenação deve fazer o mesmo! Sistematizar e fazer memória: o registro permite a (re)constituição da história de vida profissional e institucional.

---

63. Palavra: nosso limitado, porém indispensável, recurso de pensamento e de interação com o outro e com o mundo. Não queremos colocar no *logos* toda a solução; sabemos que há muita coisa inconsciente ou determinada socialmente. Só que a nossa maneira de enfrentar o mundo passa muito fortemente pela palavra, inclusive a tentativa de apropriação de certos conteúdos inconscientes (Psicanálise); vejam também a Sociologia, a Política: através de palavras tentamos *ordenar* este mundo que nos cerca e desafia.

64. Esses argumentos emergem de mitos, preconceitos, fragmentos de discursos das mais diversas ordens (influência familiar, da mídia, dos amigos etc.).

65. A relação entre pensamento e linguagem é de complementaridade e não é de identidade (Vygotsky, 1987, p. 29 e ss.): muitas vezes, quando colocamos no papel, quase que nos surpreendemos positivamente com aquilo que "saiu da gente mesmo"; outras vezes, ao ver nosso escrito, "estranhamos", temos possibilidade de um distanciamento e de fazer a crítica, estabelecendo um diálogo conosco mesmos.

Quando há todo este cuidado, o sujeito que se convence da proposta se convence por inteiro (ou pelo menos num nível de fragmentação bem menor), de tal forma que sustentará a inovação, porque essa agora lhe passa pelas *entranhas*, e não porque alguém está a lhe cobrar externamente.

b) Saberes Disciplinares

Em relação ao domínio dos saberes disciplinares por parte dos coordenadores, encontramos duas tendências equivocadas: de um lado, os que se acomodam, valendo-se de sua "posição hierárquica" ou "em nome da democracia", e defendem que quem tem de entender de cada matéria é o professor respectivo, não se colocando o menor desafio de avanço na compreensão das diversas áreas do conhecimento. De outro lado, encontramos aqueles que vivem angustiados, querendo conhecer tudo de tudo, seja para controlar o trabalho dos professores, seja para tentar ajudá-los. São posicionamentos que precisam ser superados.

Entendemos que o supervisor deve ter uma sólida formação em termos de uma concepção de educação e de seus fundamentos (históricos, epistemológicos, pedagógicos, sociológicos, psicológicos, antropológicos) aliada a um conhecimento dos conceitos fundamentais de cada área do saber, bem como a uma cultura geral que lhe permite ter uma visão de totalidade da prática educativa. Assim, a coordenação pedagógica não precisa entender em profundidade de todas as áreas de conhecimento. A dificuldade de mudança em algum aspecto indicará a necessidade de uma formação mais concreta. Por exemplo: surge uma questão forte na alfabetização ou no ensino de ciências através da história dos conceitos, que o grupo por si não está dando conta; caberá à coordenação se capacitar para ajudar ou chamar alguém que possa fazê-lo.

Na linha da formação permanente, da mediação crítica, a intervenção da supervisão pedagógica centra-se cada vez mais na reflexão conjunta com o professor sobre sua prática (ajudando-o a identificar crenças, saberes ou teorias subjacentes), do que na transmissão de conhecimentos ou modelos de ensino (Oliveira, 1992, p. 15).

Em cada realidade escolar há a necessidade de um novo aprendizado. O coordenador vai se formando à medida que participa da reflexão sobre a prática, busca cursos de aperfeiçoamento, troca experiências, sendo que pode aprender o saber específico de cada disciplina nas relações que estabelece com os professores, da mesma forma que pode também dar sua contribuição na formação dos professores. Deve haver, portanto, uma verdadeira interação entre professor e supervisor, já que um necessita do saber do outro para fazer avançar o próprio trabalho.[66]

No processo de ensino-aprendizagem não existem regras exaustivas (que possam prever tudo), daí a necessidade de se manter a dialética entre o singular (o que é próprio de uma determinada situação ou pessoa), o particular (o que é comum a um conjunto de situações ou pessoas) e o universal (teorização, sistematização, generalização, abstração), sendo que, como decorrência dos papéis institucionais, o professor tem enquanto solicitação mais imediata o polo do singular (ou do particular), ao passo que o coordenador pedagógico, o polo do universal. Isolados, de pouco valem; articulados, provocam saltos qualitativos.

III. Condições Objetivas para a Ação Supervisora/Coordenadora

Analisamos até aqui as condições subjetivas da atividade da supervisão/coordenação. É preciso apontar também as exigências objetivas (materiais e políticas), uma vez que o coordenador é um ser concreto, atuando num contexto também concreto. Como vimos no

---

66. O coordenador precisa ter um certo domínio do objeto de conhecimento específico para poder ajudar o professor, assim como o professor precisa ter uma visão pedagógica mais ampla para desempenhar melhor sua função de educador.

Capítulo 2, são muitos os desafios nesse campo. Tendo como referência as exigências já colocadas em termos do conjunto da escola, vamos, neste momento, nos ater a algumas práticas objetivas que podem ajudar a coordenação na consolidação de uma educação emancipatória:

- Comprometer-se com a busca de melhores condições de trabalho na escola, tanto do ponto de vista Pedagógico, quanto Comunitário e Administrativo.

- Conquistar (e ocupar bem) o espaço de trabalho coletivo constante na escola. Um dos grandes entraves colocados pelos coordenadores é o tempo![67] A reunião pedagógica semanal pode ser a garantia de um tempo privilegiado. Este espaço é fundamental para a mudança da instituição.[68] A função de coordenação pedagógica pode ser distorcida quando ele falta: "Já as experiências em que a presença de coordenadores pedagógicos não se fez acompanhar de condições de trabalho conjunto entre pares, a tendência foi a burocratização da relação e um certo 'amarramento' do trabalho". (Muramoto, 1991, p. 41)

- Ter espaço para fazer acompanhamento individual (ou em pequeno grupo) e sistemático (por exemplo: a cada 15 dias) do professor. Ajudar a tomar consciência de sua prática e da teoria que pode estar subjacente.

- Biblioteca pedagógica na escola, para facilitar acesso do professor a livros, revistas, vídeos, sites, aplicativos voltados para sua formação. Dar um basta! à cultura do "xerox" (cópia de cópia; textos que sequer têm a fonte citada).

- Ter presente que o trabalho coletivo pode se dar em diferentes e articulados níveis: interior da escola, comunidade,[69] entre escolas da mesma região.

---

67. Não se pode deixar de levar em conta aqui a necessária adequação entre o quantitativo da equipe e o quantitativo de professores: é muito diferente fazer a coordenação de 20 ou de 100 professores!

68. Remetemos o leitor para o Capítulo 5 que trata exclusivamente dessa temática.

69. Quando existe comunidade escolar mobilizada, fica muito difícil as mudanças serem seguradas ou impedidas.

- Constituir grupo de formação entre os supervisores (por exemplo, por região, com reuniões mensais ou quinzenais).

- Organizar grupos de estudo, independentemente da escola, com educadores interessados. Esses grupos apresentam duas grandes vantagens: não há relação de hierarquia formal (todos estão na mesma condição de participantes, a coordenação é eleita livremente) e todos estão ali de espontânea vontade.[70]

- Empenhar-se interna e externamente à escola para diminuir a rotatividade dos professores, a fim de que possa se constituir efetivamente um grupo de trabalho na instituição.

- Lutar pela continuidade crítica das políticas educacionais.

---

70. Já apontamos antes que a liberdade é essencial para a efetiva aprendizagem.

5

TRABALHO COLETIVO:
a Reunião Pedagógica Semanal como Espaço de Gestão do Projeto e de Formação Contínua do Professor

I. Necessidade do Espaço

Vivemos numa sociedade que desagrega o homem nas suas várias dimensões: trabalho, relacionamento afetivo, consciência, visão política, família, religião. Sabemos que a fragmentação da vida e do saber fragiliza a pessoa, e é uma estratégia dos psicopatas que ocuparam o poder para a perpetuação da lógica desumana. Um dos macroprocessos mais perversos que se instalaram em nossa civilização é precisamente a divisão social do trabalho: uns pensam, decidem e ficam com os resultados; outros executam e recebem o mínimo para a sobrevivência. Temos de resgatar o valor do trabalho, já que a dimensão do trabalho humano vai desde a realização pessoal até a realização do bem comum.

Enquanto não houver uma mudança mais radical na forma de organização da sociedade, não sairemos totalmente da alienação, mas podemos combatê-la, criar espaços de desalienação, onde as pessoas possam tomar consciência e ter uma experiência alternativa de relacionamento (ainda que limitada). Os sujeitos vão sendo despertados para uma nova consciência pela convivência reflexiva, e isso permite a cada um assumir tarefas num nível cada vez mais profundo e crítico. Essa prática vai minando a corrente da alienação e prepara um movimento maior de mudança. A escola deve participar desse processo: uma nova estrutura, para favorecer a reagregação do homem, deve permitir o encontro, a reflexão, a ação sobre a realidade, numa práxis libertadora.

Embora valorizemos as diferentes formas de trabalho no interior da instituição de ensino, há uma que consideramos fundamental, uma vez que é a condição mesma para a concretização de uma prática transformadora. Trata-se do espaço de trabalho coletivo constante na escola ou, mais especificamente, da **reunião pedagógica semanal**.[1]

> A escola deve perder o medo burocrático de perder tempo. Parece que estudar é perder tempo. Qualquer instituição que necessita se inovar, para e pensa as possíveis mudanças. Por que a escola não pode parar para pensar as inovações necessárias?[2]

O imaginário do professor está muito marcado pelo individual: é cada um na sua sala de aula, na sua lida, no seu trabalho. O isolamento favorece o desajuste do professor face às mudanças que vêm ocorrendo na escola e na sociedade. "Trabalhadores que não se comunicam horizontalmente, para a reflexão de sua prática profissional, tendem a uma visão parcial, truncada, do processo de trabalho, perdendo a possibilidade de controle sobre este processo" (Muramoto, 1991, p. 41). Devemos considerar que o trabalho do professor tem uma dimensão

---

1. São múltiplas as denominações, dependendo da rede de ensino ou da escola: HTPC — Horário de Trabalho Pedagógico Coletivo, ATPC — Aula de Trabalho Pedagógico Coletivo, JEIF — Jornada Especial Integrada de Formação, HA — Hora Atividade, TD — Tempo de Dedicação etc.

2. M. Menegolla, *Revista Mundo Jovem*, set. 1986.

essencialmente coletiva: não é o único que atua na escola e o que faz não é para si, já que presta um serviço à comunidade. Além disso, o sujeito isolado, lutando por uma nova ideia, não vai muito longe. A reunião semanal é um momento especial para o resgate desse coletivo. "A prática educativa quando refletida coletivamente é a melhor fonte de ensinamento teórico e sobretudo de práticas mais comprometidas" (Arroyo, 1982, p. 106).

A reunião é fundamental para despertar e/ou enraizar a nova postura educativa. Na medida em que possibilita a unidade entre o sujeito da ação e o da reflexão, esse espaço é revolucionário (Garcia, 1999). Devemos nos empenhar para consegui-lo, pois dessa forma há condições para se criar na escola uma nova prática pedagógica e um novo relacionamento.[3]

II. Concepção do Espaço

Estamos concebendo as reuniões pedagógicas como espaço de reflexão crítica, coletiva e constante sobre a prática de sala de aula e da instituição (bem como de suas interfaces), nas quais pode se dar:

- Troca de experiências:
  - Partilha de dúvidas, inquietações, angústias. Descoberta: o problema não acontece só comigo!
  - Partilha de esperanças, práticas. Descoberta: o sonho de mudança não é só meu!
- Sistematização da própria prática; resgate do saber docente;
- Pesquisa: a partir da reflexão surge a necessidade do estudo, que é feito, então, tendo um significado, uma vez que corresponde a um problema localizado na realidade;

---

3. O testemunho dos professores que já vivenciam esta dinâmica de reuniões é claro: "A partir do momento que tivemos o horário coletivo semanal, foi possível concretizar vários projetos".

• Desenvolvimento da atitude de cooperação e corresponsabilidade;

• Elaboração de formas de intervenção pessoais (qualificadas pela reflexão conjunta) e/ou coletivas (possibilitando a integração entre diferentes áreas ou níveis);

• Avaliação do trabalho;

• (Re)Planejamento;

• Celebração (da vida, das conquistas do grupo).

Essa atividade favorece a consolidação de uma continuidade educativa (por possibilitar a superação das célebres justaposições ou rupturas no processo de ensino), bem como a formação de uma autêntica equipe de trabalho, dando maior coesão e interação, e não apenas o ajuntamento de profissionais que, por mais brilhantes que sejam, se não desenvolvem essa competência de trabalhar coletivamente, não garantem o processo emancipador. Perrenoud (2000, p. 80) faz uma interessante gradação dos tipos de partilha que podem ocorrer numa equipe: partilha de recursos, de ideias, de práticas e de alunos (no sentido de assumir junto a responsabilidade pela aprendizagem deles).

Em termos de estruturação, é desejável que a reunião tenha pelo menos duas horas por semana, com um horário fixo, estabelecido previamente em consenso com o grupo; deve contar com a participação dos professores de um determinado nível,[4] curso ou turno, além da equipe diretiva (coordenação/supervisão, orientação e direção), de tal forma que possam estar trabalhando juntos, tendo em vista enfrentar as necessidades da prática educativa. Sabemos que o ideal seria o professor trabalhar 40 horas semanais na escola (com um salário digno), das quais no máximo 20 seriam de aula. Estamos um tanto longe desse patamar; então, que tenhamos ao menos essas 2 horas semanais.[5]

---

4. E não de todos quando o grupo é grande, por dificultar o atendimento de necessidades específicas. As reuniões gerais podem ser mantidas, mas com periodicidade maior (bimestral, trimestral).

5. Em 2008 foi aprovada a chamada Lei do Piso (Lei n. 11.738, de 16 de julho de 2008), que estabeleceu o piso salarial profissional nacional para os profissionais do magistério público da

O que gostaríamos de destacar é a necessidade de se fazer o trabalho a partir dos **reais problemas** da escola — o que exige que seja feita uma problematização da realidade —, não caindo nas armadilhas, típicas da ideologia dominante, de:

1. Negação dos problemas (ilusão da inexistência);
2. Geração de falsos problemas (um dos grandes papéis da ideologia é justamente desviar a atenção do que é fundamental); ou
3. Introjeção da impotência (descrença na viabilidade de intervenção).

1. Gestão do Projeto

Para se construir e concretizar uma linha comum de atuação, um Projeto Político-Pedagógico, são necessárias algumas condições objetivas de trabalho, caso contrário, cai-se no idealismo: um conjunto de ideias bonitas, mas sem mediações para se colocar em ação. Entendemos que hoje, além da formação inicial e da urgente recuperação salarial, o espaço de trabalho coletivo sistemático é uma exigência essencial. Como vimos, são tantas as mudanças, são tantos os desafios colocados para os professores, que é preciso um tempo para refletir juntos. Quando as reuniões não são muito frequentes (por exemplo: mensais ou bimestrais), já sabemos o que acontece: acumulam-se tantos problemas, tantas coisas para serem discutidas e resolvidas,

---

educação básica, bem como estabeleceu que "na composição da jornada de trabalho, observar-se-á o limite máximo de 2/3 (dois terços) da carga horária para o desempenho das atividades de interação com os educandos". Essa composição da jornada representa um enorme avanço em termos de criação de condições de trabalho dos educadores. Todavia, dois problemas surgiram: o primeiro, é que vários Estados e Municípios até hoje não implantaram a jornada alegando falta de recursos. O segundo é que em várias realidades foi garantido o 1/3 da jornada para o professor para estudo, planejamento etc., mas não se garantiu o tempo coletivo, mantendo a fragmentação do trabalho na escola. Este problema também aparece no Ensino Superior: embora nas instituições públicas, de um modo geral, o professor seja contratado em regime de tempo integral e dedicação exclusiva, são raros os cursos que mantêm a reunião pedagógica semanal (ou mesmo quinzenal)!

que as pessoas desanimam. Esse espaço não é, pois, um "requinte"; é uma absoluta necessidade; sua inexistência dificulta muito qualquer mudança na escola. Sem ele, não se tem condições mínimas de criar algo coletivamente, de se assumir juntos um projeto. É lamentável, mas muitos dirigentes (sobretudo diretores e técnicos das secretarias da educação) entendem que o lugar do professor é dando aula e pronto; há uma mentalidade enraizada de que o professor tem de ficar na sala de aula, não se abrindo espaço para o estudo, para a articulação (e avanço) entre teoria e prática.

A ação cotidiana do professor, por seu caráter de urgência e complexidade, acaba impondo a necessidade de tomada de decisão imediata, sem tempo para uma reflexão mais apurada, ou mesmo induzindo a se ter práticas reiterativas, repetindo o que está dado. O espaço de parada para refletir o trabalho é fundamental para se perceber as eventuais contradições entre estas atitudes tomadas e as opções mais radicais.

Além da partilha das dificuldades encontradas no trabalho, tem grande relevância a colocação em comum de práticas de sucesso, pois podem despertar novas iniciativas e, em especial, mostrar que é possível mudar a realidade (efeito demonstrativo).

Um dos fatores que desanimam muito o professor é exatamente a ruptura do processo de planejamento: faz-se a "semana de plane-jamento" e depois vai cada um por si. Através do trabalho coletivo constante, é possível a revisão do projeto de ensino-aprendizagem, a negociação dos conteúdos com os colegas, de tal forma que não se fique preocupado com o que o outro professor vai dizer se, eventual-mente, não cumprir todo o programa.

A reunião pedagógica semanal, sendo um encontro para refletir crítica e coletivamente a prática, já é, por si, um exercício constante de avaliação por parte dos educadores (para ser coerente com a ava-liação processual em sala de aula), e um espaço singular para que os critérios de avaliação da aprendizagem sejam sempre rediscutidos, aclarados e concretizados. Como afirma Paulo Freire, "o autoritarismo tem um medo horrível da pergunta 'por quê?'" (1984, p. 48). Ao se perguntarem coletivamente pelos "porquês" de suas ações, certamente os educadores já estarão ajudando a enfrentar o autoritarismo tão presente na história da educação escolar brasileira.

2. Formação Contínua do Professor

A tarefa do professor é extremamente importante e complexa: deve estar preparado para exercê-la, ou melhor, considerando que a prática é dinâmica e aberta,[6] e que o professor não se propõe a realizar uma atividade mecânica e repetitiva, deve estar constantemente se qualificando para exercê-la. Tal qualificação, portanto, não se dá necessariamente *a priori*: pode se dar *antes* (reflexão para a ação), *durante* (reflexão na ação) e *após* a prática (reflexão sobre a ação e sobre a reflexão para e na ação). Mesmo quem saiu dos melhores centros universitários sabe que não domina tudo o que a atividade educativa exige, tendo necessidade de aprimoramento contínuo.

O professor também é um pesquisador: toda pesquisa tem origem num problema que o sujeito se coloca; ora, como sabemos, os desafios do cotidiano escolar são graves por demais; portanto, para enfrentá-los com competência, o educador precisa estar sempre estudando, lendo, buscando (não basta assistir um vídeo ou uma palestra de vez em quando). A escola não pode ser vista apenas como local de trabalho; deve ser ao mesmo tempo espaço de formação. É preciso investir prioritariamente na formação permanente e em serviço do professor, para que possa ter melhor compreensão do processo educacional, postura e métodos de trabalho mais apropriados. O trabalho coletivo constante é uma estratégia decisiva para isso.

Os estudos sobre a formação docente têm revelado que a grande referência para um professor em início de carreira são os colegas: tratam-se daqueles saberes que são passados informalmente, diante das

---

6. *"Um homem jamais se banha duas vezes no mesmo rio"* (Heráclito, Fragmento 91).

dificuldades que o neófito vai expressando e os mais experientes vão dando "dicas". O problema é que essas dicas ficam por aí; não sendo tematizadas e discutidas, dois problemas ocorrem: a) são perdidas do ponto de vista de uma possível socialização e sistematização; b) podem conter equívocos que vão dificultar o processo de mudança da prática do professor e da escola. Temos aqui um campo extremamente propício para a atuação da coordenação pedagógica: o trabalho com os novos docentes.

A reunião é um espaço privilegiado para o resgate do saber de mediação do professor, qual seja, a mediação que o docente faz entre os saberes das ciências de referência com as quais trabalha e os saberes pedagógicos (o saber-fazer do cotidiano da sala de aula). Todavia, o saber do professor tem também outra referência: sua prática refletida, que vai além do modelo clássico Teoria⇨Prática, no qual o professor, durante sua formação, aprenderia conceitos gerais e abstratos que trataria depois de traduzir em práticas concretas. Objetivamente, existe um saber do professor acumulado na sua experiência que precisa ser resgatado; a tarefa é de fazer a *epistemologia da prática* (Schön, 1992). Muitas vezes, este saber morre com ele, pois não há oportunidade para ser elaborado, partilhado. Na reflexão coletiva sobre a prática, o professor tem a possibilidade (através do registrar, explicitar, sistematizar, criticar e socializar) de tomar consciência desse saber que possui, mas que comumente não se apercebe. "O diálogo entre os professores é fundamental para consolidar saberes emergentes da prática profissional" (Nóvoa, 1992, p. 26). Negar esse espaço de trabalho na escola é contribuir para o desperdício da cultura pedagógica desenvolvida, para a mera justaposição de saberes (práticos e acadêmicos), e para o reforço da dicotomia teoria-prática, além de ser uma forma de negar o saber (e o poder) do professor. "A troca de experiências e a partilha de saberes consolidam espaços de formação mútua, nos quais cada professor é chamado a desempenhar, simultaneamente, o papel de formador e de formando" (Nóvoa, 1992, p. 26). O exercício da *memória e narração* (Linhares, 1999, p. 82; Bruner, 2001) é uma forma de construção de identidade e da condição de sujeito. A tarefa de desvelar o entendimento tácito, a teoria subjacente[7] à sua prática (seja ela de origem acadêmica ou prática) é da maior importância, pois somente pela tomada de consciência será possível fazê-la avançar, superar seus limites e explorar ainda mais suas possibilidades.

Por outro lado, as reuniões podem ainda se tornar um momento para partilha de saberes específicos das várias áreas de conhecimento: os professores de Literatura, por exemplo, poderiam socializar com colegas suas leituras de grandes obras, os grandes personagens (Ulisses, Fausto etc.), as grandes narrativas, os mitos; analogamente, os colegas da área de Matemática poderiam propiciar uma aproximação prazerosa a essa matéria (que muitos detestam justamente por não terem tido essa oportunidade); enfim, fazer da reunião um espaço de formação cultural, que favorece tanto o fruir epistêmico e estético quanto a melhor capacitação para decifrar o mundo que nos cerca.

3. Construção da Práxis

Nas reuniões pedagógicas, a proposta, como apontamos, é ter a prática como referência, fazer uma reflexão sobre ela, de maneira mais próxima e particularizada, tendo em vista a intervenção (pesquisa--ação). A rigor, trata-se de buscar a **práxis**: estabelecer o processo de Ação⇔Reflexão (estudos relacionados a problemas, metas, projetos de ação, aliados a intervenções pautadas pelas reflexões, que geram novas temáticas para estudo, e assim por diante). Devemos admitir que construir a práxis não é tarefa fácil, visto que há sempre o risco de romper a dialética entre ação e reflexão, caindo num polo ou noutro.

Quando se fala da necessidade de estudar, pensa-se muitas vezes em livros, artigos. Isso é relevante; no entanto, podemos cair nos "belos", porém inócuos, discursos, nas infindáveis elucubrações acadêmicas em nome de uma vaga possibilidade de aplicação no

---

7. Como vimos no capítulo anterior.

futuro. Resolve-se estudar Piaget (1896-1980): passam-se reuniões intermináveis estudando, estudando, sem se fazer qualquer relação com a prática. É certo que temos de estudar, mas por que não estudar, antes de mais nada, a própria prática? Por que não tornar a nossa prática objeto de conhecimento? "Pensar a prática é a melhor maneira de pensar certo" (Freire, 1981a, p. 11). Para isso, é preciso o registro da caminhada: registrar vivências, dúvidas, descobertas, hipóteses, visando a retomada no processo de partilha e reflexão. O significado do estudo para o grupo é muito diferente quando se propõe estudar genericamente a obra de Piaget ou quando alguém do grupo, por exemplo, diante dos desafios com a indisciplina, lembra de um texto do livro *Julgamento Moral na Criança*, no qual ele fala da sanção por reciprocidade, o que poderia ajudar a enfrentar a situação disciplinar em questão. "A leitura do mundo precede a leitura da palavra, daí que a posterior leitura desta não possa prescindir da continuidade da leitura daquele. Linguagem e realidade se prendem dinamicamente" (Freire, 1983b, p. 11).

Ter a prática como objeto, contudo, não pode significar uma "feira" de relatos de experiências, onde um fala, outro fala, mas não há confronto das práticas, entre si e com o referencial da escola, em que nada é sistematizado. A prática pela prática não nos leva muito longe. É preciso que seja atravessada pela visão crítica. O processo de mudança da realidade exige a prática (o que muda a realidade é a ação), bem como a reflexão sobre ela (uma vez que não é qualquer ação que produz a mudança que desejamos). O foco principal do estudo deve ser, pois, a prática objetiva do grupo. Os textos, os livros, devem ser buscados para ajudar a decifrar a realidade, para mudá-la, e não o contrário: querer primeiro se preparar, ter "toda clareza teórica", para só depois partir para a prática. É evidente que devemos procurar nos preparar da melhor maneira possível para introduzir alguma mudança, mas de muita coisa só teremos real clareza depois de tentar colocar em prática e refletir sobre tal.

O núcleo do trabalho na reunião pedagógica, portanto, é a prática transformadora, ou seja, o tempo todo, mesmo quando da necessidade de recorrer a estudos mais sistematizados, a referência e o horizonte é a prática (ponto de partida e de chegada da reflexão).

Fazer do trabalho coletivo um espaço de práxis é tarefa árdua; por isso deve haver parceria entre equipe e professores na sua construção.

4. Exigências

É preciso considerar que a reunião só tem sentido se os educadores e a escola estiverem em busca de concretização de uma proposta, se houver um compromisso com uma utopia, um desejo, um projeto. "Estudar é uma forma de reinventar, de recriar, de reescrever — tarefa de sujeito e não de objeto" (Freire, 1981a, p. 10). A estruturação das reuniões deve corresponder a um desejo, a uma necessidade do grupo, para não ser algo meramente formal. O embate, portanto, vai em duas direções:

* Conquistar o espaço para a reunião semanal;
* Ocupar bem o espaço conquistado.

A instituição que não valoriza esse espaço é porque, via de regra, não optou ainda efetivamente por um planejamento participativo. Num certo sentido, podemos dizer que o trabalho coletivo é *parte constituinte do método* de trabalho na perspectiva dialética-libertadora.

Costuma aparecer aqui o argumento de que não é possível reunir os professores, pois trabalham em várias escolas. De fato, se as reuniões ocorrerem esporadicamente, o professor não poderá reservar aquele horário; mas, na nossa proposta, as reuniões são sistemáticas e, obviamente, devidamente remuneradas e incorporadas no salário, fazendo parte do contrato do professor. Assim, ele pode prever aquele espaço como horário normal de trabalho; com o tempo, participar da reunião passa ser não só um direito docente como uma exigência institucional. No processo de implantação, serão necessários o compromisso e a negociação, com bastante antecedência, do horário, para que todos possam se programar.

Para não se criar um fosso enorme entre a reflexão e as condições para se colocar em prática, o que, paulatinamente, levaria ao descrédito, as reuniões devem ser acompanhadas por uma dinâmica gerencial-administrativa coerente com o processo de transformação com o qual se está comprometido.

III. Possíveis Equívocos

Queremos enfatizar que não basta ter o espaço de reunião. Ele deve ser bem utilizado. Caso contrário, em pouco tempo esvazia-se, torna-se mais uma rotina burocrática. Uma das coisas que aniquilam as reuniões pedagógicas semanais é o formalismo. A escola consegue o espaço, mas este vai se tornando maçante, muito descolado do cotidiano e das questões que estão a afligir os professores.

Existem queixas dos professores no sentido de que as reuniões, em alguns contextos, não são bem preparadas, se tornam burocráticas, espaços para "avisos" (que poderiam muito bem ser feitos em outro lugar e momento), para a direção fazer cobranças ou "dar sermão", para "eterno" estudo (textos totalmente desvinculados da prática), nunca se concluindo nada ou ainda para coordenação dizer "o que deve ser feito" (imposição de procedimentos). Dessa forma, professores passam a não querer participar ou ficam presentes só fisicamente. Por outro lado, as queixas de coordenadores também são contundentes: professores faltam às reuniões, assumem outros compromissos justamente no horário (ir ao médico, levar filho ao dentista etc.), não se preparam para as mesmas (por exemplo, não elaboram o que foi combinado ou não leem o texto — pertinente — previsto), vão para a reunião como vieram ao mundo (sem material para escrever, para anotar), com postura passiva: omitem-se nas discussões, cruzam os braços e ficam só olhando, não dizendo uma palavra para contribuir, nem para discordar ou propor alguma mudança, e saem dizendo: "Ah, hoje eu gostei da reunião"; "Hoje não gostei", e ainda não assumindo aquilo que foi decidido coletivamente.[8] Acabam agindo de forma análoga ao que tanto criticam nos alunos em sala de aula: desinteresse, apatia.[9]

O que é, então, *ser bem utilizado*? Significa que deve satisfazer as necessidades reais do grupo, tendo como referência o Projeto Político-Pedagógico. Dizemos necessidades reais porque, muitas vezes, em função das solicitações da sociedade, estamos envolvidos por todos os lados pela alienação,[10] o que demanda atenção e empenho mútuo para acordarmos. Não há um portador "por excelência" das necessidades reais do grupo; ora esse portador pode ser o coordenador pedagógico, ora o professor, ora o aluno, ora o diretor, ora os pais etc.

No início, os espaços coletivos em muitas escolas ficam marcados pela *catarse*: momento de descarregar as mágoas e frustrações. Isso tem seu lugar: só o fato de saber que outros colegas têm problemas semelhantes, já é um alívio. Todavia, não se pode parar aí: é preciso avançar, analisar criticamente a realidade, estabelecer objetivos e estratégias de intervenção.

A postura defensiva de alguns educadores na linha do "já sabemos", "já chegamos lá", deve ser superada pela perspectiva de autoavaliação (ser capaz de identificar também os limites e contradições) e de aproximações sucessivas, tanto da teoria quanto da prática.

Algumas instituições costumam fazer reunião periódica por área. Se já existe a geral, não vemos problema; pelo contrário, o trabalho fica muito mais articulado. Porém, no caso de a instituição não ter ainda a

---

8. Há professores que definitivamente não despertaram para a importância desse espaço: "Eu preferiria estar na sala de aula". Temos relatos sobre professores que simplesmente ficam lendo jornal ou revista durante a reunião, ou se distraindo com algum joguinho ou rede social no celular; alguns chegam a dormir...

9. Diante de escolas que ocupavam tão mal o espaço, educadores ressignificaram o HTP (horário de trabalho pedagógico) como *horário de tempo perdido* (Garcia, 1995).

10. Por exemplo: usar as reuniões para ficar estudando cada novo modismo pedagógico que aparece.

geral, consideramos que deveria investir primeiro nessa para depois complementar pela de área. Quando só há a de área, o trabalho tende a ficar empobrecido e fragmentado, pela falta de visão do todo, pela dificuldade de integração ou a efetivação da interdisciplinaridade. Estando os professores reunidos por nível, é possível fazer reunião por área, por ano, nível, de acordo com a necessidade (é comum até uma previsão mínima em calendário de algumas modalidades de reunião).

Outras instituições organizam a reunião de forma que numa semana ela é de responsabilidade da direção, noutra da supervisão, noutra da orientação, noutra ainda dos professores. O resultado é lamentável: fragmentação, falta de continuidade, formalismo. Nesse contexto, passa a ser comum a busca de "textos para reunião" ou dinâmicas "diferentes", sem qualquer vínculo orgânico com a caminhada que o coletivo vem fazendo (ou que poderia fazer se as reuniões fossem bem aproveitadas). Entendemos que a coordenação das reuniões pedagógicas é tarefa da supervisão/coordenação pedagógica, naturalmente integrada aos demais serviços e segmentos da escola, sempre de acordo com as necessidades do grupo.

IV. Forma de Participação na Reunião

A participação na reunião pedagógica não pode ser passiva. Isso implica, basicamente, o envolvimento de cada um e de todos antes, durante e após a reunião:

1. Antes da Reunião

a) Participar na definição da pauta, não perdendo de vista que a referência deve ser as necessidades vindas da prática.

b) Preparar-se para o encontro, através das tarefas previstas (pesquisa da prática, registro, leitura).

2. Durante a Reunião

a) Acompanhar atentamente as reflexões, relatos, discussões.

b) Assumir as dúvidas (toda dúvida é legítima); se as dúvidas não forem explicitadas e enfrentadas, a tendência do sujeito será de distanciar-se do debate ou estudo, por falta de envolvimento. Seria pertinente lembrar que nas Ciências Humanas e na Filosofia as questões "elementares" é que movem o avanço. Por exemplo, as perguntas: "Quem é o homem?", "Qual o sentido da vida?" ou "Como se dá o Conhecimento", são tão antigas, mas ao mesmo tempo deveras atuais. No caso da escola, não podemos nos furtar de perguntas do tipo: "O que é mesmo Educação Libertadora?", "O que é mesmo Construtivismo?", "Qual é mesmo a finalidade da escola?" etc.

c) Expressar-se; o grupo pode ser boicotado por alguém que fala demais (por dificultar o fluxo da comunicação) ou por alguém que fala de menos (por deixar de dar sua contribuição).

d) Para que a reunião se dê de forma adequada é importante:

- A abertura dos participantes para colocarem suas práticas;
- O respeito pelo colega que está se expondo. O grupo deve desenvolver a capacidade de tolerância para com a diferença;
- Ter em vista que o que estamos buscando é uma teoria que oriente a todos (o ponto de partida pode ser particular, como recurso metodológico para facilitar a concretude — dialética particular-universal). Buscar a sistematização;
- Seria bom lembrar que quem não está concordando, mas joga limpo, é sincero, pode ajudar o grupo, levando-o a fundamentar melhor suas ideias ou propostas.

e) Cada membro do grupo deve procurar registrar as diversas colocações que estão sendo feitas; isso ajuda a ter uma participação mais ativa, a ter condições de acompanhar melhor o desenvolvimento da reunião, além de poder dispor da memória do encontro. O registro pode ser feito de acordo com o estilo de cada um:

transcrever o que está ouvindo, registrar palavras-chave, fazer esquemas, desenhos. Registrar também as decisões tomadas.

f) Embora caiba à supervisão a coordenação das reuniões pedagógicas, a "disciplina" (pauta, organização, participação) dos encontros não pode ficar "nas costas" dela. Compete ao grupo assumir junto. Cada membro do grupo deve se sentir convidado a atuar como coordenador emergencial (animador cultural — Faundez, 1986), alertando o grupo quando se está desviando do assunto, quando alguém está monopolizando a palavra, o assunto está "patinando". Os participantes devem procurar ser objetivos nas colocações; ter cuidado para não ficar falando, falando, falando sem dizer algo que de fato seja significativo para aquele momento.[11] Se não está conseguindo dizer o que quer, parar, organizar as ideias e retomar posteriormente. Ninguém deve se sentir ofendido por isso, pois estamos num processo de aprendizado de participação coletiva.

É interessante também aproveitar os episódios, as situações de conflito que surgem na reunião e que envolvem autoridade, disciplina, para refletir sobre a prática de sala de aula. Certos professores, por exemplo, marcados por uma visão escolanovista ou crítico-reprodutivista, veem com muita desconfiança qualquer tentativa de organização ou coordenação das discussões, decodificando tal comportamento como autoritário; não assumem a liderança e criticam quem assume; se ninguém assume, a queixa é de que a reunião não foi produtiva. Na verdade, isso está espelhando algo mais profundo que é a própria questão do papel do professor em sala de aula, merecendo, portanto, ser apontada e colocada em análise.

3. Após a Reunião

a) Retomar os registros e buscar uma síntese pessoal: "Disso tudo, o que ficou para mim?". Podem ter ficado conclusões ou questões

---

11. Como se diz no popular: tomar um chá de "semancol", ligar o desconfiômetro.

sobre as quais deveremos "assumir a paternidade" e expor na próxima reunião.

b) Uma exigência para garantir o vigor das reuniões e qualificar o trabalho coletivo, através da sistematização das reflexões e da memória da caminhada (individual, grupal e institucional), é o registro: o que foi estudado ou refletido, a que conclusões se chegou, que decisões foram tomadas, que questões ficaram para serem retomadas, qual a pauta prevista para a próxima reunião. Isso não significa longos relatórios (ou "atas" formais), mas a história da trajetória do grupo. Quando falta esse registro, o grupo costuma ter uma sensação (que, com frequência, não é só sensação) de que não se avança, de que se volta sempre para as mesmas questões, de que decisões sobre determinados assuntos já foram tomadas e não tiveram consequências, de que não adianta falar. O ideal é que o relatório possa ser assumido por todos os membros do grupo. Numa primeira fase, no entanto, a coordenação pode assumir essa tarefa, possibilitando a percepção de seu valor. Os professores ficam muito gratificados quando se reconhecem naquilo que foi registrado; percebem que suas falas não ficaram como palavras *soltas ao ar*, mas passam a ser *conteúdo* da reunião, na medida em que são devolvidas para serem analisadas. Com isso, se dão conta de que estão fazendo teoria e, mais do que isto, história!

6

O CURRÍCULO ORGANIZADO EM CICLOS DE FORMAÇÃO

Introdução

O drama da realidade escolar cotidiana faz com que os professores se coloquem cada vez mais fortemente: "O que fazer amanhã em sala?". Essa pergunta é da maior importância e deve ser respeitada, e enfrentada. Todavia, existem riscos no entorno de sua resposta. De um lado, há a tentação dos modismos, das saídas mágicas, das soluções fáceis, das promessas milagrosas, consubstanciadas seja num novo método *infalível*, num *revolucionário* material didático, num recurso tecnológico *novíssimo*. De outro, e já fazendo conexão com a nossa temática, há o perigo de o professor não perceber o quanto a sua prática na "segunda-feira" tem a ver com a organização da escola como um todo, com a distribuição dos tempos, dos espaços, dos recursos, portanto, com o currículo.[1] Muitas vezes, na busca de alternativas, são

---

1. Naturalmente, podemos ter vários níveis de definição curricular (nacional, estadual, municipal, de um conjunto de escolas de uma mesma mantenedora, etc.). Aqui estamos enfocando o nível básico que é o da instituição de ensino.

abordadas questões *macro* (sociedade, sistema de ensino, comunidade) e *micro* (conteúdos, metodologia, avaliação em sala de aula); porém essa dimensão *meso* é negligenciada.[2] Podemos ilustrar: entre os professores que estão empenhados na mudança da prática é comum a denúncia relativa à fragmentação do ensino. Ora, uma das alternativas seria um mesmo professor ficar um tempo maior com os alunos, ou dois (ou mais) professores atuarem juntos em sala de aula. Mal terminamos de enunciar tal possibilidade e já nos deparamos com objeções muito concretas: o contrato de trabalho dos professores, a grade de horário das aulas, a carga horária exigida pela legislação etc. (sem contar ainda o grave problema da falta de formação do professor para tal tipo de trabalho). Tudo isso faz parte da configuração do currículo. Portanto, pensar em alteração curricular implica que, no limite, também sejam pensadas alterações nesses domínios.

No presente ensaio, nos deteremos mais num aspecto da questão curricular: sua dimensão estrutural. Nossa motivação de fundo é buscar uma forma em que a escola cumpra sua função social de propiciar a efetiva aprendizagem, desenvolvimento humano e alegria crítica (*docta gaudium*) por parte de **todos** os alunos.

I. Sobre o Conceito de Currículo

A prática educativa escolar dependerá, em grande medida, da concepção de currículo que se tem, em função das repercussões bem concretas de tal representação na organização do trabalho pedagógico. Ocorre que o conceito de currículo não é de simples formulação. Da visão restrita de uma lista de conteúdos que imperou até os anos 60 do século XX, chegou-se a uma compreensão de que "currículo é tudo"; ora, quando é tudo, pode ser nada... Por outro lado, a especulação

---

2. Na dimensão *meso* podemos localizar basicamente o Projeto Político-Pedagógico da instituição e o seu currículo; neste momento, vai nos interessar mais a análise da questão curricular, mas que, como veremos, não pode ser dissociada do projeto.

curricular acabou por *privilegiar o refinamento de conceitos, categorias e metáforas, secundarizando a apresentação de proposições passíveis de materialização nas escolas* (Moreira, 2000, p. 61).[3] Alguns autores chegam mesmo a entender que, dado o grau de dispersão, a teoria curricular já teria deixado de existir. Todavia, na esfera escolar, há atualmente uma presença bastante significativa das questões curriculares: base nacional comum curricular, diretrizes, transversalidade, diversidade, novas propostas das redes de ensino. Os professores estão sendo constantemente confrontados com estas realidades, seja através de programas governamentais, publicações (livros e revistas que abordam a temática), programas de capacitação das mantenedoras, e até mesmo através dos livros didáticos que procuram se adaptar às novas tendências. É preciso, pois, uma reaproximação entre a reflexão e a prática, a fim de propiciar uma formação crítica do professor também neste campo.

Entendemos que aquelas preocupações clássicas na área do currículo (necessidades, objetivos educacionais, seleção, organização e distribuição dos conteúdos, metodologias, relacionamentos, avaliação) não podem ser menosprezadas, até porque, no cotidiano da escola, de uma forma ou de outra, são elas que acabam funcionando como a espinha de sustentação do trabalho docente. Por outro lado, precisam ser ampliadas. Não se pode conceber contemporaneamente uma reflexão sobre currículo que não leve em conta a questão do "currículo oculto" (aquilo que efetivamente acontece na escola, embora não tenha sido planejado, e que, amiúde, sequer é admitido pela instituição), das diversidades dos sujeitos (culturais, étnicas, de gênero), do gradiente entre as proposições e as práticas (o limite da teoria, do planejado; o descompasso entre o desejado e o realizado; a influência da cultura escolar). Deve tratar-se de um processo de superação por incorporação e não de simples negação. Assim, por exemplo, a questão de saber que conhecimento deve ser ensinado nas escolas continua sendo nuclear

---

3. Basta ver, por exemplo, a grande presença neste campo teórico dos sociólogos da educação em detrimento dos pedagogos.

(Moreira, 2000, p. 70; Silva, 1999, p. 14). A diferença de abordagem em relação às teorias tradicionais está em que, na concepção crítica, se reconhece que o currículo é uma questão política, não "neutra", uma vez que toda proposta supõe sempre escolhas, determinados recortes (do incomensurável patrimônio cultural da humanidade, onde focar? o que selecionar? como organizar?), nos quais estão presentes interesses, coeficientes de poder, em busca de hegemonia. Portanto, é preciso explicitar este subtexto e debater abertamente. Além disso, a própria visão de conteúdo se amplia; hoje, fala-se dos conteúdos conceituais, mas também se dá ênfase aos procedimentais e atitudinais,[4] das habilidades e competências.

Todo processo de educação escolar, por ser intencional e sistemático, implica a elaboração e realização (incluindo aí a avaliação) de um programa de experiências pedagógicas a serem vivenciadas em sala de aula e na escola. Estamos entendendo por currículo esse conjunto de atividades. Currículo vem do latim *curriculum* (do verbo *currere* = correr). Refere-se tanto à proposta feita pela instituição, quanto ao caminho, ao trajeto que o discente *percorre* no período de sua formação escolar. Ao invés de ser pensado como uma *pista de corrida*, onde o percurso já está prévia e definitivamente estabelecido, cabendo pouquíssimas opções[5] (Doll, 1997, p. 20), entendê-lo como um caminho, uma jornada, que tem referências, mapas, mas sempre admite mudanças, atalhos, alterações significativas de rotas; daí advém o sabor da aventura do conhecimento. O caminho que efetivamente será percorrido dependerá, pois, dos sujeitos (em especial, alunos e professores), do objeto de estudo e do contexto. Tal perspectiva está bastante distante daquele sonho de certos administradores que buscam um currículo "à prova" de alunos, professores e realidade, qual seja, que seria desenvolvido com eles ou apesar deles.[6]

---

4. Isso não é novidade, porém agora perece haver um espaço maior para sua efetivação.

5. Se será percorrido num sentido ou noutro, se será percorrido na totalidade ou em parte.

6. Determinados gestores têm prazer em afirmar que, naquele momento, todos os alunos de determinado ano estão estudando exatamente determinado conteúdo, em qualquer uma de suas unidades de ensino...

O currículo é um meio de atribuição de sentido às diversas atividades realizadas no interior da escola: tomadas isoladamente, essas atividades poderiam parecer aleatórias, mas vistas na relação com o todo, com a intencionalidade educativa, ganham significação.

Autonomia Curricular

As propostas curriculares, muitas vezes, são feitas pelos sistemas de educação estaduais ou redes municipais, e dão origem aos "Documentos Curriculares" (propostas, guias, referenciais, diretrizes), que, em princípio, deveriam ser apenas uma orientação para as diversas escolas, mas que na prática acabam sendo entendidos[7] como "programa oficial", que "tem que" ser dado. Aqui pode haver uma sutil armadilha: cria-se um fato (publicação de uma proposta, por exemplo) e, a partir daí, por falta de exercício crítico, os educadores aceitam a prescrição exterior e passam a buscar como se habilitar para a nova exigência, sem colocarem, em momento algum, sob suspeita o fato, sua validade e pertinência.[8]

Do ponto de vista de uma teoria educativa crítica, há clareza de que o Projeto Político-Pedagógico e a Proposta Curricular é que devem balizar a prática avaliativa; no entanto, na história de muitos sistemas, o que vem se dando é justo o contrário, de maneira a provocar uma grave distorção. "A avaliação como determinante do currículo é percebida, quase que inevitavelmente, como um retorno envolto em um discurso sofisticado às práticas da inspeção tradicional, que colocavam a escola em um estado de alerta permanente em face da iminência da

---

7. Até porque frequentemente são cobrados dessa forma. Ver questão das avaliações de sistema (tipo Saeb — Sistema de Avaliação da Educação Básica; Enem — Exame Nacional do Ensino Médio; Enade — Exame Nacional do Desempenho de Estudantes): os conteúdos dos documentos são tomados como critério de avaliação nas instituições de ensino.

8. O consumismo pedagógico em torno dos modismos é um indicador disso: "é preciso saber" do tal assunto novo que está a circular no meio educacional.

visita do inspetor" (Silva Jr., 1999, p. 230). Estabelece-se, pois, uma contradição entre o discurso (autonomia da escola) e a prática (política de avaliação) oficiais. Não podemos sucumbir a isso. Não se trata de tarefa fácil, visto se colocar na perspectiva contra-hegemônica, mas fundamental para romper o paradigma da regulação autoritária em direção ao da emancipação (Santos, 2000, p. 79). Dessa forma, mesmo no caso de existirem propostas gerais — como a BNCC (Base Nacional Comum Curricular — MEC) — e exigências formais — como acontece com a avaliação de sistema —, é da maior importância que a escola se fortaleça, resista, e elabore o seu currículo, dialogando criticamente com as orientações e cobranças, tendo como referência básica a realidade concreta em que se encontra, fazendo suas opções e assumindo seus compromissos. O movimento de conquista da autonomia da escola deve se efetivar também no campo curricular.

II. Dimensão Estrutural do Currículo

A concepção tradicional de currículo, por não problematizar as opções feitas, o recorte de ofertas estabelecido (*o quê*),[9] passa a empenhar-se nas questões técnicas, de organização e operacionalização (*como*), que são autonomizadas e discutidas "em si". Na perspectiva crítica, ao contrário, a forma de se organizar o trabalho está estreitamente vinculada à intencionalidade educativa. Assim, a partir de uma opção por um determinado horizonte formativo, busca-se a melhor forma de organizar as experiências escolares; a relação meios/fins, forma-intencionalidade é sempre posta em questão. Nessa medida é que entra em pauta a estruturação curricular, a questão da distribuição das experiências no tempo e no espaço. Insistindo: abordaremos a estrutura do currículo não como uma simples questão técnica, mas como uma necessária condição para efetivar uma nova intencionalidade: a

---

9. Que tem subjacente o *por quê* e o *para quê*.

garantia do direito à educação de qualidade, a possibilidade de real aprendizagem (e desenvolvimento) de todos os alunos.

Em termos estruturais, o currículo pode ser organizado, basicamente, em dois grandes modelos:

- Seriação
- Ciclos

A estrutura seriada é bastante conhecida: um determinado conjunto de conhecimentos deve ser transmitido durante o ano letivo, sendo que, ao seu final, os alunos são avaliados para se saber quem *tem condições* de prosseguir no ano seguinte; considerando que os conteúdos do ano seguinte serão rigidamente trabalhados de acordo com o preestabelecido, a avaliação deve ser "rigorosa", ou, mais precisamente, classificatória e excludente.

Sob a influência do industrialismo, no início do século XX, essa concepção curricular foi fortemente marcada pelo modelo da linha de produção, sendo comum entre os autores que na época tratavam a temática a aproximação com a rotina da fábrica. Os tempos tão fragmentados das aulas (35 a 45 minutos), por exemplo, têm sua justificativa na *teoria científica da administração* de Taylor (1856-1915).[10] A busca obcecada de eficiência e padronização faz da mensuração sua estratégia central. Essa *avaliação* se dará em termos do desvio de uma norma ou padrão estaticamente estabelecido; tal prática é possível porque o sistema é fechado, com fins estritamente predeterminados. Fica clara aqui a articulação intrínseca entre currículo, sua organização seriada e a avaliação seletiva: esta é condição para o bom funcionamento daquela; a estrutura daquela permite a realização desta. Seria proveitoso perceber como esta lógica interna à escola é respaldada pela externa, através das avaliações de sistema, como apontamos antes.

A preocupação, o tempo todo, é com a manutenção e preservação da estrutura (tida, em si, como boa, afinal: "Sempre foi assim", "Todo

---

10. Até hoje temos escolas onde o sinal para a troca de aulas ou recreio é dado por uma sirene, como nas fábricas.

mundo faz assim", "Fizeram assim comigo")[11], e não com os alunos! Tal estrutura é, portanto, elitista, autoritária, opressiva. Está baseada no paradigma cartesiano-newtoniano, de cunho positivista e simplista (determinismo, relação linear de causa e efeito). Do ponto de vista epistemológico, em termos de relação conhecimento-realidade, a seriação se pauta na tendência dicotômica de cunho academicista, uma vez que se privilegia um conjunto de saberes (considerados prontos, inquestionáveis e que têm finalidade neles mesmos),[12] independentemente da realidade que se vai trabalhar. Referencia-se, pois, na razão instrumental, no conhecimento-regulação, que vai determinar muito precisamente a "ordem": as grades curriculares, as disciplinas, as cargas horárias, as temáticas. É interessante ainda observar que para além do discurso da necessidade de "saberes indispensáveis" para a formação do aluno,[13] o que acaba imperando na definição dos conteúdos é a indústria do livro didático ou das apostilas de grandes redes de ensino.[14] Portanto, a organização seriada tem implicações políticas e epistemológicas muito sérias.

Os Ciclos de Formação como Superação Estrutural

Como enfrentar essa lógica perversa do currículo? Entendemos que a questão decisiva está na criação de uma nova cultura escolar, o que demanda a disponibilidade de novas ferramentas culturais,

---

11. A primeira e a segunda afirmações não correspondem à verdade: ao longo da história e atualmente existem escolas que fizeram e fazem diferente. Já a terceira ("Fizeram assim comigo"), normalmente é verdade: em levantamentos feitos com professores em formação continuada, em média, apenas 1% (um por cento) estudou em alguma escola diferente, alternativa, inovadora. Portanto, 99% estudaram no mesmo modelo de escola que *naturalmente* reproduzem.

12. Devem ser aprendidos porque são saberes "em si mesmos" importantes ou porque preparam para outros saberes (também relevantes "em si").

13. Saberes estes estabelecidos, por exemplo, na década de 1920, na América do Norte, por Bobbitt, a partir da visão do déficit: a deficiência, revelada por uma avaliação, de um aluno em relação aos saberes necessários para um trabalhador de 50 anos. (Doll, 1997, p. 65).

14. Que, como se sabe, representa um filão altamente promissor para o mercado editorial.

sejam materiais ou simbólicas (Bruner, 2001, p. 17), artefatos ou *mentefatos* (D'Ambrosio, 1989, p. 48). Passa, portanto, pela mudança de postura dos educadores, pelo resgatar o vínculo do ensino com a promoção da vida (e não mais da morte), bem como pela alteração, na mesma direção, dos fatores objetivos estruturais, até porque a mudança de postura (esfera subjetiva) depende sobremaneira disso. Quando fazemos mudanças pontuais, ficamos na dependência da boa vontade de cada sujeito colocar ou não em prática; ao contrário, quando conseguimos mudanças estruturais, a própria dinâmica do meio já favorece um outro tipo de prática, embora tendo clareza de que nada garante absolutamente, pois há sempre o espaço de opção do sujeito.

Os Ciclos de Formação, enquanto uma nova estética curricular, podem ser uma dessas formas de ajudar no desenvolvimento de uma nova cultura institucional, uma vez que colocam em xeque a estrutura alienada, seriada e classificatória da escola, e abrem espaço para o desenvolvimento da criatividade, para *novos possíveis* da práxis educacional.

III. Ciclos de Formação: Origem e Conceito

A proposta de Ciclos, ao que nos consta, foi explicitada pela primeira vez em 1945 no chamado *Plano de Reforma Langevin-Wallon*; tratava-se de um projeto que começou a ser gestado antes do fim da 2ª grande guerra por núcleos de resistência, dos quais Henri Wallon (1879-1962) teve participação muito significativa. Foi preparado por uma comissão criada pelo Ministério da Educação sob a direção de Paul Langevin e, após sua morte, de Wallon. O projeto estava engajado na tarefa de reconstrução social no pós-guerra e visava a reformulação do sistema francês de ensino; foi apresentado à Assembleia Nacional em 1947, mas nunca chegou a ser aprovado, influenciando, todavia, mudanças posteriores no sistema educacional.

A grande motivação de Wallon era justamente a questão da justiça social, partindo da percepção de que a educação escolar não estava desvinculada do modelo de sociedade, e se desejássemos uma sociedade diferente, deveríamos ter uma outra escola, que não fosse marcada pela cruel e precoce seletividade. "Todas as crianças, quaisquer que sejam as suas origens familiares, sociais, étnicas, têm igual direito ao desenvolvimento máximo que a sua personalidade implica." (Wallon, 1977, p. 178)

A concretização do princípio de justiça tinha como referência o par dialético igualdade-diversidade, "dois aspectos que de forma alguma são opostos, mas antes complementares" (Wallon, 1977, p. 178). Igualdade de direitos, de dignidade; diversidade na forma de concretizá-los, na maneira de atender aos alunos em suas necessidades (aqui podemos identificar as raízes da pedagogia diferenciada ou, mais recentemente, da individualização dos percursos de formação — Legrand, Meirieu, Perrenoud).

O plano traçava um conjunto de medidas muito avançadas para sua época (número máximo de alunos por sala, educação permanente, gratuidade do ensino em todos os níveis, remuneração ao estudante); neste momento, estamos nos detendo especificamente na questão dos Ciclos.

A ideia nuclear dos Ciclos de Formação é a da escola estar comprometida essencialmente com o máximo desenvolvimento humano dos sujeitos. Esta formulação, aparentemente simples e sem muita novidade, quando levada a sério e até as últimas consequências, representa uma verdadeira revolução na organização da escola, podendo ser sintetizada em três grandes rupturas. Se o papel da escola é propiciar o encontro de gerações, se o que está em jogo é a formação humana integral, se cabe à escola possibilitar à criança a convivência com seus contemporâneos, se o que importa, de fato, é a aprendizagem efetiva, o desenvolvimento humano pleno e a alegria crítica (*docta gaudium*), então, carece absolutamente de propósito:

■ A seriação: quem disse que o desenvolvimento humano leva um ano e ainda coincidindo com o ano do calendário escolar? Como podemos fragmentar assim a formação dos alunos?

■ A reprovação: como se pode pensar em estabelecer uma ruptura no processo de aprendizagem? Seria possível "repetir" um estágio de desenvolvimento? Como isolar o educando do seu grupo de referência, daqueles que têm a mesma idade?

■ Os conteúdos preestabelecidos sem sentido: como se poderia definir *a priori*, definitiva e detalhadamente, o que um determinado grupo de alunos deve aprender? Além disto, quem disse que os conteúdos conceituais são os únicos ou mais importantes na escola?

A proposta de Ciclos tem, então, logo de partida, graves repercussões Administrativas, Comunitárias e Pedagógicas, tocando na materialidade do processo de aprendizagem e desenvolvimento (questão do tempo), na socialização e vínculo grupal (questão do agrupamento dos alunos), e ainda no núcleo da organização curricular e do vínculo pedagógico (questão dos conteúdos).

Atualmente, os Ciclos encontram-se difundidos, com diferentes modalidades e ênfases, em muitos países.[15]

IV. A Organização Curricular nos Ciclos

O Ciclo de Formação é uma maneira de organizar a escola que privilegia a continuidade da trajetória escolar do aluno, o *fluxo da experiência*, respeitando seu processo de desenvolvimento e aprendizagem (características, ritmo, interesses, história de vida) e com ele interagindo, pautado num projeto coletivo. Tem como parâmetro não um programa, mas sim **os próprios educandos**, nas suas relações[16]

---

15. Só a título de informação: a própria França (três ciclos de 3 anos, a partir dos 2 ou 3 anos de idade), Portugal (três ciclos: 4, 2 e 3 anos de duração, iniciando aos 6 anos); Espanha (10 anos de educação básica em três ciclos); Finlândia (ciclos de 6 e 3 anos, iniciando aos 7 anos; depois um, no secundário, de 3 anos); Argentina (três ciclos).

16. Vejam que não significa tomar o aluno como referência absoluta (como um certo viés escolanovista, individualista, psicologizante), até porque, quando isso ocorre, estamos negando esse aluno na sua concreticidade, uma vez que "o concreto é concreto por ser a síntese de

(entre si, com os educadores, com a realidade, com o projeto).[17] Tal posicionamento representa uma reviravolta, dado que não se parte mais de um rol de conteúdos e sim desse reconhecimento do aluno como sujeito (social, político, cultural etc.). De acordo com um Projeto Político-Pedagógico emancipador, a questão fundamental passa a ser:

> **O que estes sujeitos concretos precisam para se desenvolver plenamente neste ciclo da vida?**

Há aqui uma tensão a ser administrada: não será a primeira vez que um grupo da espécie, com determinada idade, passará por um processo de formação escolar; por outro lado, para aquele determinado grupo (e ainda mais, para cada determinado aluno) será a primeira (e única) vez! Isso exige se ter, ao mesmo tempo, a atenção àquela realidade concreta (àquele agrupamento específico de alunos, a cada sujeito, naquele dado contexto), e a clareza dos objetivos que se tem em termos de formação humana, dos conteúdos (conceitos, procedimentos, atitudes) e atividades que historicamente têm ajudado no desenvolvimento de outros sujeitos naquela faixa de idade. Alimentar essa *tensão essencial* (Kuhn, 1987, p. 249) entre tradição-inovação, instituído-instituinte, continuidade-ruptura, é da maior relevância, para não cairmos no vazio espontaneísta, ou no fechamento dogmático. Esta tensão possibilita manter o currículo aberto, em movimento, vivo, como espaço de criatividade e de transformação. As respostas dadas pelas gerações passadas (Cultura), mais do que satisfazer (e acomodar) os neófitos, visam atualizar e manter vivas as grandes perguntas (Contreras, 1999, p. 91) e os apelos à intervenção.

---

múltiplas determinações e relações numerosas" (Marx, 1978, p. 116). Estamos considerando o aluno como ser de relações.

17. Tendo clareza que o projeto da escola se ancora nos projetos pessoais e se abre para um projeto social.

Do ponto de vista metodológico, a perspectiva de Ciclos fica muito difícil de ser sustentada com aulas meramente expositivas; é por isso que o trabalho com temas geradores, complexos temáticos, projetos,[18] interdisciplinaridade, será de grande valia nesta empreitada.

Formação x Classificação

É quase inacreditável o que vem ocorrendo — há décadas,[19] diga-se de passagem — com o ensino em geral, e com os anos iniciais de escolarização em especial. Muitas pesquisas demonstram[20] (e os próprios professores sentem isso no seu cotidiano) que a escola não vem cumprindo sua tarefa elementar de ensinar a ler e a escrever.[21] No entanto, é muito comum constatarmos, logo nos primeiros esforços de alfabetização, um verdadeiro *ardor missionário* (para não dizer neurótico) com regras gramaticais, classificações. A criança mal está dominando a leitura e a escrita e já está sendo massacrada com "encontros consonantais, encontros vocálicos, dígrafo etc."[22] Como acaba por não dominar (porque não faz sentido), tais informações serão repetidas anos a fio, e quando se questiona tal fato, alguns ainda arriscam justificar que se trata do "currículo em espiral"; nada mais equivocado. Primeiro, porque o currículo em espiral não se atém a informações e sim a conceitos complexos, processos; segundo, porque a nova abordagem, como veremos a seguir, deve ser feita num novo nível de complexidade e extensão, e não como simples repetição

---

18. Sobre trabalho com projetos didáticos, ver Capítulo 8.

19. Para não dizer séculos...

20. As pesquisas do Pisa (Programa Internacional de Avaliação de Estudantes), da OCDE (Organização para Cooperação e Desenvolvimento Econômico) e países parceiros, têm revelado que o Brasil sistematicamente fica entre os últimos lugares, em exames em que se analisa, entre outras coisas (e em todas estamos lá embaixo), a capacidade de leitura de estudantes de 15 anos.

21. Encontramos essa dificuldade até com alunos de graduação ou pós-graduação...

22. Sobre a relação de tal prática com os exames, ver último capítulo.

(para a qual o aluno se fecha, até porque acha que já sabe, uma vez que já "ouviu falar" várias vezes). É muito interessante como muitos docentes não se dão conta do quanto o argumento do "pré-requisito" (grande álibi para a reprovação) é absolutamente frágil, tendo em vista que, em função do momento e forma equivocados com que foram dados, os conteúdos são rapidamente esquecidos (*"deletados"*) pelos alunos.[23] Além disso, revela ainda a presença de uma concepção mecânica e linear de conhecimento; hoje, por exemplo, a metáfora de rede é muito mais apropriada: para construir um conceito (nó da rede) existem múltiplos caminhos, e não apenas aquele previsto ou imposto pelo professor. Nessa linha, outra metáfora sugestiva para se pensar o currículo é a do rizoma (do grego, *rhízoma*, o que está enraizado), um caule horizontal, geralmente subterrâneo, cujas raízes se espalham de maneira aparentemente caótica. Deleuze (1925-1995) e Guattari (1930-1992), ao proporem essa imagem, apontam algumas de suas características: princípio de conexão e de heterogeneidade ("qualquer ponto de um rizoma pode ser conectado a qualquer outro e deve sê-lo"), multiplicidade etc. (2000, p. 15-16). Com isso, querem descrever uma "forma não-hierárquica, não-estrutural, não-centrada e não-linear de organização, pensamento ou escrita" (Silva, 2000, p. 98).

O Ciclo, por ser uma forma institucional de romper com a lógica classificatória, pode ajudar o professor a perceber que é possível um outro tipo de relacionamento com os alunos, sem ser baseado no medo, na ameaça da "nota". A avaliação deixa de ser somativa e assume o caráter interativo e também generativo, já que "a ênfase está naquilo que o aluno pode fazer com o conhecimento adquirido, não em quão bem o conhecimento adquirido corresponde a uma estrutura estabelecida por outros" (Doll, 1997, p. 143). Os seres em formação não têm de ser "aprovados" ou "reprovados"! Isso não está em questão. São o que são (estão sendo) e merecem todo respeito, pois são portadores

---

23. Ver o desespero dos professores quando resolvem fazer um trabalho de "recordação" dos conceitos anteriores trabalhados: existem enormes buracos na rede conceitual dos alunos.

de uma inalienável dignidade. Nesse âmbito, a frequente preocupação do professor com a *justiça* precisa ser revista; ser justo não é ver quem "merece ou não" ser aprovado; justiça, no sentido mais radical, é tratar cada um de acordo com suas necessidades para desenvolver ao máximo suas potencialidades.

A avaliação, por apontar "o que vale", nos remete ao cerne da tarefa educativa. A rigor, o pano de fundo aqui é mais uma vez a questão da finalidade da escola, da intencionalidade, do seu papel social. Entendemos que todos têm direito à existência, à cultura (herança humana), ao saber. Todos estão convidados a participar da incrível e também inalienável aventura de tornar este mundo melhor, portanto, de participar do movimento de criação de saber(es), de cultura(s). Por isso, o critério fundamental do trabalho pedagógico precisa se deslocar: da mera reprodução do conhecimento historicamente acumulado (ainda que de maneira interessante, *significativa*), para a qualificação, objetivando intervenção, mais ou menos imediata, mas que supõe determinados conhecimentos e vai além: pede a capacidade de entender o mundo, de projetar novos horizontes pautados no bem comum, de formular planos de ação, de agir, e de refletir sobre a elaboração e ação — *Méthodos*.

Em termos de avaliação, já tem avançado entre os professores a prática de reescrita, de reelaboração das atividades e trabalhos: ao invés de atribuir uma nota ou conceito[24] logo na primeira análise, o professor faz as observações, orienta, e, a partir disso, o aluno retoma sua produção.

Partir de onde o aluno está

Queremos enfatizar um aspecto nuclear que deve orientar a prática dos professores em sala de aula quando trabalham com Ciclos:

---

24. Que muitas vezes ainda é exigido pela instituição de ensino.

trata-se do princípio de partir de onde o aluno está e não de onde consideramos que deveria estar ou de onde "prevê o programa". Esse princípio também não é novo; só que agora, no interior dos Ciclos, com o fim da seriação, ele tem melhores condições para se realizar. O que está em questão é o professor ser professor dos alunos concretos que tem e não virar professor de "determinados conteúdos", como tem ocorrido muito fortemente, na medida em que, por um conjunto enorme de pressões,[25] o programa torna-se fim em si mesmo, devendo ser cumprido com os alunos ou apesar deles...

Objetivamente, o professor que dará continuidade ao trabalho no ano seguinte, de fato, deverá dar continuidade, ou seja, não poderá estabelecer uma ruptura e sim iniciar suas atividades por onde o colega anterior parou, evitando a descontinuidade no processo de formação dos alunos, e até um certo clima de desconforto, em que o professor termina reprovando seu aluno (mesmo sabendo que com um pouco de ajuda e tempo poderia avançar), só para não ser criticado pelo colega do ano seguinte com comentários do tipo "Ele mandou alunos sem base".

O enfoque de currículo em processo pode ter na perspectiva de espiral ascendente (Bruner, 1978, p. 48) uma base interessante: os conteúdos (grandes temas, princípios, valores) são retomados em patamares de diferentes níveis de complexidade e abrangência. Essa abordagem recursiva (do latim *recurrere*, tornar a correr) e interativa (baseada no diálogo) — ao contrário da linear e passiva —, possibilita a re-entrada do aluno que, eventualmente, no primeiro movimento, não fez as relações com o objeto como gostaria;[26] o professor vai atuar a partir da Zona de Desenvolvimento Proximal-ZDP do aluno (Vygotsky, 1984, p. 94). A prática recursiva, por implicar a recorrência

---

25. Ver Capítulo 8, *Aula Expositiva: ainda existe espaço para ela?*

26. Deve ficar clara a diferença entre recursão e repetição: enquanto que na primeira há uma intensa atividade reflexiva, uma vez que se busca organizar as ideias, combinar as informações, aproveitar heuristicamente os recursos, enfim, produzir sentido, na segunda a ação é mecânica, já que se repete o padrão, sendo que a reflexão, na verdade, acaba atrapalhando.

às elaborações mentais anteriores, possibilita "o pensamento sobre o pensamento" (Bruner, 1998, p. 103), a metacognição.

Nos Ciclos, leva-se em consideração também que o aluno já traz uma bagagem cultural, que não aprende só na escola, nem só no tempo de aula, nem só através do professor; há um movimento autógeno de busca de atribuição de sentido para o mundo em que vive. Temos aqui toda a interface com a reflexão que se vem fazendo a respeito da auto-organização — *autopoiese* (Maturana e Varela, 1997) da natureza (desses estudos da ordem ao mesmo tempo complexa e caótica participam a nova Biologia junto com a Física, Química, Matemática, Ciências Sociais). Tal enfoque, embora não o isentando de suas responsabilidades específicas, tira do professor aquele peso de ser a "única causa" da aprendizagem do aluno, relativizando, por consequência, o peso dos conteúdos preestabelecidos.

Por essas exigências, fica patente a necessidade do trabalho coletivo docente: se não houver espaço sistemático para negociação dos conteúdos, para replanejamento, para troca de experiências visando encontrar as formas mais adequadas de intervenção com determinados alunos (além de estudo, avaliação etc.), os Ciclos podem se configurar como um dispositivo meramente formal, uma farsa!

Uma prática que tem ajudado nessa continuidade é o próprio professor acompanhar a turma no prosseguimento dos estudos, no ano seguinte. Para isso, é preciso uma análise das relações interpessoais, uma vez que essa prática deve corresponder a uma aspiração tanto do professor quanto dos alunos.

Uma outra iniciativa nesta direção é o uso diferenciado do material didático: ao invés de cada aluno ter seu livro didático, coloca-se o material todo na biblioteca e vai sendo utilizado de acordo com as necessidades de cada turma. É preciso entender que o livro é um recurso; o curso deve ter a coordenação do professor. Lamentavelmente, um dos fatores que reforça a seriação é o fato de se adotar um livro didático que "tem que" ser cumprido naquele ano.

V. Processo de Implantação

A proposta de Ciclos de Formação, como dissemos, representa uma ruptura com paradigmas arcaicos. Isso nos remete necessariamente ao cuidado com sua implantação. A nosso ver, o impacto mais profundo da proposta de Ciclos está no campo da prática pedagógica, com suas repercussões curriculares e didáticas. No entanto, o impacto que, de um modo geral, os professores mais sentem inicialmente é no campo da avaliação, relativo ao fim da reprovação. Se, de um lado, temos urgência em democratizar a escola, de outro, não podemos ignorar a história concreta dos educadores, que não só foram formados nesse mesmo sistema que estamos querendo desmontar, como também vivem numa sociedade altamente (e cada vez mais, ultimamente) seletiva, que disponibiliza justificativas ideológicas para as práticas tradicionais da escola ("preparar para vida, ser o melhor, garantir o seu"). A tarefa, portanto, não é simples.

Neste sentido, acabar com a classificação é condição necessária para melhorar o ensino e recolocar a avaliação no seu devido lugar, mas não suficiente, pois só isso não assegura a aprendizagem. Eliminar a reprovação é apenas "zerar", tirar a avaliação tradicional como entulho, como entrave. Ajuda, porém, em si nada significa se não houver efetivo compromisso com a aprendizagem de todos.[27]

Assim, a primeira iniciativa não pode ser simplesmente eliminar a reprovação legalmente, mas lutar para que os professores **se comprometam com a aprendizagem efetiva de todos**. Este seria o ponto de partida. Depois, a lei (norma, regimento) poderia ser mudada com tranquilidade, sem traumatismos. Entendemos que antes de acabar com a reprovação na legislação, é preciso que os educadores acabem com ela em suas respectivas cabeças!

Fala-se muito da necessidade de investimentos na educação; esse é um fato. Todavia, esse investimento deve ser tanto *objetivo* (verbas para equipamentos, instalações, salários; legislação, condições

---

27. C. S. Vasconcellos, *Avaliação: Superação da Lógica Classificatória e Excludente*, p. 114.

de trabalho) quanto *subjetivo*, o que exige, fundamentalmente, abrir mão da classificação/reprovação como alternativa pedagógica, criar condições para desenvolver a convicção de que todo ser humano pode aprender, e, se não está aprendendo, tem de ser ajudado e não excluído. Este é um princípio básico da democratização do saber, como mediação para a democratização do poder.

Precisamos sim acabar com a lógica classificatória e excludente da avaliação, mas isso deve vir como uma solicitação dos professores (ou, no mínimo, com sua adesão) e não como uma imposição autoritária, pois neste caso, com certeza, os efeitos seriam funestos. Estamos apostando, substancialmente, numa mudança que leve em consideração os envolvidos no processo educativo na condição de sujeitos.

A partir das constatações feitas na prática, sugerimos:

1) **Amplo processo de informação:** sensibilização da comunidade para o problema, tanto por parte de educadores e alunos quanto dos pais.[28]

2) **Abertura de espaços de formação e debate:** desencadear um abrangente processo de formação em serviço para que os educadores tenham oportunidade de refletir sobre a proposta de Ciclos, confrontem com sua prática e assim revejam a postura diante da avaliação (desmontar mitos e preconceitos).[29] Desencadear trabalho na mesma linha nos cursos de formação de professores.

3) **Prever medidas de apoio pedagógico-administrativo:** para não ficar uma medida isolada, atentar para os outros elementos que levam a escola a não ensinar; há que se cuidar, ao mesmo tempo, de toda uma política educacional, que se compromete com:

   • Autonomia da escola para construir participativamente seu Projeto Político-Pedagógico;

---

28. Utilizando inclusive os grandes veículos de comunicação, como televisão, internet, rádio, jornal e revistas.

29. Apesar do avanço dos saberes (por exemplo: Psicologia, Neurociências, Ciência Cognitiva etc.), alguns preconceitos ou mitos persistem: "criança que se alimentou mal não pode aprender pois o cérebro foi lesado; criança com problema de família não avança; falta capital cultural, domínio do código linguístico; como vai aprender se os pais não ajudam na lição de casa?"...

- Condições de trabalho: número adequado de alunos em sala, coordenação pedagógica, biblioteca, sala de leitura, de informática, laboratórios, gestão democrática;

- Horário de trabalho coletivo: que possibilite a reflexão conjunta sobre a prática, a flexibilização curricular, a busca de formas de intervenção para superar as dificuldades;

- Formação permanente do professor: horário de estudo e pesquisa, grupos de formação, biblioteca pedagógica, disponibilidade da supervisão/coordenação para acompanhamento do trabalho;

- Salários: para que o professor possa assumir menos aulas (e trabalhar em menos escolas); ter tempo livre e recursos para adquirir e ler livros, revistas especializadas;

- Atendimento ao aluno com dificuldades: prioritariamente em sala de aula, durante a aula, mas também, se necessário, monitoria, espaços de revisão, aulas no contraturno, professor-auxiliar, laboratórios de aprendizagem, atendimento individualizado;

- Apoio financeiro aos alunos (tipo bolsa-escola) a fim de que possam permanecer na escola, não se evadam para ajudar a complementar a renda familiar com seu trabalho;

- Participação da comunidade: conselho de escola, conselho de classe participativo; trabalhar a proposta de Ciclos para que a comunidade possa ganhar clareza; busca de novas formas de colaboração.

4) **Liberdade na forma de implantação:** respeitar a autonomia da escola (e a condição do professor como sujeito):

- Escola poder optar se quer adotar já ou ainda não, e justificar opção.[30] O horizonte está dado: não se pode negar o avanço

---

30. Ao ter de justificar a opção que fez, certamente terá que pesquisar, aprofundar o estudo, refletir o que representa mais uma possibilidade de tomada de consciência da necessidade de mudança da prática de avaliação.

da ciência pedagógica e a clara constatação do estrago que representa a lógica classificatória e excludente. No entanto, cabe ao Conselho de Escola analisar a possibilidade de implantação imediata e integral da nova proposta, considerando tanto os condicionamentos enraizados quanto as condições objetivas de trabalho;

• Abrir a possibilidade de implantação gradativa: começar nos anos iniciais e ir avançando com os alunos nos anos subsequentes. Dessa forma, vai se criando uma nova cultura entre professores, alunos, pais e comunidade.

Em relação aos anos mais adiantados, até entendemos a dificuldade maior de implantação. Todavia, sinceramente, fica difícil admitir a recusa de se iniciar de imediato a proposta de Ciclos num 1º ou 2º ano do Ensino Fundamental, em que as crianças ainda não estão condicionadas pela lógica da "nota", em que o mesmo professor fica com os alunos quase todo o tempo de aula, e a pressão e cobranças em cima de exames (concursos, vestibulares) está bem distante ainda, em que os pais estão mais próximos, em que há um avanço maior na produção teórica de vanguarda pedagógica, bem como maior disponibilidade de materiais didáticos mais apropriados (livros didáticos, recursos audiovisuais, jogos, material concreto).

Possíveis Equívocos

Apontamos alguns equívocos que podem ocorrer no processo de mudança. Temos como objetivo alertar para as pseudossuperações do problema.

a) Tempo

O tempo é uma dimensão básica do desenvolvimento humano e, portanto, da materialidade do processo educativo comprometido com tal desenvolvimento. No entanto, não basta mais tempo. Há o perigo de o professor do primeiro ano de escolarização fundamental olhar para a criança, perceber que não está aprendendo e pensar "Ah, ela ainda tem mais quatro anos para aprender"; o professor do segundo ano faz a mesma coisa etc. Resultado: essa criança vai chegar, por exemplo, ao quinto ano sem o domínio de habilidades, atitudes e conceitos essenciais para o seu desenvolvimento!

O ser humano não é "fruta que amadurece com o tempo". Precisamos sim de tempo, mas mediado, rico em interações (acolhida, desafio, subsídio, problematização, expressão, confronto) e articulado à organização curricular cíclica (conteúdos retomados em diferentes situações, o que propicia novas aproximações do aluno, favorecendo a compreensão, aprofundamento e expansão).

b) Diante da Eliminação da Reprovação

- Revolta e demissão da tarefa educativa ("Se não posso mais reprovar, então não vou mais ensinar"). Cair na "empurração" dos alunos.

- Não confiar no potencial do aluno, esperar pouco dele.

- Simples negação (postura reativa) *versus* superação por incorporação (postura proativa).[31]

- Professor entender que agora não precisa mais avaliar.

- Reprovações simplesmente serem deslocadas para o final dos Ciclos.

- Polarizar a atenção e acabar por eclipsar mudanças fundamentais: não adianta terminar com a reprovação sem rever concepção de conhecimento, aprendizagem, desenvolvimento, ocupação do espaço e do tempo.

- Vazio Pedagógico: tirar pressão da nota e não estabelecer novo vínculo pedagógico.

---

31. Ao invés de entrar na linha do "Mantenedora quer aprovar, pois eu quero é reprovar", caminhar para "Pois eu quero é condições para educar de fato!".

c) Implantação

- Os dirigentes terem pressa: "Vamos criar um fato para gerar o debate", na verdade, gera "anticorpos", forte resistência no professorado ("Lá vem mais um pacote de gabinete").

- Divisão dos Ciclos (número de anos de duração do ciclo) ser feita mais em função de questões administrativas do que pedagógicas ou psicológicas (não reprodução de fragmentação de níveis de ensino, estágios de desenvolvimento).

- Ciclo tornar-se: estratégia para maquiar índices de reprovação e evasão, estratégia de afrouxamento do rigor e da qualidade do ensino, ou artifício para diminuir gastos com educação.

Concluindo, vemos como o desafio é grande. Todavia, entendemos que o empenho para a construção de um novo currículo é da maior importância, tendo em vista a criação de condições para a concretização da educação como prática da liberdade, autêntica emancipação humana.

7

O PROJETO DE ENSINO-APRENDIZAGEM COMO INSTRUMENTO DE GESTÃO DO TRABALHO EM SALA DE AULA

O Projeto de Ensino-Aprendizagem[1] é uma síntese que o educador faz dos apelos da realidade, das expectativas sociais, de seus compromissos e objetivos, das condições concretas do trabalho e das mediações para atingir esses objetivos. Com essa temática, estamos no cerne da atuação do professor: a própria organização de sua proposta para o trabalho em sala de aula. Esse é um campo da maior importância na práxis docente: como vai estruturar sua atividade, que necessidades localiza no grupo, que objetivos pretende alcançar, que conteúdos vai propor, como vai trabalhar, como vai avaliar. É também um excelente instrumento de autoformação, na medida em que favorece a reflexão crítica sobre a prática, o sair do *piloto automático*, da mera rotina.

---

1. Também chamado de plano de ensino, plano de curso, plano de estudos.

Todavia, um dos grandes problemas apontados pelos coordenadores e orientadores é exatamente a resistência dos professores ao planejamento. De onde viria essa resistência? Imposição? Controle? Falta de condições? Formalismo? Idealismo? Comodismo? É preciso investigar. No caso do professor que vai simplesmente repetir o que já fez ou executar algo predeterminado pela escola, diríamos que, de fato, não precisa planejar! A educação é um campo muito bonito, mas minado. A tarefa do professor é uma das mais complexas do ser humano; no entanto, também pode ser banalizada a tal ponto que qualquer um pode fazê-la ("Abram o livro/aplicativo na página 32, leiam e façam um resumo"). É até difícil dizer, mas algumas práticas ainda persistem no contexto escolar: em pleno terceiro milênio, existem professores que transformam seus alunos em copistas,[2] uma vez que em suas aulas se limitam a passar "o ponto" na lousa/quadro eletrônico (várias lousas, diga-se de passagem), mal sobrando tempo para explicar e muito menos para interagir com os alunos.

Por seu turno, os professores levantam uma incoerência da equipe: ao mesmo tempo em que os cobra tanto, não se percebe idêntico empenho na construção do Projeto Político-Pedagógico da escola, nem ainda na elaboração dos planos dos próprios serviços (coordenação, orientação, direção). Somado a isso, sentem que são denunciados em sua alienação, todavia não veem semelhante denúncia da estrutura alienante da escola.[3]

No universo educacional hoje, há um contraste entre a grande oferta de propostas didáticas/pedagógicas para a sala de aula/escola (ao contrário do que acontecia há alguns anos, quando existia a crítica, mas faltavam proposições mais objetivas) e a minguada prática concreta. Além disso, algumas vertentes teóricas disponibilizam para os educadores novas leituras de sua prática que apontam na direção da

---

2. Copista, como sabemos, era uma boa ocupação até a Idade Média, antes do aparecimento da imprensa...

3. Por exemplo: formalismo, falta de espaço para reuniões, falta de competência para enfrentar pressões equivocadas dos pais, falta de condições para produzir o próprio material didático etc.

complexidade, da imprevisibilidade e, em alguns casos, até mesmo do caos. Tais manifestações parecem colocar em xeque o planejamento, insinuando sua inutilidade. Nossa visão, no entanto, vai na direção contrária: o planejamento é justamente o elemento que está faltando no cotidiano escolar. Evidentemente, não estamos nos referindo a planejar naquele sentido idealista ou positivista, em que se tinha a ideia de que através de um pedaço de papel se poderia controlar a realidade, prever os mínimos passos a serem dados, amarrar inexoravelmente o fluxo do real aos nossos desejos; em que, diante de um descompasso entre o previsto e uma manifestação da realidade, danava-se a realidade. Concebemos o planejamento como um método de relacionamento com o real, limitado, porém indispensável se não abrimos mão da nossa condição de sujeitos da história, se não queremos simplesmente nos entregar às *forças ocultas* ou aos *caprichos dos deuses*.[4] Sem planejamento, embora cheios de boa vontade, falta a definição mais precisa do que queremos mesmo (para não ficar na mera repetição da tradição ou de modismos), falta clareza dos limites, dos complexos condicionantes concretos a que estamos submetidos (que vão muito além das meras queixas e catarses), bem como das possibilidades presentes. Assim, não teremos base para estabelecer um bom plano de ação, de forma a que a ação transformadora venha a acontecer. Se o planejamento é um instrumento de transformação, se não está havendo transformação na escola, podemos levantar a hipótese de que uma das causas é a falta de planejamento (no verdadeiro sentido!).

I. Sobre a Elaboração e Realização do Projeto de Ensino-Aprendizagem

O pressuposto de qualquer atividade de planejamento é o desejo de mudança, de acertar, de aperfeiçoar. Seria importante que o professor

---

4. Não podemos esquecer de que há até uma *teoria* do caos...

fosse ganhando clareza de que, se não planejar conscientemente, a tendência é reproduzir. A tarefa do professor é muito complexa, uma vez que muitos são os fatores intervenientes; por isso tem de ser muito bem preparada. Não basta o docente saber, dominar bem o assunto. É preciso refletir sobre o que pretende a partir da realidade do grupo, e assim poder organizar o fluxo das situações didáticas e das informações de maneira significativa. O projeto que o professor elabora é um instrumento de luta, de resistência, para tentar fazer um trabalho melhor.

Alguns elementos a serem considerados no processo de construção dos planos de ensino:

- Ter clareza de que o Projeto Político-Pedagógico é a grande referência para todos os demais projetos da escola, inclusive o Projeto de Ensino-Aprendizagem.

- A disciplina que o professor ministra não é seu "feudo" ou "propriedade particular". O educador deve ter autonomia, mas essa deve estar **integrada** na perspectiva geral do trabalho da área, do curso e da escola.

- Buscar superar as visões parciais, dicotômicas do planejamento, em direção à concepção dialética:

Quadro 1. Visões parciais e dialética do Planejamento

Polo 1	Polo 2	Dialética
Universal — é tudo sempre igual (generalização)	Particular — cada realidade é uma, totalmente diferente	Universal-particular (cada realidade é uma, mas é também parte de um todo)
Levar planejamento pronto no primeiro dia de aula	Fazer o plano só depois de conhecer a turma	Levar uma primeira elaboração, uma orientação geral, que vai ser completada ou revista
Dogma do cumprir o programa	Esquecer o programa	Programa como meio e não como fim em si mesmo
Planejamento formal, alienado	Não planejamento (ou planejamento espontâneo, ingênuo, não sistematizado)	Planejamento consciente, crítico, intencional, aberto e interativo
Valorização do conhecimento acumulado pela humanidade	Valorização da realidade concreta	Busca da articulação dialética entre realidade e conhecimento

- Superar a inversão entre o necessário e o contingente: muitos conteúdos, que são meramente contingenciais, tornam-se, no cotidiano da escola, "necessários" (*têm que* ser dados). Já a construção do conhecimento torna-se contingencial...

- O professor precisa se fortalecer a fim de que possa se recusar a dar um conteúdo que não vê sentido. Como poderá mobilizar os alunos se nem ele está mobilizado para aquilo que ensina? Essa exigência pedagógica é decorrência de um pressuposto epistemológico básico: para conhecer, o sujeito precisa querer (caso contrário, não mantém o vínculo com o objeto, não coloca a atenção sobre ele e não libera representações mentais prévias, matéria-prima para o novo conhecimento).

- Compete ao professor trabalhar com os alunos concretos que tem: ser professor dos *alunos* e não de *conteúdo* preestabelecido. Essa exigência pedagógica é decorrência de um outro pressuposto epistemológico: o conhecimento novo se dá a partir do conhecimento prévio; logo, se o docente não levar em conta o prévio, as informações novas que disponibiliza em sala não têm como serem interiorizadas por falta de condições para que sejam estabelecidas relações (lembrar que conhecer, enquanto processo, é estabelecer relações). Ter presente que o livro didático é um recurso e não o curso. Garantir espaço para os conteúdos emergentes no desenrolar do trabalho em sala de aula.

- Não se muda de uma vez; o docente pode escolher alguns temas em que tem mais segurança para começar a inovar, tentar novas abordagens.

- Entendemos que o trabalho por projetos (projetos didáticos, pedagogia de projetos) é bastante interessante na medida em que a atividade discente (e docente) é contextualizada, passa a girar em torno de um tema gerador que tem um significado relevante, já que surgiu do próprio grupo. Cabe esclarecer que também aqui existe planejamento, só que de uma forma peculiar, em função da gênese diferenciada dos conteúdos (deixam de ser predeterminados) e da própria dinâmica do trabalho em sala de aula;[5] em outras palavras, o planejamento emerge a partir das primeiras opções de atividades a serem desenvolvidas, em vez de ser preestabelecido. A falta de planejamento no trabalho por projeto tem levado, por exemplo, à atividade pela atividade, à fragmentação na formação por falta de sistematização, a vazios curriculares ou à ênfase a conteúdos que não são tão necessários do ponto de vista histórico-cultural.[6]

■ Ter espaços de reflexão sobre o planejado durante o ano: o que está dando certo, o que está tendo dificuldade, que mudanças podem ser feitas. Esse espaço pode ser tanto a reunião pedagógica semanal quanto os momentos de supervisão (contato pessoal — ou em pequeno grupo — do professor com coordenação pedagógica).

Como vemos, na travessia que estamos fazendo em direção a uma escola que garanta efetivamente a apropriação do conhecimento por parte da totalidade dos alunos, a ressignificação dos projetos de ensino-aprendizagem é uma tarefa da maior importância.

II. Contribuições da Coordenação

Um dos maiores desafios, do ponto de vista da prática pedagógica, é realizar um trabalho que tenha um significado relevante tanto para o professor quanto para os alunos. Nesse ponto, a equipe escolar tem um campo de atuação da maior importância: ajudar os docentes a repensarem suas propostas, reverem as rotinas, romperem com o formalismo (enciclopedismo, informações descontadas, classificações, metalinguagem) dos conteúdos preestabelecidos. De certa forma, a reflexão sobre sua proposta de trabalho envolve uma série de outras questões muito importantes para a construção da identidade profissional: visão

---

5. Sobre isto, ver C. S. Vasconcellos, *Planejamento: Projeto de Ensino-Aprendizagem e Projeto Político-Pedagógico*, p. 151.

6. Outras reflexões sobre trabalho por projeto podem ser encontradas no Capítulo 8.

de mundo, opção por um quadro de valores, posicionamento frente à realidade social conflitiva, mas com a *vantagem* de se dar a partir do contexto bem definido de sua atuação como professor, tornando-se, consequentemente, muito mais pertinente e realmente formativa. Em outras palavras: o diálogo em torno do significado e dos pressupostos da proposta pode atingir muito mais o professor do que grandes discursos ou estudos sobre essas temáticas mais amplas. É um esforço de desalienação tendo como referência a problematização da atividade docente naquilo que ela tem de mais concreto e específico.

Seria muito positivo que o professor pudesse sentir a coordenação pedagógica como autêntica aliada nessa tentativa de alterar sua prática e não como elemento de controle e fiscalização. A equipe de coordenação escolar tem por função articular todo o trabalho em torno da proposta geral da escola e não ser elemento de controle formal e burocrático. É interessante refletir sobre a diferença entre acompanhar — que é uma necessidade — e fiscalizar — que é colocar-se *fora* e *acima* do processo.[7]

Existem diferentes formas de se planejar um curso; essas devem ser partilhadas e discutidas criticamente com o coletivo dos educadores. Percebe-se, no entanto, que alguns elementos são comuns, porque essenciais: realidade, finalidade, plano de ação, ação e avaliação.[8]

Análise da Realidade ⇔ Projeção da Finalidade

↘ ↗

Plano de Ação

⇕

Ação

⇕

Avaliação

— Esquema: Dimensões do Planejamento —

---

7. C. S. Vasconcellos, *Planejamento: Projeto de Ensino-Aprendizagem e Projeto Político-Pedagógico*, p. 160.

8. Além da Sensibilidade e do Motivo, quando consideramos a Atividade Humana como um todo (C. S. Vasconcellos, *Currículo: a Atividade Humana como Princípio Educativo*, p. 72 e ss.).

No cotidiano escolar, essas grandes dimensões do planejamento costumam se traduzir para o professor em preocupações com *o quê* vai ser ensinado (conteúdo), *como* vai ser trabalhado (metodologia), *porquê* (necessidade) e *para quê* vai ser trabalhado (finalidades) e *como vai se saber* se os alunos estão assimilando ou não e o que fazer diante disso (avaliação). Ocorre que, para alguns professores, a *forma* de trabalho, por exemplo, é tão familiar que não sentem necessidade de discutir com os colegas ou colocar no papel. Aí entra a mediação da equipe, resgatando a dimensão coletiva do trabalho educativo e a necessidade da explicitação para comunicação e interação entre os pares e com o Projeto da escola; além disso, ao explicitar, o professor pode se apropriar com mais rigor de sua prática, possibilitando a tomada de consciência da necessidade de aperfeiçoamento. A maneira de se fazer o plano pode ser fruto de uma aprendizagem coletiva, através da troca de experiências e de uma reflexão crítica e solidária sobre as diferentes práticas.

É preciso compreender onde é que o grupo está, quais suas necessidades. Ou seja, na busca de mudança do processo de planejamento, o ideal é a coordenação construir junto a proposta.

Quando o projeto de ensino é discutido durante a elaboração, é retomado nas reuniões, avaliado, modificado, com certeza, vai mostrando sua força de instrumento de práxis, resgatando seu sentido.

Algumas iniciativas da coordenação pedagógica que podem ajudar na elaboração e realização interativa do Projeto de Ensino-Aprendizagem:

- Superar a polarização entre equipe diretiva e professores. O projeto, antes de mais nada, é para o professor (e não para a coordenação ou secretaria).

- Garantir que professor possa conhecer a turma antes de concluir a elaboração do plano de curso.

- Valorizar a cultura do professor: resgatar um certo bom senso que existe em torno da preocupação com o conteúdo a ser ensinado.

- Localizar práticas novas já presentes na realidade dos professores e da escola, para o grupo perceber que é possível, que funciona.

Muitas vezes, essas práticas novas estão misturadas com práticas equivocadas e o próprio professor não tem consciência da riqueza que tem em mãos.

■ O compromisso da equipe com a transformação das condições objetivas de trabalho é fundamental para o resgate da credibilidade no planejamento. Há necessidade, por exemplo, de ócio,[9] de tempo livre para o professor poder refletir, estudar, preparar suas aulas. Normalmente, o professor não tem esse tempo disponível em função do enorme número de aulas que assume para poder sobreviver.

A equipe de coordenação, através da interação que estabelece, pode ajudar muito na tão delicada e relevante tarefa de tornar a prática de sala de aula mais significativa, tendo no Projeto de Ensino-Aprendizagem, a ser elaborado e realizado pelo professor, uma mediação metodológica decisiva.

---

9. Aliás, seria bom lembrar que o ócio já estava presente na própria gênese da ideia de escola, uma vez que no grego *skholè* significa etimologicamente, tempo livre, lugar do ócio (o correspondente latino é *otium*, em oposição a *negotium*).

8

AULA EXPOSITIVA:
ainda existe espaço para ela?

Ali está o professor diante da classe. Frente a tantos questionamentos que a escola vem sofrendo nas últimas décadas, ele se pergunta: o que fazer? Não é uma pergunta meramente retórica; trata-se, na maioria dos casos, de um questionamento profundo: qual o papel da escola? Qual o papel do conhecimento? Qual o papel do professor? Como ensinar dentro de uma nova concepção? Já sabemos que o não equacionamento adequado dessas respostas gerará inúmeros problemas, inclusive de não aprendizagem e indisciplina. Por outro lado, temos de nos aproximar com carinho dessas questões, para não incorrermos no risco de fazer uma crítica contundente das práticas que o professor vem tendo, e não apresentarmos perspectivas de superação, não abrirmos caminho para a formação profissional, não atentarmos para a necessidade de criar condições objetivas para a mudança. Isso pode produzir um efeito paralisante: o professor não faz mais o que fazia por saber que é errado, mas também não faz o novo por não saber como.

A representação que normalmente o professor tem de sua tarefa é de que deve desenvolver determinados conteúdos, transmitir um conjunto organizado de informações, consideradas socialmente relevantes para a formação das novas gerações. Até aí, não há problema, já que corresponde a uma visão psicológica coletiva sobre a função do mestre, secularmente enraizada. O dilema começa quando é preciso definir mais exatamente quais são os tais conteúdos *socialmente relevantes*, uma vez que, como sabemos, esses são palcos de profundos conflitos, em decorrência de diferentes visões de mundo e de educação. O dilema se aprofunda no questionamento da *forma* como essa tarefa vem sendo cumprida pela escola, ou seja, quando o professor, cada vez mais, se dá conta de que através da aula meramente expositiva não consegue cativar os alunos, os resultados nas avaliações são desoladores, pouco tempo depois os alunos já não se lembram de quase nada do que foi dado, as queixas dos colegas professores dos anos seguintes em relação ao *nível* dos alunos são constantes etc. Embora a questão do conteúdo seja da maior relevância e, a rigor, não se possa fazer uma divisão absoluta entre ambas as dimensões, na presente reflexão nos debruçaremos mais sobre a *forma* do ensino.

Manifesta-se neste campo uma contradição: fala-se muito de inovação pedagógica, de educação ativa, da necessidade de participação, do protagonismo do aluno; arriscamos até a afirmar que há um novo senso comum pedagógico (portanto, em nível teórico) de que a metodologia expositiva não garante a construção do conhecimento. No entanto, os dados de realidade (em termos práticos) revelam que a aula expositiva está muitíssimo presente nas instituições de ensino (dos anos iniciais até a pós-graduação)!

Alguns manuais de formação de professores, diante dessa presença meio que inexorável, passam a querer respaldá-la argumentando que a metodologia expositiva é aconselhada quando existe um alto nível de interesse, quando há um código comum entre educador-educandos, quando partilham o mesmo quadro de significação, ou seja, ela é recomendada em condições ideais... Só que no dia a dia concreto, todos sabemos muito bem que não temos as condições ideais![1]

---

1. C. S. Vasconcellos, *Construção do Conhecimento em Sala de Aula*, p. 22.

I. A Metodologia Expositiva em Questão

O problema básico não é ficar fazendo uma crítica apaixonada da aula expositiva, o que poderia provocar também uma reação acalorada, e desencadear um embate estéril. A questão fundamental é buscar saber que ação o professor deve ter em sala de aula para propiciar a efetiva construção do conhecimento por parte de cada um e de todos os alunos. Todavia, dada sua influência e presença, não podemos dispensar o crivo crítico.

A estrutura básica da metodologia expositiva se concentra na apresentação pelo professor, o mais clara, lógica e objetiva possível, do tema de estudo, onde procura trazer para os alunos os elementos mais importantes para a compreensão do mesmo; o que se espera com isso é dar, de forma econômica, muitas informações. Com frequência, a aula acaba se resumindo no seguinte:

- Apresentação do ponto;
- Apresentação de exemplos; resolução de um ou mais exercícios-modelo;
- Proposição de uma série de exercícios para os alunos resolverem.

Segundo alguns professores, é preciso necessariamente empregar a metodologia expositiva, "pois não se saberá extrair do cérebro da criança o que ali não está: História, Geografia, Aritmética etc." (Palmade, s/d., p. 61)

De forma muito sintética — e não sem uma dose de crueldade mesclada com denúncia, em função das solicitações e das condições a que estava submetido — um professor certa vez assim definiu sua estratégia em sala de aula: "Eu entro, falo e saio!".

Quando, na metodologia expositiva, o professor faz pergunta ("pergunta de controle"), é apenas para saber se a informação foi bem decodificada (exemplo: joelho x coelho) ou não (efeito "papagaio": aluno simplesmente ser capaz de repetir). Não há preocupação com a compreensão. "O método interrogativo utiliza perguntas com objetivo seja de controlar, seja de fazer com que o aluno descubra certas verdades de que seu espírito possui os elementos" (Palmade, s/d., p. 61). Aqui não se admite construção por parte do sujeito: ou o aluno aprende por ouvir o professor (viés empirista: conhecimento vem pronto de fora) ou aprende por "recordar" o que já sabe (viés inatista).

Nesse contexto, cabe um alerta: nem sempre a metodologia expositiva se apresenta de forma tão explícita. Muitas vezes, pode vir precedida ou sucedida por um certo "glacê construtivista", ou seja, algumas atividades mais "modernas", "diferentes", mas onde não se altera a postura epistemológica, já que a relação básica continua sendo de *depósito* de informações na cabeça do aluno.

Estamos colocando em pauta a metodologia meramente expositiva por um motivo muito simples, porém radical: com essa metodologia, efetivamente, não se consegue propiciar condições favoráveis para a apropriação crítica, criativa, significativa e duradoura do conhecimento, condição para exercício consciente e ativo da cidadania. Por que perdura, então? Em termos sociais é aceita, pois foi essa a forma de educação que as gerações passadas tiveram. Pedagogicamente, é legitimada pela prática de mera transmissão a que os professores estão familiarizados. Politicamente, tem o respaldo da estrutura da sociedade de classes, que não tem interesse em formar criticamente as grandes massas; para essa, os atuais elevadíssimos índices de reprovação, aprovação sem domínio do saber e evasão são soluções e não problemas.[2]

1. Questão do "Cumprir o Programa"

Ao se falar em mudança de metodologia de trabalho em sala de aula, um dos primeiros argumentos contrários que se colocam é

---

2. Tornou-se clássica a afirmação de Darcy Ribeiro: "a crise educacional do Brasil, da qual tanto se fala, não é uma crise, é um programa" (29ª reunião anual da Sociedade Brasileira para o Progresso da Ciência-SBPC, em 1977).

relativo ao tempo: em se trabalhando de uma forma mais participativa, crítica, criativa, não haveria tempo para se cumprir o programa. No fundo, este problema passa pela tensão:

> ## Qualidade da Apropriação
>
> ×
>
> ## Quantidade de Informações

A questão da *forma* de trabalho está relacionada à nossa preocupação com a qualidade da aprendizagem, o que demanda, por exemplo, atividade intencional do educando, decorrência, certamente, de uma determinada concepção do processo de conhecimento por parte do educador. A questão do tempo ou, mais genericamente, das condições objetivas de trabalho, emerge como consequência da preocupação com a quantidade de conteúdos a serem trabalhados pelo professor, num determinado período (semestre, ano, ciclo). Desse confronto vem o desafio: como conseguir trabalhar o programa garantindo uma nova qualidade?

Condicionantes

A preocupação com o tempo (ou com o "cumprir o programa") é o emergente, o visível; a pergunta a ser feita é sobre a gênese desta preocupação do professor: como chegou a isto? Por quê? (Um segundo nível de reflexão poderia nos remeter a um questionamento ainda mais profundo: a serviço de quem está este tipo de preocupação?) Caso contrário, ficaria fácil resolver o problema: bastaria "mudar a mentalidade" do professor, como se isso fosse uma simples questão de boa vontade, desconsiderando o enraizamento das ideias no real.

Podemos levantar, então, algumas fontes de pressão sobre o professor para o "cumprimento do programa": direção (que não quer "baixar o nível" da escola), coordenação/supervisão (empenhada na qualidade do ensino), colega(s) do ano seguinte (que não querem "alunos sem base"), colega(s) do mesmo ano (que querem "caminhar juntos"), o próprio professor (por já ter incorporado tal expectativa), o material didático adotado (o livro, a apostila que já traz um rol de conteúdos), os exames (que têm seu programa próprio), os concursos, os próprios alunos, os pais (que entendem que escola *forte* é a que "enche o caderno de matéria"), outras escolas (que acabam servindo de parâmetro numa sociedade competitiva), a proposta curricular da mantenedora, as avaliações de sistema (com seus "conteúdos mínimos"). Diante de tanta pressão, cremos que fica bem claro como é um engodo colocar toda a responsabilidade nas costas do professor. Por outro lado, se entendemos que esses são condicionamentos, e não determinantes inexoráveis, e se compreendemos o professor como sujeito de mudança, reconhecemos o seu papel para alterar, ainda que dentro de sua Zona de Autonomia Relativa (ZAR), esta situação. *"Vamos agora perguntar como em nosso sistema de educação deveríamos prevenir-nos contra a aridez mental. Enunciemos dois mandamentos educacionais: 'Não ensine matérias demais' e 'O que ensinar, ensine bem'"* (Whitehead, 1969, p. 14).

2. Equívocos na Mudança

Na tentativa de concretizar alguma mudança, muitas vezes, incide-se em equívocos, como apontamos a seguir:

- Achar que professor não pode mais falar: tudo "tem que" sair do aluno.[3] Há aqui uma confusão entre a necessidade de levar em conta o que aluno sabe e a crença de que se pode "tirar" todo conhecimento dele.

---

3. Caso da professora que ficou mais de dois dias no mesmo ponto, porque não conseguia "tirar" o conhecimento dos alunos.

- Não perceber que o professor tem também o seu papel: fazer a crítica, sistematizar, não "deixar passar" as visões equivocadas. Isso é muito importante: há essa confusão, considerando-se que nas *metodologias ativas* o que o aluno traz está bom, que o professor não pode interferir (especialmente quando é trabalho de grupo).

- Cair no vazio, não desenvolver conteúdos. Daí a preocupação de muitos professores: como mudar e manter a excelência acadêmica? Como não cair no "achismo", no "agora não se pode mais corrigir", "o aluno — cliente — sempre tem razão".

- Hoje, o professor está mais próximo do aluno, não há aquele formalismo, aquela distância psicológica; porém o que ocorre amiúde é que, na hora de explicar, vai pelo tradicional. Estabelece-se, então, uma contradição entre o nível de relacionamento psicológico (próximo, afetivo) e o relacionamento pedagógico (formal, "bancário").

- "Nós já trabalhamos nessa linha nova, só que não damos o nome". Cuidado: pode ser, todavia pode ser um sutil mecanismo de resistência.

- Outra forma de resistência: elogiar tanto a nova proposta, mas tanto, que nem é possível colocar em prática...

II. Novo Referencial Metodológico

Não podemos cair na crítica tipo "nem-nem": nem tanto ao mar, nem tanto à terra: um pouco de exposição, um pouco de outras técnicas. O problema não é a variação pela variação, só para tornar a aula mais "agradável" ou para poupar o professor do desgaste. O que estamos buscando é um caminho para que os alunos (cada um e todos) se apropriem efetivamente do conhecimento e se desenvolvam plenamente como seres humanos (e sejam felizes).

Necessidade de Acesso a Novas Informações

Para propiciar a construção do conhecimento, o professor pode problematizar o sujeito, o que o fará pensar, refletir, elaborar hipóteses. Mas e se não conseguir apreender as relações básicas de constituição do objeto em pauta? Terá que pesquisar, ou seja, terá que ter acesso a algum conjunto explicativo de ideias, a alguma "exposição", que pode ser um livro, um filme, um texto, a fala do professor. E daí, como fica? Quebra-se o "encanto" da metodologia ativa? Há um fato objetivo que precisa ser levado em conta: o aluno não vai "inventar" de novo todo o conhecimento, o que significa dizer que deverá ter acesso a alguma fonte de informação. Neste sentido, está correta a intuição do professor de que deve propiciar esse acesso (daí sua *tentação* de "transmitir"). Que fonte será essa? Qual o relacionamento do aluno com a fonte? Em que momento e de que forma deve entrar a informação? Essas são questões a serem equacionadas a partir de uma abordagem epistemológica, qual seja, tendo como referência uma teoria do conhecimento que fundamente a prática pedagógica.

Brevíssimas Notas de Fundamentação Epistemológica

Conhecer é atribuir significado (produto), através do estabelecimento de relações (processo) entre as representações mentais do sujeito (matéria-prima). O aluno vai conhecer (fazer seu conhecimento avançar) através do estabelecimento de relações entre suas representações mentais. Isso pode se dar, basicamente, de duas formas (não dicotômicas): relacionar entre si, através do processo de reflexão, representações mentais que já tinha (mas até então estavam desconectadas), ou relacionar suas representações mentais com novos dados e informações a que tem acesso, através de sua sensibilidade.

Diante de determinado objeto de conhecimento (colocado como objeto de estudo), o estabelecimento dessas relações entre as representações mentais, em linhas gerais, pode se dar de três maneiras:

1. Aluno já traz elaboradas as relações das representações mentais relativas ao objeto, construídas num outro momento (na sala de aula, diante do estímulo da situação, apenas re-conhece);

2. Aluno pode elaborar as relações entre suas representações mentais a partir da provocação do professor ou do contexto, mas com elementos (representações mentais prévias) que já dispõe (e não havia relacionado ainda);

3. Aluno pode elaborar o conhecimento (estabelecimento de relações entre suas representações mentais) a partir da provocação do professor ou do contexto, mas buscando elementos em novos subsídios (para além de si) a fim de construir novas representações mentais (que serão relacionadas até que deem conta de atribuir um sentido ao objeto).

Os elementos para o estabelecimento das relações virão, portanto, da pesquisa que fará: nele mesmo (o que já tem de conhecimento prévio), no colega, no professor, na comunidade, na biblioteca, no livro, no laboratório, na internet, na realidade. No ensino tradicional as únicas fontes de informações reconhecidas pela escola eram o professor e o manual didático.

A ação de conhecimento tem uma característica peculiar. Se conhecer é *penetrar e definir o objeto* (Lalande), estabelecer nexos, o que está em questão na ação de conhecimento, é a busca de identificação dessas relações, das determinações, dos atributos do objeto. Logo, uma ação de cunho analítico. Por outro lado, compreende-se que a parte é sempre parte de um todo, de tal forma que fica quase que impossível se delimitar em que momento se encerraria a análise e se começaria a síntese; por isso afirmamos o caráter **analítico-sintético**[4] da ação

---

4. A rigor Sincrético-Analítico-Sintético, considerando-se o conhecimento começa por uma visão do todo, porém caótica, confusa (Síncrese). Ver C. S. Vasconcellos, *Construção do*

de conhecimento. A análise vai buscar as relações de constituição do objeto, bem como as relações que o objeto estabelece com outros. É certo que num objeto pode se encontrar uma multiplicidade quase infindável de relações; o que está em pauta no conhecimento científico, filosófico, estético ou tecnológico é a busca das relações não-aleatórias, fundamentais, necessárias. Daí, mais um destaque ao papel mediador do professor no processo de construção do conhecimento por parte do aluno: possibilitar o acesso qualificado à informação.

III. Formas de Trabalho em Sala de Aula

O que pode fazer de melhor um professor nas condições concretas que tem? Essa resposta virá do confronto entre a realidade e o desejo. Por isso, embora sendo talvez de difícil aplicação plena num primeiro momento, é fundamental que o professor tenha uma visão clara do horizonte metodológico almejado, porque esse funcionará como um constante elemento tensionador da prática; assim, sempre que houver um espaço de possibilidade, este poderá ser aproveitado, caminhando na direção desejada.

Possível Núcleo de Bom Senso da Educação Tradicional

Partindo do princípio de que toda prática humana é contraditória, não é possível que a assim chamada educação tradicional, que teve na metodologia expositiva seu suporte, fosse só equívoco. É preciso reconhecer sua cota de bom senso. O quadro a seguir procura ao mesmo tempo resgatar esse possível núcleo de bom senso e apontar as eventuais limitações dessa abordagem didática.

Conhecimento em Sala de Aula.

Quadro 1. Núcleo de Bom Senso x Limites da Pedagogia Tradicional

Ênfase da Educação Tradicional	Núcleo de Bom Senso	Por Outro Lado...
Professor transmitir informações	É papel do professor possibilitar o acesso à informação, à tradição, à cultura, ao valor, à norma. Cabe sim ao professor disponibilizar caminhos para que o aluno tenha acesso a elementos novos. Pode dar uma visão geral, destacar os aspectos mais relevantes, dar referências para aprofundamento etc.	Só que não se trata de simplesmente "jogá-los" aos alunos, mas de favorecer — por sua mediação — a apropriação crítica, criativa, significativa e duradoura destes elementos
Memória	De fato, a memória tem um papel muito importante no processo de conhecimento, visto que o conhecimento novo se dá a partir do conhecimento prévio, que tem sua base na memória. Podemos dizer que conhecer é construir memórias	Só que se trata da memória ativa e profunda (de longa duração) e não da memória mecânica e superficial; logo, carecem de sentido aqueles exercícios meramente repetitivos para "fixar" a aprendizagem
Aluno ouvir	No processo de conhecimento, com certeza, o ouvir é uma forma de acesso a informações. Nesta medida, o aluno precisa saber ouvir seja o professor, o colega, o vídeo, a realidade	Mas não pode ficar só no ouvir: o elaborar e o expressar são também decisivos no processo de elaboração do conhecimento
Aluno respeitar o conhecimento	É certo que deve haver respeito por parte do aluno em relação ao conhecimento que está tendo acesso, pois trata-se do patrimônio acumulado pela humanidade	Mas isso não deve significar uma visão ingênua; é preciso também desenvolver no aluno a capacidade de se perguntar sobre a validade dos conhecimentos apresentados, que não devem se tornar fetiches, dogmas

A tarefa é, pois, fazer um esforço de superação por incorporação e não de simples negação, o que significa dizer procurar preservar os elementos válidos da prática tradicional, mas, ao mesmo tempo, estar muito atento aos seus limites, a fim de ultrapassá-los.

Papel do Professor na Construção do Conhecimento

O educador, na nova postura, compreende que não é ele que "deposita" o conhecimento na cabeça do educando. Por outro lado, sabe também que não é deixando o educando sozinho que o conhecimento "brotará" de forma espontânea. Quem constrói é o sujeito, mas a partir da relação social, mediada pela realidade. Podemos sintetizar, então, o papel do professor como mediador na construção do conhecimento nos seguintes vetores: acolher, provocar, subsidiar e interagir.

- **Acolher:** o primeiro movimento do professor em relação ao estudante é sempre o de acolhimento, de engendramento, de reconhecimento de seu valor como pessoa, de sua cultura e de sua capacidade de aprender ("Eu vejo você"; "Você é bem-vindo").

- **Provocar:** criar situações a fim de colocar o pensamento do educando em movimento, na direção do objeto de estudo; ajudar a "pôr os neurônios para funcionar"; desequilibrar: propor desafios, perturbações, dilemas, disrupções criativas, dissonância; favorecer o pensar do aluno sobre o objeto de conhecimento. Propor ações de conhecimento; provocar situações em que os interesses possam emergir e o aluno possa atuar sobre o objeto. Corresponde a uma espécie de fator "entrópico", agitação do sistema, visando liberar representações mentais prévias.

- **Subsidiar:** dispor objetos/elementos/situações; dar condições para que o educando tenha acesso a elementos novos, a fim de possibilitar a elaboração de respostas aos problemas suscitados, superar a contradição entre sua representação mental e a realidade (do objeto). Dar indicações, oferecer subsídios, dispor de elementos curriculares dos quais o aluno possa extrair "matéria-prima". A *arte* do professor está no disponibilizar elementos adequados, no momento adequado, do jeito adequado (o que inclui o espaço de liberdade, a possibilidade de opção por parte do aluno). Propiciar a oportunidade de ação sobre o objeto. Propor ações que favoreçam a elaboração crítica, criativa, significativa e duradoura do conhecimento (vínculo com necessidades/desejos do aluno).

- **Interagir com a representação do educando:** solicitar a expressão, através dos mais diversos meios; acompanhar o percurso de aprendizagem. No caso de a capacidade analítica do educando não avançar muito, o professor pode entrar, procurando estabelecer novas contradições entre sua representação sincrética e os elementos do objeto ainda não captados por ele. Desta forma, o aluno terá condições de "triturar", desmontar, analisar, trabalhar, processar as informações e aproveitá-las na construção do seu conhecimento. Ajudar a chegar à elaboração da síntese do conhecimento.[5]

No cotidiano da sala de aula, esta postura metodológica poderá ser articulada com estratégias que tenham coerência com o princípio metodológico, como por exemplo: problematização, pesquisa, oficinas, trabalho de grupo, exposição dialogada, seminário, projeto, experimentação, debate, jogos educativos, dramatização, produção coletiva, estudo do meio.

1. Trabalho por Projeto

A perspectiva de trabalho por projeto nos parece ser atualmente uma das mais indicadas para a renovação metodológica, tendo em vista a possibilidade concreta de superar uma série de problemas da prática tradicional, como a passividade do aluno, o distanciamento entre o objeto de conhecimento e os interesses dos educandos, a desarticulação do ensino com a realidade, o não desenvolvimento da iniciativa e da autonomia dos alunos.

A estrutura básica do trabalho por projeto pode ser assim compreendida: definição do(s) tema(s)-problema, constituição dos grupos de trabalho, planejamento do trabalho, trabalho de campo, pesquisa e teorização, produção de registros, apresentação, globalização e avaliação.[6]

No processo de aprendizagem por pesquisa ou descoberta, o sujeito tem oportunidade de ir construindo as relações desde as

---

5. C. S. Vasconcellos, *Construção do Conhecimento em Sala de Aula*, p. 84.
6. C. S. Vasconcellos, *Planejamento: Projeto de Ensino-Aprendizagem e Projeto Político-Pedagógico*, p. 151.

mais elementares, pois, se não constrói um leque de relações mais elementares, não consegue ir adiante e chegar ao conhecimento mais elaborado, à descoberta. Esse caminho obriga a que necessariamente construa sua rede de relações para avançar. No caso de exposição do professor, isto pode não acontecer, especialmente, se o professor não propiciar espaço — físico e psicológico — para o educando se debruçar reflexivamente sobre o objeto, e solicitar, frequente e insistentemente, o retorno, a exposição das elaborações (sínteses provisórias) dos alunos.

Dependendo da realidade de trabalho, haverá maior ou menor grau de liberdade na escolha dos objetos de pesquisa pelos alunos; poderemos ter exigências (de ordem pedagógica, profissional ou social) de tratamento de determinados conteúdos num determinado momento da formação dos alunos. Na Educação Infantil ou nos anos iniciais do Ensino Fundamental, por exemplo, o leque de possibilidades é praticamente infinito, uma vez que estão em pauta o desenvolvimento de conceitos, procedimentos e atitudes dos mais fundamentais, que podem ser trabalhados a partir de um amplo espectro de objetos. Além disso, estão em questão também as condições de trabalho: enquanto nos anos iniciais, de um modo geral, o professor tem muito tempo de contato com os alunos, nos mais avançados esse tempo é bastante reduzido, sendo que na grande maioria das instituições o professor é *aulista* (contratado só para dar aula, sem tempo de dedicação), tendo muita dificuldade de flexibilizar seu trabalho com os alunos. É por isso que quando se fala da perspectiva de projeto, é preciso pensar nas condições objetivas para sua concretização. Todavia, nos anos mais avançados ou no ensino superior existem também possibilidades de se trabalhar por projeto, mesmo que num espectro mais restrito (por exemplo: opção por parte dos alunos de temáticas de investigação escolhidas a partir de um determinado conjunto apresentado pelo professor como sendo necessário para aquela etapa de estudo). Essa prática, por certo, demanda maior competência pedagógica dos professores.

Nesta linha de trabalho, a exposição magistral, com certeza, deixa de ser o centro de referência, que se desloca para a atividade de pesquisa dos alunos; porém, a exposição não deixa de existir: na introdução, a exposição do professor é da maior importância para favorecer a mobilização dos alunos para a temática da pesquisa; será através da energia que o professor põe na exposição das ideias que os alunos poderão aquilatar a relevância do assunto, sua densidade; igualmente, é necessária a exposição no final do(s) projeto(s), visando a sistematização, a articulação com temas já estudados, bem como para suprir lacunas ou mesmo eventuais equívocos cometidos pelos alunos. Não podemos tratar o educando como se já fosse "pesquisador sênior" (alguém que é capaz de se colocar um problema, organizar a pesquisa, investigar, organizar os dados, analisar os resultados, concluir, expor); este é o horizonte; no entanto, neste momento histórico, o discente está em formação, precisando, pois, de contar com a mediação qualificada e oportuna do professor. O que estamos querendo dizer é que o trabalho por projeto não deve significar uma demissão do professor; sentimos como muitos alunos, até na pós-graduação, têm uma certa resistência à proposta de seminários, em função da experiência negativa que tiveram: o docente simplesmente distribuía os temas, os alunos apresentavam (quase que *representavam*, visto que, em alguns casos, até as perguntas eram negociadas com os colegas, a fim de não errarem e com isso perderem nota), o professor assistia passivamente, e pronto. Que o mesmo não ocorra com os projetos.

Uma diferença importante da Metodologia Dialética, que é o nosso referencial, em relação à Escola Nova é que enquanto essa colocava a descoberta como fator decisivo para um conhecimento significativo, enfatizando, pois, a experiência, a dimensão cognitiva do aluno, a dialética entende que a significação passa não apenas pelo envolvimento cognitivo do aluno, mas também por suas relações de existência, ou seja, trabalha num nível de maior abrangência em relação ao sujeito, valorizando, evidentemente, o "conflito (sócio) cognitivo", mas indo além dele, compreendendo-o numa visão de totalidade, onde na verdade o conflito não é só sociocognitivo (no sentido lógico, de diferentes hipóteses em confronto), é existencial, é uma contradição que se coloca para o sujeito superar (a partir de suas necessidades reais).

2. Exposição Dialogada

Retomando a temática central deste capítulo, indagamos: cabe a exposição do professor? A nosso ver, a questão nuclear é a exposição do professor entrar no momento certo e da maneira adequada, quando as possíveis "ligações" na representação do sujeito estão preparadas. O professor pode falar a mesma coisa, porém, se em outro contexto que não esse de mobilização, não terá o mesmo efeito. O problema não é — até certo ponto — a exposição docente em si, o falar como tal, mas sobretudo a qualidade da fala. Temos aqui duas exigências:

1.   Qualidade interna da fala: é bem posicionada, substanciosa (totalizada, crítica, historicizada)? Apreende o movimento do conceito?

2.   Qualidade do vínculo da fala com o outro (necessidades, desejos, representações mentais, esquemas ou estruturas de compreensão), considerando-se também a exigência de disponibilizar tempo para a ação do educando sobre a exposição do educador.

Nesta situação pedagógica há um mediador (o professor) que traz elementos qualificados (relevantes, potencialmente significativos para aquele grupo, historicizados etc.) da cultura acumulada pela humanidade e "economiza" tempo de pesquisa do aluno (pelo menos em termos de macro organização desses elementos). Ao criar situação didática de reflexão sobre a exposição, o aluno tem a oportunidade de fazer uma reconstrução, só que em ritmo acelerado (se ele fosse fazer a pesquisa, demoraria muito mais tempo para acessar aquelas informações). Exemplo: o aluno quer saber qual a relação entre aquela parte central da célula e o seu entorno; o professor, nesse momento (depois de problematizar, de devolver a pergunta para o aluno e para a classe, e se certificar que por si realmente os alunos não avançarão mais) pode entrar com as informações. Se o educando fez a pergunta é porque aquele objeto está no seu universo de significação, na sua Zona de Desenvolvimento Proximal-ZDP (Vygotsky); há, portanto, elevada probabilidade de a resposta dada pelo professor ser assimilada.

Que significa o sujeito em crise, desequilibrado, mobilizado, motivado? Significa que já tentou responder ao desafio da realidade com os recursos, esquemas, representações que tem e não está conseguindo; significa, portanto, que esses "recursos mentais" correlatos ao objeto de conhecimento foram trazidos à tona, estando prontos para a interação; daí a possibilidade de um maior grau de assimilação da informação que chegar nesse momento (desde que, evidentemente, relacionados a esses esquemas, já que não há mobilização "em geral").

O professor pode chegar e "contar" logo as relações que compõem o objeto. Qual o grau de assimilação? Muito baixo: falta mobilização, falta atividade significativa do educando. Ocorre que quando o professor simplesmente apresenta, narra o conceito para o aluno, o impede de participar do movimento que deu origem a esse conceito e que poderia, inclusive, dar continuidade a ele (seja no sentido de sua superação conceitual, seja no sentido de seu movimento da consciência para a prática do sujeito que está aprendendo); trata-se, pois, de uma forma de ensino que é inócua — a não ser para aqueles poucos que já têm as condições prévias favoráveis —, uma vez que não trabalha o movimento conceitual, que reflete o movimento do real (por isso não permite a entrada do aluno nesse movimento). O educando pode ser capaz de repetir o conceito, até de aplicá-lo mecanicamente, mas não de internalizá-lo. O professor precisa ter clareza de que aquilo que apresenta aos alunos para ele é **síntese**, porém para os alunos é **síncrese**, qual seja, será necessário passar pela análise para daí o aluno poder construir a sua síntese.

Qual a influência do tipo de fonte de informação? Que diferença há entre o sujeito receber a informação já elaborada sobre determinada relação de constituição do objeto, ou ele a elaborar a partir de sua busca por informações sobre o objeto? Não se chegaria ao mesmo resultado? Ocorre que, na segunda situação, ele faz relação daquela informação que busca com os conhecimentos que tinha, ao passo que na primeira, há um sério risco de ele se colocar como tarefa apenas decodificar as informações que está recebendo (só haveria conhecimento mais duradouro, se eventualmente ele tivesse os esquemas de significação para assimilação da informação — fato muito pouco provável na sala de aula). Quantas vezes já não aconteceu isto: de repente, "descobre-se", compreende-se algo sobre o real e quando o sujeito se dá conta, aquilo não era "novidade", alguém já havia dito e ele tinha até repetido, mas não como coisa sua, mais pela confiança na autoridade de quem lhe falara. O que ajuda a superar esse estágio de mimetismo é o sujeito ser questionado, pois isto provoca-o a pensar.

É preciso que fique bem clara a diferença entre **aula meramente expositiva** e **exposição em aula**. Na primeira, o que se tem é uma narrativa do professor, ainda que competente (atualizada, lógica), descolada do movimento de pensamento dos alunos. Diferentemente, na exposição em aula, a exposição não "cai de paraquedas", uma vez que o professor traz os elementos da cultura num contexto de *"atrito"* (Wallon, 1989), de *"afrontamento"* (Ricoeur, 1969, p. 55), de *"interação social"* (Vygotsky, 1984), portanto, de *"diálogo"* (Freire, 1981b), de interação com as representações mentais dos educandos que estão sendo disponibilizadas no encontro (a partir da problematização). Nesta medida, a exposição dialogada pode ser uma estratégia que propicia uma efetiva aprendizagem, já que a relação entre o professor e os alunos é tensa, do ponto de vista epistemológico, qual seja, nenhuma informação é *jogada ao vento*, mas, ao contrário, entra como uma peça num mosaico que está sendo, pessoal e coletivamente, construído.

A intersubjetividade ou a intercomunicação é a característica primordial deste mundo cultural e histórico. Daí que a função gnosiológica não possa ficar reduzida à simples relação do sujeito cognoscente com o objeto cognoscível. Sem a relação comunicativa entre sujeitos cognoscentes em torno do objeto cognoscível desapareceria o ato cognoscitivo. (...) Esta é a razão pela qual (...) uma relação constituinte fundamental e indispensável ao ato de conhecimento é a relação dialógica. A educação é comunicação, é diálogo. (Freire, 1986, p. 65-66; 69)

Este é um enorme desafio para a autêntica relação educativa: viver a tensão dialética, não permitir sua ruptura, caminhando seja para a perspectiva bancária (de depósito de informações), seja para a espontaneísta (deixando o aluno submetido às forças desordenadas do ambiente). Para isso, a atitude de escuta é da maior importância; quando se fala diálogo, que seja dialogar mesmo! "Dedicar tempo para dialogar seriamente com os alunos a respeito das ideias deles como ideias deles" (Doll, 1997, p. 182). A intervenção do professor só ganha possibilidade de ser significativa se estiver efetivamente ouvindo o outro, pois desta forma poderá tanto localizar as necessidades quanto acompanhar a construção e, assim, qualificar sua intervenção. De resto, se considerarmos a grande complexidade do processo de construção do conhecimento e a diversidade dos alunos (ritmos, conhecimentos prévios, estilos cognitivos, múltiplas possibilidades da inteligência, condições de vida), deixar de ouvi-los é fadar-se ao fracasso. Na aula meramente expositiva, não se permite esta dinâmica de aproximações sucessivas; faz-se um caminho linear: o professor vai falando, falando. Quem acompanhar, ótimo; quem não... No processo interativo, cada novo passo considera os anteriormente dados. No formalismo, os passos vão sendo dados porque estavam "programados", independentes da realidade, do que está acontecendo.

Antes de ensinar, é preciso aprender. Isso, a princípio, parece demagogia; depois que se passa a entender um pouco de epistemologia do processo pedagógico, percebe-se que se trata de uma necessidade: é preciso saber o que o aluno sabe/pensa para poder interagir, provocar a contradição (continuidade-ruptura).

De forma complementar, espera-se o desenvolvimento no professor de estruturas de acolhida da contribuição dos alunos. Se o professor não tem um esquema de organização mental/representativo previamente estruturado (embora sempre aberto a reestruturações), fica difícil articular as contribuições dos alunos: não sabe o que fazer com elas, falta chave de leitura, que daria sentido aos fragmentos, aos dados isolados. Se tiver o esquema, é capaz de ir articulando as contribuições no todo.

É preciso destacar, no entanto, uma questão fundamental: "Para que a aula se processe a partir do diálogo, é necessário que o aluno tenha o que debater (isto é, dialogar) com o professor; este é o ponto nevrálgico de uma metodologia de ensino dialógica ou problematizante" (Benincá, 1983, p. 51). Para isso, o aluno deve estar familiarizado com o conteúdo, seja através de vivências, leituras, pesquisas individuais ou em grupo, exposição do professor. Caso contrário, não há um tema gerador comum, assunto que *de alguma forma pertença à consciência de ambos.* É evidente que não estamos esquecendo o mundo de experiências e conhecimentos que o aluno já traz (até porque ele será a base para a elaboração do novo conhecimento). Ocorre que esse conhecimento, normalmente, precisa ser superado (ampliado, revisto, criticado, siste-matizado); isso se observa de forma mais clara nos anos mais adiantados onde o conteúdo implica um grau maior de complexidade e síntese.

O professor pode favorecer a atitude de análise-síntese do aluno diante das informações, solicitando, por exemplo, que:

• Destaque as ideias principais, nucleares do texto (ou da exposição);

• Problematize as informações apresentadas (aponte limites, incoe-rências, dúvidas, discordâncias);

• Faça relação (de aproximação/distanciamento) com a prática, com outros estudos realizados;

• Expresse-se com suas palavras.

Exposição Provocativa

Outra possibilidade bem simples de se organizar o trabalho pedagógico é a seguinte:

a)   colocação do problema;

b)   exposição posicionada e estimulante do educador;

c) reflexão de confronto e problematização por parte dos educandos, reunidos em grupos, por exemplo (quando se dá tempo para essa reflexão, na verdade a fala do professor está se transformando em objeto de investigação do aluno);

d) confronto educador-educando (superação da posição de educador e de educando).

Precisamos, neste caso, dimensionar adequadamente o tempo para que o educando, pessoal e coletivamente, possa se debruçar sobre aquilo que falamos; retomar o que foi exposto e analisar com maior profundidade. É fundamental a colocação do problema antes de se iniciar a exposição, a fim de que, depois, o educando possa retomar a exposição e fazer o confronto: em que medida o problema foi respondido? Reanalisando, pode de fato surgir dúvidas.[7]

O professor não deve ter a ilusão de que pode estabelecer as relações pelo aluno; o fato de dominar as relações e apresentá-las não significa que os alunos irão "automaticamente" absorvê-las, assimilá-las. Significa tão somente que ele dá oportunidade de o aluno interagir com esse objeto, ou seja, o aluno pode fazer da fala docente objeto de estudo, porém haverá todo um caminho até que se faça, ou não, a internalização. O equívoco reside no seguinte: o que se supõe depois de uma exposição é o confronto, a pesquisa, o detalhamento, o aprofundamento, o estabelecimento de relações, exatamente o que não tem acontecido em sala de aula.

Para saber se o pensamento do aluno é autêntico (e não mera reprodução das informações passadas), se houve efetiva internalização, o professor pode solicitar que aluno:

- Explique de outra forma;
- Explique de maneira simples, "com suas palavras";
- Transfira o conhecimento para outra situação que não aquela estudada;
- Identifique contradição com outras informações.

---

7. C. S. Vasconcellos, *Construção do Conhecimento em Sala de Aula*, p. 89.

Necessidade de Atividade do Educando

A mudança de metodologia por parte do professor vai implicar na exigência de uma nova postura do aluno; se ele, marcado por vivências anteriores, ficar esperando que o docente dê tudo pronto, pode se prejudicar, pois o professor está sempre se colocando a partir das falas dos colegas, que, portanto, passam a fazer parte do "conteúdo"; o aluno agora precisa valorizar a participação do colega, para poder com ele aprender também.

Podemos nos perguntar: afinal, o que é uma aula? Qual a diferença entre *assistir* e *participar* de uma aula? Na primeira situação, diante da exposição do professor, o aluno pode até gostar, ter um certo nível de envolvimento; se houve um texto de referência para estudo prévio ou na própria aula, tem a sensação de que as coisas estão "amarradas" (estado psicológico de segurança por ver o conhecimento sistematizado). Na segunda, depois da aula, parece haver uma certa sensação de vazio: tudo bem, a aula foi interessante, mas o que ficou mesmo? Foram tantas coisas faladas, tantas participações, tantos elementos levantados... Até que ponto o sujeito é capaz de perceber as sínteses que foram sendo feitas (ou não) no decorrer da mesma? Até onde está elaborando a sua síntese? Parece um tanto paradoxal, mas nesse segundo estilo de aula que estamos a defender, a sensação de segurança é menor; todavia, a nosso ver, esse é justamente um indicador de que está havendo construção do conhecimento, uma vez que a certeza se estabelece no sujeito a partir do confronto com a dúvida; se não há problema, se não há *crise, confusão*, as informações passam por ele, mas não são interiorizadas. Portanto, participar da aula é uma tarefa muito exigente, já que implica tarefas para o *antes* (leituras, exercícios, levantamento de problemas), para o *durante* (atividades didáticas, atenção, diálogo, expressão das sínteses parciais) e para o *depois* da aula (retomada, elaboração de sínteses pessoais, relacionamento com outras áreas de saber, levantamento de novos problemas, aplicação do conhecimento, ver o que precisa ser retomado). Será necessário, pois, o estudante se instrumentalizar para a participação, incluindo alguma forma de registro dos pontos levantados em aula, que possibilite a reflexão-síntese posterior.

Sobre o Processo de Mudança da Prática

Em relação à prática metodológica atual (passiva, instrucionista), é importante considerar:

- É a prática que estamos tendo; será, portanto, o ponto de partida da eventual mudança;
- Estamos procurando fazer o melhor de nós; logo, há uma ética, um compromisso, um desejo de acertar; essa energia deve ser aproveitada na busca de superação;
- Não se trata de negar tudo o que fazemos; como vimos, não é possível que nossa prática seja totalmente equivocada;
- O problema é que geralmente fazemos bem uma parte (por exemplo, disponibilizar informações), mas não cuidamos bem de outras (como provocar e interagir);
- A prática que temos é influenciada por vários fatores, não dependendo só da nossa vontade ou visão. Assim, não cabe uma atitude de culpabilização pessoal (não é por *maldade* que fazemos o que temos feito).

Provavelmente, se refletirmos nesta direção, nos sentiremos mais seguros e dispostos a ousar, pessoal e coletivamente, nas necessárias mudanças de nossas práticas em sala de aula.

A questão essencial não está na técnica em si que o professor aplica em sala de aula para desenvolver os conteúdos, mas na postura que assume no seu trabalho, seja em termos de firmeza de intencionalidade, seja quanto em capacidade de ler criticamente a realidade, bem como do cuidado com sua formação (incluindo a fundamentação epistemológica), pois assim poderá, em cada contexto concreto, buscar as melhores formas de intervenção pedagógica, não ficando vítima de modismos e estando capacitado para enfrentar as desafiantes pressões do ambiente.

9

(IN)DISCIPLINA:
Problema de Gestão da Sala de Aula ou de Auto-Organização dos Alunos?

O fazer pedagógico tem na relação professor-aluno uma mediação fundamental. Todavia, nos últimos tempos, essa relação vem se constituindo em causa de muita preocupação, sobretudo por sua manifestação nos assim chamados "problemas de disciplina". Partilhamos da percepção de que o problema da (in)disciplina na escola é grave e angustiante, precisando ser melhor entendido e enfrentado. Nestas breves reflexões, queremos analisar as possíveis relações entre a (in)disciplina e a gestão da sala de aula por parte do professor, bem como a questão da participação dos alunos neste processo. Quando usamos aqui o termo gestão, desejamos tomá-lo tanto no sentido de administrar, executar, quanto no de criar, produzir, que o verbo gerir, na sua raiz latina (*gerere*), admite.

I. Perspectivas Estruturais de Ação

Inicialmente, é preciso problematizar o título deste capítulo. A rigor, entendemos que a questão não se coloca em termos de "ou" e sim de "e": o problema da (in)disciplina, com certeza, diz respeito ao professor, mas também ao aluno.[1] E mais do que isto, dada sua complexidade, envolve também outras frentes: instituição, comunidade, sistema de ensino e sistema social. A abordagem de todas as dimensões demandaria uma longa análise. Remetemos o leitor para outras obras nossas que fazem este percurso.[2] Neste momento, trazemos algumas perspectivas de ação da ordem institucional, no sentido de favorecer a construção de uma nova disciplina em sala de aula e na escola:

- Projeto Político-Pedagógico que explicite as grandes opções da escola (visão de sociedade, pessoa, educação, etc.), mas sobretudo procure resgatar o sentido para o estudo, respondendo aquela "indiscreta" perguntinha dos alunos: "Professor, estudar para quê?". Uma outra contribuição importante do Projeto é contemplar, como um dos seus itens, a disciplina que se deseja na escola.[3] Fica muito difícil a concretização de uma disciplina consciente e interativa na sala de aula e na escola quando não se tem uma visão comum da disciplina que se deseja.

- Projeto de Ensino-Aprendizagem que, entre outras coisas, explicite o sentido da matéria a ser estudada (professor se recusar a dar conteúdo sem significado relevante), assuma uma metodologia participativa e contemple o contrato de trabalho em sala de aula.

- O Contrato Didático (contrato de trabalho, combinado, regras de trabalho, acordo, contrato pedagógico) é um dos dispositivos

---

1. A rigor, também os alunos são gestores da sala de aula.

2. C. S. Vasconcellos, *(In)Disciplina: Construção da Disciplina Consciente e Interativa*, e *Indisciplina e Disciplina Escolar: fundamentos para o trabalho docente*.

3. Como vimos no Capítulo 1, na metodologia do Planejamento Participativo, as dimensões do Projeto são construídas a partir de perguntas que devem ser respondidas individualmente, depois sistematizadas e submetidas ao plenário até se chegar a um consenso. No caso, a pergunta desencadeadora poderia ser algo do tipo: "Como desejamos a disciplina em nossa escola?".

pedagógicos mais simples e mais eficazes quando bem elaborado e levado a sério. O Contrato Didático é aquele combinado[4],
aquele conjunto de regras que contempla possibilidades e limites
na sala de aula, o que pode, o que não pode, o que se espera, o
que não se espera, as atribuições e responsabilidades, as formas
de relacionamento dentro da sala de aula e, no caso de alguma
regra não ser respeitada, qual é a sanção implicada. Ele é fundamental porque que vai balizar as relações no cotidiano da sala
de aula. É importante destacar que o Contrato Didático deve
apontar aquilo que é esperado tanto em relação ao aluno, quanto
em relação ao professor. A escola tem suas normas (respaldadas
pelo Regimento); aqui, estamos nos referindo às normas, regras
da sala de aula, daquele professor com aquele coletivo de alunos. O Contrato Didático contém elementos explícitos, aos quais
estamos nos referindo neste momento, mas também implícitos;
é preciso discernimento para que não fique extenso demais ao
querer abarcar tudo, ou muito sintético, deixando de pontuar potenciais situações de conflito relevantes em sala. De toda maneira,
pode ser mudado, embora não a toda hora, por qualquer motivo.

Para sua construção, deve-se partir dos objetivos do curso,
explicitar para os alunos onde se quer chegar, qual o significado,
o que estamos fazendo na escola e na sala de aula. "Ah, mas isso
é óbvio". Não, não é óbvio. Como analisamos, muitas vezes, para
o aluno, isso não está claro. Ele está ali porque os pais mandaram,
porque é obrigado por lei, pela justiça, porque a empresa exige.
Portanto, é importante resgatar o sentido, o que estamos fazendo
ali, o que queremos no decorrer do ano. Explicitar, portanto, os
objetivos. A partir desses objetivos, buscar as necessidades: se
queremos atingir essas finalidades, quais as exigências (limites
e possibilidades), como devemos organizar o trabalho em sala?
Daí, então, definir as regras de trabalho, o Contrato Didático. É
muito comum os alunos estarem preocupados com a questão

---

4. Aqui é bem verdade aquele ditado popular: "O que é combinado não sai caro".

da avaliação da aprendizagem; deve ficar claro que a avaliação é apenas uma parte do Contrato. Notem que o Contrato não é, não deve ser, uma mera formalidade, feito só porque "a direção/coordenação" pediu, mas uma referência para todo o trabalho. É preciso investir tempo nesta construção.

■ Condições adequadas de trabalho na escola: número de alunos por classe, salário, instalações, espaço de trabalho coletivo constante entre os educadores (reunião pedagógica semanal), gestão democrática. Aqui gostaríamos de destacar dois aspectos. Primeiro, a questão do tempo de recreio: frequentemente, a curta duração (10 a 15 minutos) provoca muito estresse, dado que o aluno tem de se deslocar, merendar, conversar, brincar, se lavar, fazer as necessidades fisiológicas e ainda voltar para a sala, criando clima favorável para ansiedade e dispersão. Já há muito tempo o Prof. Lauro de Oliveira Lima (1976a) dizia que podemos julgar a qualidade de uma escola pelo tempo que reserva para o recreio, ou seja, quanto maior o recreio, melhor é a escola! A produtividade em sala aumenta significativamente. Tenhamos coragem de fazer a experiência: diminuir alguns minutos de cada aula para ampliar o recreio! Sabemos dos argumentos que logo surgem: "Ah, mas e os 200 dias, as 800 horas?". Triste legalismo! Estejamos atentos ao sopro dos tempos (resgate da escola como espaço de encontro de gerações, emergência da cultura como núcleo organizador do currículo) e ao espírito da lei (o que Darcy Ribeiro queria com a LDB era que os alunos aprendessem mais e melhor; sejamos honestos: de que adianta um mundo de aulas desconectadas da vida e das necessidades radicais dos educandos?); além disso, o próprio MEC, através das competências gerais da BNCC (Base Nacional Comum Curricular), dos Parâmetros Curriculares e dos Temas Transversais, dá respaldo para essa prática (se alguém fica muito inseguro, basta fazer um projetinho de convivência escolar, incorporando este tempo de recreio no currículo). Um outro aspecto, muito simples: o espelho no banheiro; é impressionante como se tem negado aos alunos o direito à imagem: nas minhas andanças por este país a fora, é muito comum não encontrar no banheiro masculino (no feminino raramente entro...) um singelo espelho, numa fase em que os alunos estão justamente a construir suas identidades.

- Buscar definir com clareza os papéis: o que se espera de cada segmento (professores, alunos, direção, pais) na construção de uma nova disciplina, evitando-se a transferência de responsabilidades.

- Fortalecimento do Professor: apoio da instituição; espaço para atendimento; equipe acolher e ouvir: possibilitar a descarga de ansiedades; reflexão coletiva para trabalhar dificuldades; diminuir o estresse informacional (modismos educacionais).

II. Perspectivas Contextuais de Ação

Uma das maiores dificuldades que temos observado na superação da *indisciplina*, na busca de construção de uma nova disciplina é a forma de pensar linear, dicotômica, vai por extremos, em contraposição a uma forma de pensar ligada ao movimento, à contradição, à totalidade, de cunho **dialético**. Numa relação dialética um polo supõe, nega e supera o outro, levando consigo elementos válidos (superação por incorporação), que serão rearticulados num novo arranjo histórico (provisório) mantendo, todavia, a tensão entre os elementos subsumidos (que provavelmente será em seguida resolvida num novo nível de abrangência e complexidade). A grande dificuldade da disciplina é este tensionamento dialético que o educador tem que viver: na relação pedagógica, há necessidade da direção do professor, mas ao mesmo tempo há a necessidade da iniciativa do aluno, que são duas tendências contraditórias. Contudo, o processo pedagógico não vive sem isso. Historicamente, a Escola Tradicional polarizou na *direção do professor* e a Escola Nova polarizou na *iniciativa do aluno*; a Educação Dialética-Libertadora procura manter a tensão, o que é muito complexo e exigente, já que não há respostas "definitivas" como desejaríamos.

Isso vai exigir uma atenção e uma "inteireza" muito grande por parte do professor, não podendo caminhar pelo "piloto automático", qual seja, dar aula mecanicamente.

Embora a questão disciplinar tenha interfaces com diversas dimensões da realidade, pede também seu enfrentamento concreto na sala de aula, onde a capacidade gestora do professor é exigida. Apresentamos na sequência algumas possibilidades de intervenção face à manifestação de situações de indisciplina:

■ Enfrentar o problema logo no começo; não deixar acumular.

■ Oferecer uma adequada estrutura em sala de aula: deixar bem claras as regras; manter o que foi combinado; cuidar da organização do ambiente; ter paciência para relembrar as combinações; ir sinalizando para não acumular e "estourar"; colaborar para o sucesso dos alunos nos trabalhos em sala de aula.

■ Buscar a desalienação da relação pedagógica: estar inteiro na relação; rever conceito de Disciplina; não ver aluno como inimigo; lembrar que são as relações que se tornam alienadas, portanto, elas é que devem ser trabalhadas; procurar ver o ato de indisciplina como um sinal a ser decodificado (frequentemente o comportamento inadequado é uma forma desajeitada de chamar atenção sobre si e receber cuidados especiais); não partir logo para saídas formais (tipo aplicação do regimento): ir fundo através do diálogo. Fazer manhã/tarde/noite de convivência com alunos logo no começo do ano para criar vínculos grupais.

■ Esgotar as possibilidades no âmbito de ação: superar a "Síndrome de Encaminhamento" (aquela mania de ficar mandando aluno para direção ou orientação), bem como de "Acobertamento": ficar com aluno em sala, mas sem enfrentar o problema.

■ Diante da agressão do aluno: tomar distância para poder pensar e não reagir às provocações no mesmo nível; procurar compreender quem/o que o aluno está querendo atingir. Lembrar que "a maior agressão é eu me deixar atingir pela agressão do outro" (Fernández, 1992, p. 169). Tentar substituir ação agressiva pela comunicação com palavras, trazendo para nível simbólico; ajudar a identificar e expressar os sentimentos, canalizando-os para atividades diversificadas.

■ Não perder de vista a contribuição que pode dar no campo epistemológico. De um modo geral, enfatiza-se muito a influência do afetivo no cognitivo; todavia, se resgatarmos (com Wallon, por exemplo) a dialeticidade dessa relação, poderemos compreender a contribuição do cognitivo sobre o afetivo: a experiência de aprendizagem do aluno traz alegria, fortalece sua autoestima, possibilita relacionamentos no interior do grupo-classe, gerando maior competência para enfrentar sua (dura) realidade. Além disso, o trabalho pedagógico bem encaminhado leva à disciplina intrínseca ao processo de conhecimento: atenção, ouvir o outro, seguir certos passos etc.

■ Propiciar em sala um clima de acolhimento e respeito, a fim de que o aluno possa assumir as responsabilidades pelos seus atos.

■ No caso de necessidade de aplicar sanções, superar os "castigos" tradicionais que só levam à revolta, ao cálculo do risco ou ao conformismo. Trabalhar com sanções por reciprocidade (Piaget, 1977), qual seja, aquelas que têm a ver com o ato cometido e visam levar à reflexão e ao desejo de restabelecer o elo rompido com o grupo, pela reparação do erro (as sanções só têm efeito educativo quando há um mínimo grau de pertença, de inclusão, de acolhida do sujeito naquele coletivo).

III. Participação do Aluno: em busca da Auto-organização

Construir uma nova disciplina é tarefa de todos. Devemos, pois, refletir também sobre o papel do aluno nesse processo. Como apontamos, na concepção tradicional, espera-se que o aluno saiba se calar e ouvir; na concepção moderna, reiteradamente, caiu-se no extremo oposto: o aluno pode fazer o que quiser. Na perspectiva dialética-libertadora que estamos assumindo, a disciplina consciente e interativa pode ser entendida como o processo de construção da autorregulação do sujeito e/ou grupo, que se dá na interação social e pela tensão dialética adaptação-transformação, tendo em vista atingir conscientemente um objetivo,[5] qual seja, disciplina é essencialmente autodisciplina, auto-organização. Nessa medida, se desejamos favorecer a construção da autonomia dos alunos, é preciso ver a parte que lhes cabe nesse processo.

Em primeiro lugar, queremos destacar a questão da **participação em sala de aula**. Há uma experiência humana fantástica que pode ocorrer entre o professor e os alunos: o interesse dos alunos por aquilo que o professor está propondo; esta é a realização do professor, sentir que alguém se interessa por aquilo que ele um dia também se interessou, e resolveu até dedicar a vida a isso. Muitas vezes, a não participação dos alunos em sala é uma forma de boicotar o trabalho, pois não dão retorno, não ajudam o professor a saber que está indo bem, se estão entendendo, se estão achando interessante ou não. É fácil ficar nesta postura passiva: é a mesma que aprendemos diante da mídia: espera-se o *show*. Só que o professor não é palhaço ou animador de auditório! Quando o aluno se posiciona em sala, quando participa, inclusive para criticar, o professor sente que não está "falando com as paredes". Há casos em que o aluno não participa de medo da pressão do grupo, do *bullying* (ser chamado de CDF, *nerds*), mas com isso ele acaba deixando o professor sozinho. Isso pode não parecer, mas é muito sério, a ponto de, no limite, vir a se constituir em causa de abandono do magistério. Não queremos fazer terrorismo, nem colocar o professor como coitadinho, mas é preciso que os alunos percebam que a situação do professor em nossa sociedade está muito delicada, e o aluno tem em mãos um potencial incrível para ajudar a reverter esse quadro. Insistimos: mesmo que seja pela crítica! Quantas vezes o professor não está percebendo onde está falhando, e ninguém sinaliza.

---

5. C. S. Vasconcellos, *(In)Disciplina: Construção da Disciplina Consciente e Interativa*, p. 42.

Um outro aspecto é a **participação na vida da escola**: os alunos, através de grêmios, representantes de classe podem ajudar a pensar a escola no seu conjunto, exercendo desde logo sua condição de cidadão, lutando pelo bem comum. Evidentemente, essas perspectivas de participação estão pressupondo um professor e uma escola inteligentes, abertos, que tomem a iniciativa de propor o diálogo.

O aluno pode ajudar também a construir uma nova disciplina em sala desenvolvendo um **sentido solidário de aprendizagem**: perceber que sua aprendizagem depende, em alguma medida, da aprendizagem dos colegas. É muito triste quando constatamos aquela visão individualista desde muito cedo nos alunos: o professor para a fim de atender um colega e os outros já disparam: "Aula! Aula! Estou pagando" ou coisas do tipo. Pelo contrário, se se envolvesse na ajuda ao colega estaria ganhando muito mais, seja pelo sentido que já pode ir dando ao conhecimento, seja porque, como sabemos, quem ensina, aprende duas vezes.

O aluno precisa ganhar clareza de que o **estudo é um trabalho**, que pode e deve ser realizador, mas exige esforço, dedicação, frustração. Ou seja, não é possível esperar uma aula "gostosa" o tempo todo. O conhecimento dá um profundo prazer, porém, para se chegar a isso, é necessário o debruçar-se sobre o objeto de conhecimento, tentar apreender suas relações, ver sua gênese, estudar seu desenvolvimento etc. É um prazer construído pelo sujeito e não "em pacotes prontos" como promete uma certa mídia safada.

Concluímos insistindo na perspectiva de parceria (e não de acusação) entre alunos, professores, instituição e comunidade para a construção de um novo sentido e de um novo relacionamento na escola. Essas indicações têm o intento de provocação para a reflexão e tomada de decisão pessoal e coletiva, a fim de que a disciplina possa ser vivida na escola como um autêntico caminho de formação do novo cidadão, qual seja, aquele que é capaz de dirigir ou de não se deixar negar/enganar por quem dirige (Gramsci, 1982), bem como de constituição dos valores humanos radicais, que apontam e sustentam a perspectiva de vida plena para todos (Jo 10,10).

10

DA AVALIAÇÃO POR COMPETÊNCIAS À HERMENÊUTICO-QUÂNTICA:
O desafio da Mudança de Postura

Somos professores; falaremos da avaliação a partir do nosso campo de atividade: a sala de aula, a escola. Não dá para abordar avaliação em termos concretos sem nos referirmos ao contexto em que ela se dá. Nesse sentido, é preciso reconhecer: o exercício de nossa atividade de magistério não está fácil! Por quê? O que está acontecendo? O que se passa?

Quando analisamos com mais cuidado, percebemos que, na verdade, a realidade como um todo está muito intrincada. Sentimos na escola o reflexo (não mecânico) de uma sociedade desorientada e, em muitos aspectos, desmontada. Este, a nosso ver, é o fator fundamental hoje. Todavia, a escola, por sua vez, dá também sua contribuição para a distorção da prática, através de uma série de contradições. Neste breve texto, desejamos apontar uma: a questão da postura do professor face à avaliação.

Queremos deixar bem claro, logo de partida, que não se trata de uma negação da avaliação, como pode imaginar alguém marcado pelo nefasto pensar dicotômico.[1] Muito pelo contrário, a avaliação, se bem compreendida como função crítica, é decisiva para o ser humano se constituir enquanto tal, bem como para se contrapor aos processos de imbecilização e embrutecimento atualmente em curso, e fazer avançar a humanização! Além disso, é um recurso muito importante para a gestão da sala de aula, uma vez que permite localizar as necessidades e dirigir a ação no sentido de sua superação; poderíamos dizer mesmo que sem a avaliação a gestão da atividade pedagógica ficaria inviabilizada, já que faltariam os elementos críticos para a tomada de decisão.

I. A Questão dos Modismos

Diante de toda a crise por que estamos passando, há o perigo de cairmos nos modismos: um dia fazíamos avaliação tradicional, no outro, diagnóstica, depois emancipatória, construtivista, operatória, mediadora, dialógica, formativa, de 4ª geração, dialética, cidadã, por competência etc.

Não estamos absolutamente criticando essas várias contribuições (até porque participamos pessoalmente de algumas delas), mas a forma como, frequentemente, são *jogadas* à escola e aos educadores.[2]

Por modismo, entendemos essa plasticidade do discurso contraposta à rigidez da prática, essa facilidade de adequação do discurso (efeito *camaleão*) convivendo com a conservação da ação. As causas dos modismos são múltiplas. Podemos citar:

---

1. Que faz a simples negação e não a superação por incorporação.

2. Como a apropriação das novas propostas pedagógicas é sincrética (já que não há aprofundamento), os equívocos vão longe. Só a título de ilustração, já ouvimos dizer que "Agora a escola não trabalha mais conteúdos [no sentido de conceitos, fatos, informações]; só competências"; numa outra escola, assim orientava a diretora: "No plano de ensino, onde estava escrito *objetivo geral*, risquem e escrevam *competência*; onde tinha *objetivos específicos*, agora coloquem *habilidades*"...

- Necessidade de inovação: sente-se a sociedade mudando e intui-se a necessidade de a escola também mudar. Por culpa ou má consciência, o professor e a escola querem ser *modernos*; como não se consegue mudar a realidade, mudam-se os nomes e há a sensação de que se está inovando. Como afirma Heller, "a moda é uma manifestação alienada da orientação para o futuro" (1989, p. 90).

- "Lavagem cerebral": de repente, certos termos ou nomes (de formulações ou de pessoas) começam a ser insistentemente bombardeados sobre os educadores (através de documentos governamentais, televisão, internet, publicações de livros ou revistas, congressos e eventos), podendo ser simplesmente uma manipulação do mercado das ideias e propostas didáticas, qual seja, um verdadeiro consumismo pedagógico.

- Espírito de rebanho: ninguém quer ficar "por fora"; é preciso repetir o novo discurso para se mostrar *atualizado*.

- Falta de condições de implantação: as ideias são lançadas sem o mínimo cuidado de se verificar as condições para a concretização; com o tempo, passa-se a ter a escola real e a escola "do papel".

- Necessidade de sobrevivência: em contextos autoritários, o professor tem de assumir o novo discurso para não ser chamado de "resistente", e poder permanecer na instituição. Há também a imposição de determinadas linhas por órgãos financiadores de pesquisa: se o professor não se *enquadrar*, recursos não são liberados.

- Falta de conhecimento: por desconhecerem a história das ideias, os autores-lançadores de "novos rótulos pedagógicos" acreditam-se, de fato, como inovadores; isso sem contar as síndromes narcísicas (fogueiras das vaidades).

- Mentalidade de colônia: costume, enraizado historicamente, de imitar tudo o que vem de fora, da *metrópole*.

- Propaganda: grandes redes de ensino passam a usar indiscriminadamente determinados chavões como elemento de *marketing* para vender seus produtos (apostilas, plataformas, assessorias).

■ Desejo de mudar: busca, cheia de boa intenção, de uma alternativa para os problemas que se está vivendo. Quer-se a solução rápida. Passa-se a depositar todas as esperanças numa determinada elaboração, num determinado autor. Abre-se mão do papel de intelectuais, de sujeitos reflexivos.

■ Falta de embasamento: com certeza, um dos principais fatores que propiciam o avanço dos modismos é a falta de fundamentação, de enraizamento teórico e prático das propostas.

■ Falta de clareza dos referenciais: como se sabe, o Projeto Político-Pedagógico ainda é um desafio para muitas escolas. Com isso, há uma fragilidade em termos de clareza da intencionalidade e dos pilares que dão (deveriam dar) sustentação para a prática educativa escolar.

Devemos, pois, estar atentos a esses vários aspectos e aprofundar a reflexão a partir de nosso contexto concreto de atuação.

II. O Problema Nuclear

A avaliação, se for bem-feita, além de apontar os avanços e as potencialidades, deve indicar também onde está o problema (dificuldade, limite, contradição, necessidade). O que desejamos é que através da avaliação possamos romper as camadas que tornam opacas, obscuras, a real problemática que vivemos na educação; que possamos ver além das aparências, das justificativas ideológicas, dos mascaramentos, e dos desvios da atenção.

Pois muito bem, o que se constata[3] é que os alunos, considerados no conjunto, não estão aprendendo efetivamente. Reconhecer isso pode

---

3. São inúmeros os indicadores disso: pesquisas nacionais e internacionais, queixas dos empresários quanto ao perfil dos alunos recebidos, queixas dos professores em relação aos colegas em função do baixo nível dos alunos, percepção do próprio professor em sala de aula etc.

parecer óbvio, mas temos percebido a dificuldade dessa obviedade ser admitida por um bom número de educadores. Normalmente, quando se levanta isso, sentem-se ofendidos, acusados e já disparam os discursos de contra-ataque, de acusação a outras instâncias. Não queremos cair nesse jogo imaturo. Como intelectuais, temos de investigar, ir fundo: por que os alunos não estão aprendendo? O que está acontecendo? Vamos baixar as armas de defesa e utilizar as armas da crítica!

Mais uma vez, fica claro que uma das primeiras questões a serem enfrentadas é a da postura frente ao problema: encará-lo ou "sair pela tangente"? (das formas mais variadas). Há pessoas que, numa espécie de mecanismo de proteção, parecem não querer compreender realmente o problema, para não ficarem "desanimadas". Pelo contrário, o que nos *anima* é que, embora o problema seja estrutural, existem coisas que podemos fazer a partir de nossa Zona de Autonomia Relativa (ZAR), de nosso posto de atuação (até porque a estrutura não funciona sem as mediações!). Como afirma Morin, "qualquer um de nós, onde quer que esteja, está na luta inteira!" (1998a, p. 14)

Precisamos questionar a centralidade que a discussão sobre avaliação vem tendo atualmente, em detrimento de aspectos mais relevantes como o Projeto Político-Pedagógico, a função da escola/universidade, o sentido do estudo para aluno, a construção do conhecimento.

Do ponto de vista pedagógico, entendemos que o grande desafio presente é a **criação do vínculo pedagógico**, o aluno estar interessado na aprendizagem escolar. É evidente que a avaliação tem suas questões, que devem ser devidamente enfrentadas; todavia, não se pode de forma alguma perder essa dimensão maior. Não dá para resolver tudo apenas pela "avaliação".

Essencial e sinteticamente, para que serve a avaliação? Para localizar necessidades e se comprometer com sua superação. Então, que tenhamos coragem de enfrentar o grande nó: concretamente, os alunos não estão aprendendo! Essa é a avaliação. Diante disso, só cabe uma atitude: arregaçar as mangas e partir para a luta!

É preciso mudar o que tem de ser mudado, seja o conteúdo e a forma da avaliação, sua intencionalidade, o vínculo pedagógico em sala de aula, a instituição escolar, o sistema de ensino, e, no limite, a lógica social (além de avaliar a própria prática de avaliação — função crítica por excelência: "conhece-te a ti mesmo").[4]

No âmbito específico da avaliação da aprendizagem, qual a tarefa urgente? Descontaminá-la, desconstruir os equívocos históricos em torno dela, para que possa cumprir sua função de apontar onde é que de fato está o problema, a fim de ser enfrentado. Quando se parte de uma avaliação equivocada, fica difícil chegar ao "nó". Se, por exemplo, já temos como pressuposto (implícito) que o problema está no aluno ou na sua condição familiar, não conseguiremos "ver" outros pontos (lembrar da questão da "construção social da realidade" — Berger e Luckmann, 1978). Precisamos liberar a avaliação de suas lentes distorcidas, para poder avaliar bem. Uma boa avaliação nos ajudará a perceber o problema na sua complexidade e totalidade, mobilizando nossas energias para encará-lo.

Avaliação por Competência

Uma das últimas formulações propositivas para a avaliação é a assim chamada *avaliação por competências*. Entendemos que, embora não sendo novidade (uma vez que é um desdobramento, por exemplo, da avaliação formativa), o seu mérito é contribuir mais fortemente para uma mudança na metodologia de trabalho em sala de aula. A análise de mudanças educacionais tem demonstrado que o circuito histórico — caminho que efetivamente as instituições percorrem — nem sempre coincide com o circuito lógico: o que pesa mais comumente não são as propostas metodológicas, mas sim a avaliação (que revela "o que vale" para aquela determinada comunidade, naquele momento). Assim, ao

---

4. Sobre essas várias dimensões, ver, a seguir, "Construção da nova Práxis Avaliativa".

se enfatizar a avaliação de competências, e tendo-se em vista que não é possível avaliá-las a não ser em situações complexas (resolução de problemas, projetos, tarefas complexas, estudo de caso), induz-se à mudança de metodologia de trabalho em sala de aula.

De imediato, cabe destacar a centralidade da Pessoa na definição de competência, visto seu papel constituinte: é o Sujeito quem é competente (ou não) para realizar algo! A competência, enquanto capacidade de mobilizar recursos para desenvolver uma atividade complexa, está vinculada à própria formação humana. Justamente por ser uma questão relevante, de tempos em tempos surgem disputas em relação à sua compreensão[5]. Poderíamos nos questionar: existe competência "em geral"? Competências para quê? Apenas para uma adaptação a um mercado de trabalho que está em ebulição (ou extinção)? Essa vai ser a motivação para trabalharmos as competências na escola? Ou, na verdade, vamos trabalhá-las como mediação para o desenvolvimento humano pleno, para a construção da efetiva cidadania, do novo dirigente?, qual seja, aquele que está preocupado não apenas em garantir e ocupar o seu lugar na cidade, mas em refazer essa cidade, porque a *polis* está sendo destruída enquanto espaço de humanização.

É interessante resgatar um pouco a etimologia da palavra competência. Não temos a ilusão de que tudo se resolve na palavra, visto que a realidade é muito mais complexa. Tudo deve fazer parte de um círculo hermenêutico de interpretação. A etimologia é interessante porque, às vezes, podemos identificar através dela formas de compreender aprisionadas, não exploradas, novas significações, que podem ajudar a ressignificar nosso entendimento. Competência vem do latim, *competentia*, derivado de competir, *cum/com + (a)petere*, pedir junto com, buscar junto com os outros, esforçar-se junto com. No latim

---

5. Nos anos 80, houve a famosa polêmica entre "competência técnica e compromisso político". A partir de meados da década de 90, com a adoção pelo governo federal de políticas neoliberais na educação, nova onda surgiu. Mais recentemente, há uma forte retomada neoliberal na educação, envolvendo as competências, exigindo um posicionamento das escolas e dos educadores.

tardio, passa a assumir o sentido de disputar junto com, competição. A partir do século XV, *cumpetere*, como competir, começa adquirir também o significado de pertencer a, incumbir, corresponder a. Em espanhol, *cumpetere* dá origem a dois verbos: competir (competição) e competer (ser próprio de). Por aproximação semântica, *cum/com +(a) petere* pode nos remeter também a apetecer, gostar. O Prof. Nílson Machado faz uma aproximação interessantíssima: aponta a inapetência (a ausência de desejo) como a antessala da incompetência! O próprio da competência, no seu sentido mais radical, é esse buscar, e não só buscar individualmente, mas buscar junto. A competência está vinculada, portanto, ao saber e ao desejar (incompetente é o que não sabe e/ou não deseja, não mobiliza).

Já podemos, no entanto, perceber resistências de professores diante de tal perspectiva, seja por dificuldades objetivas de operacionalização (condições de trabalho), seja pelos vícios institucionais instalados (divisão rígida de programas, por exemplo), ou mesmo pela dificuldade do professor em apostar numa nova forma de trabalho que lhe exige muito mais *competência* pedagógica (o esquema *exposição-exercício-prova* já não dá conta).

De qualquer forma, a questão nuclear da avaliação da aprendizagem, sua intencionalidade classificatória e excludente, continua sendo o grande nó também na *avaliação por competência*...

III. Novas Metáforas

Como afirma Prigogine (2001, p. 17), precisamos de novas metáforas para pensar a realidade, para desbloquear o pensamento já limitado por imagens e ideias inibidoras do tipo:

"Pau que nasce torto, morre torto"; "É de pequenino que se torce o pepino; se não torceu, depois não tem mais jeito"; "Eu avalio porque me exigem, mas já sabia antes como o aluno ia se sair"; "Bom professor é aquele que, logo no começo do ano, dando uma olhada na turma, já é capaz de dizer quem vai ser reprovado"; "Tem aluno que aprende de primeira; outros, de segunda; mas tem aluno que não vai nem a pau"; "Eu até posso dar uma chance; mas já sei de antemão que não vai adiantar..."; "Este aluno não vai; eu lembro do irmão dele: era a mesma coisa" etc.

Nesse contexto é que evocamos a possível contribuição da Hermenêutica e da Teoria Quântica para pensar a avaliação. Não se trata de mais um modismo; ao contrário, como o leitor deve estar agora percebendo, a presença do termo *hermenêutico-quântico* no título do capítulo deve-se a uma estratégia de denúncia. Não se trata também de redução da ação educativa a um enfoque filosófico ou, menos ainda, a leis da natureza. Insistimos: o que se visa são novas formas de encarar a prática avaliativa.

Na Hermenêutica,[6] podemos buscar a inspiração e fundamentação para o esforço de interpretação da produção do aluno (e do contexto). A proposição do círculo hermenêutico nos ajuda a refletir sobre a necessidade de ganharmos clareza dos pressupostos que orientam o nosso olhar sobre o outro, da importância decisiva do diálogo, do ouvir o outro lado, do reconhecimento do outro, do processo de aproximações sucessivas na construção do sentido. A hipótese de sentido que elaboramos sobre a expressão do outro (por exemplo: a manifestação do aluno numa situação de avaliação), pode ser tanto confirmada, quanto reformulada ou refutada; ou seja, não pode ser tomada pelo professor como certa, nem definitiva *a priori*, sem antes ser confrontada com o aluno. Só essa contribuição, se levada a cabo, ajudaria em muito a superar as práticas autoritárias de avaliação, em que o ponto de vista do educador é imposto ao educando (esquecendo-se que todo ponto de vista é a vista a partir de um ponto). O substrato de todo trabalho educativo libertador é essa negociação de sentidos e perspectivas: o professor tem algo a transmitir, mas isso só

---

6. Reflexão filosófica interpretativa ou compreensiva sobre os símbolos e os mitos em geral. "Chamamos de hermenêutica o conjunto dos conhecimentos e das técnicas que permitem fazer falar os signos e descobrir seu sentido" (Foucault, 1981, p. 45).

se torna relevante na medida em que é tomado como um desafio, um problema, para o aluno. Daí a necessidade da interação permanente.

A Teoria Quântica[7] nos ajuda na abertura a novos possíveis, a estarmos disponíveis para coisas imprevisíveis, que saem do senso comum, não-intuitivas (parece impossível, mas é assim que a natureza funciona), até porque, como dizia Niels Bohr, "quem não se sentir chocado com a teoria quântica é porque não a compreendeu". Além da ideia de salto qualitativo, o *Princípio da Indeterminação* (ou Incerteza) do físico alemão Werner Heisenberg (1901-1976), formulado em 1927, tem uma especial contribuição para se refletir a prática educativa. Esse princípio afirma que "é impossível medir simultaneamente de forma precisa a posição e o momento linear de uma partícula, como um elétron, por exemplo". Podemos tirar desse fato do mundo subatômico algumas ideias bastante interessantes para a avaliação. De um lado, o que se pode dizer sobre uma partícula é sempre em termos de uma zona de probabilidade e não uma definição precisa. Ora, se isso se aplica até a fenômenos físicos, o que dizer daqueles professores que, na expressão do resultado de uma avaliação, chegam ao requinte de centésimos (por exemplo: 4,28)? É muita pretensão, para não dizer prepotência e insensibilidade.

Outra reflexão que se pode depreender a partir desse princípio é de natureza epistemológica, pertinente à relação entre observador e objeto investigado. O chamado *Efeito Observador*, na Física, indica que a tentativa de medir a realidade não é neutra, acaba por alterá-la. Isso nos remete imediatamente à avaliação da aprendizagem, àquela situação de tensão, vivida por muitos (todavia depois esquecida quando mudam de lado, i.é., quando se tornam avaliadores). É comum os professores afirmarem: "Ah, mas se aluno sabe, tira nota". Como sabemos, isso não corresponde aos fatos, e podemos agora buscar no *Princípio da Indeterminação* mais um argumento para ajudar o professor a repensar a sua prática: se até no mundo físico a presença do

---

7. Teoria física baseada na utilização do conceito de unidade quântica para descrever as propriedades dinâmicas das partículas subatômicas e as interações entre a matéria e a radiação. As bases da teoria foram assentadas pelo físico alemão Max Planck, o qual, em 1900, postulou que a matéria só pode emitir ou absorver energia em pequenas unidades discretas, chamadas quanta.

observador produz interferências na medida, quanto mais no humano! Um pouco mais de cuidado, de atenção e humildade.

A partir das contribuições tanto da Teoria da Relatividade quanto da Quântica, é possível dizer que, num experimento, vê-se aquilo que se espera ou procura (o elétron como partícula ou como onda; o mesmo vale para a luz). Em função da natureza dual das partículas (dimensão ontológica), se o investigador colocar instrumentos capazes de captar ondas, isto é que verá; o mesmo vale para o caso de montar o instrumental para captar partículas. Por analogia, podemos pensar isso em relação à postura do professor face ao aluno: verá as potencialidades ou os limites do aluno, de acordo "com seus óculos", de acordo com aquilo que se propõe a ver![8]

Como já afirmava Einstein (1879-1955), ao contrário do que circula no senso comum, "as teorias físicas não são uma mera descrição de fatos experimentais e nem, tampouco, algo dedutível de uma tal descrição. Ao invés disto, o físico só chega à formulação de sua teoria por via especulativa" (Heisenberg, 1999, p. 12). Aqui, então, entrecruzam-se as contribuições tanto da Hermenêutica quanto da Física: tendo em vista "a influência da postura humana na configuração do saber" (Almeida, 2000: 7), **é preciso examinar os pressupostos!**

IV. Construção da nova Práxis Avaliativa

Acompanhando processos de mudança da avaliação, percebemos que há necessidade de serem realizadas alterações tanto na avaliação em si (intencionalidade, conteúdo, forma), quanto no campo onde ela se dá (vínculo pedagógico) e nas suas relações (com a instituição na qual está inserida e com o sistema educacional e social).

---

8. Existem inúmeras pesquisas demonstrando o Efeito Pigmaleão (também chamado de efeito Rosenthal) em sala de aula, as profecias autorrealizantes de fracasso: a expectativa do professor é decisiva em relação ao sucesso ou fracasso do aluno (Rasche e Kude, 1986; Collares e Moysés, 1996).

1. **Intencionalidade da Avaliação:** é preciso enfrentar a decisiva e terrível disputa de sentidos da avaliação: Classificar para Excluir (premiar/punir) *versus* Qualificar (garantir a aprendizagem, além do desenvolvimento humano e da alegria crítica). De nada adianta mudar forma e conteúdo da avaliação se a ela continuar sendo usada apenas para constatar e não para intervir a fim de mudar. Insistimos que o nosso problema não é produzir nota/conceito/menção, mas aprendizagem. A questão fundamental que deve angustiar o professor não deve ser "como traduzir em nota" o desempenho do aluno, mas sim **"como encontrar estratégias de intervenção"** para que o aluno venha a aprender.

2. **Forma da Avaliação:** fazer avaliação mais processual; diminuir ênfase na avaliação classificatória; desprezar resultados superados; mudar compreensão do que é "ser justo": não é fazer contabilidade dos resultados, mas produzir aprendizagem; usar erro do aluno como forma de interação etc.

3. **Conteúdo da Avaliação:** avaliar não só o aluno; ênfase ao essencial do conteúdo: menos classificações/taxionomias e metalinguagem, mais compreensão e raciocínio; é preciso considerar que a aprendizagem do educando não começa na escola; daí o fato de que nem sempre sua resposta vá coincidir com aquilo que foi ensinado; daí também a necessidade pedagógica de considerar o que o aluno já sabe para poder interagir; fazer avaliação socioafetiva (interesse, participação, disciplina) mas sem vincular à nota, à lógica de aprovação/reprovação etc.

4. **Vínculo Pedagógico:** recuperar significação dos conteúdos: se recusar a ensinar algo que não vê sentido; propiciar metodologia participativa em sala de aula; partir de onde o aluno está; levar em conta seus conhecimentos prévios; ser professor de aluno e não "de determinados conteúdos" etc.

5. **Suporte Institucional:** construção participativa do Projeto Político-Pedagógico; trabalho coletivo constante (reunião pedagógica semanal); trabalho com alunos (participação, interesse,

responsabilidade, solidariedade na aprendizagem, organização) e comunidade; busca de condições adequadas de trabalho etc.

6. **Sistema:** autonomia efetiva para a escola; mudança na legislação educacional; garantia de condições adequadas de trabalho; valorização social da educação escolar e dos educadores; formação do professor. Do ponto de vista mais amplo, democratização social, superação da abissal desigualdade em nosso país, de tal forma que a escola não precise mais ser utilizada como forma de seleção. A avaliação classificatória e excludente serve bem a um determinado tipo de sociedade e de escola. Portanto, quando lutamos para alterá-la, estamos, ao fim e ao cabo, lutando por uma outra escola e por uma outra sociedade possíveis!

Concluindo (provisoriamente), esperamos que estas breves reflexões possam ajudar a resgatar a avaliação como instrumento de transformação. Cremos ter deixado suficientemente claro que as possíveis alterações a serem feitas na avaliação devem ser decorrentes de uma autêntica necessidade de mudança, isto é, devem corresponder a uma busca radical, e não para acompanhar os "modismos". Não se trata de fechamento ou isolamento em relação às novas teorias; mas também não se quer a mera justaposição de discursos e/ou práticas. O que buscamos é o estabelecimento de um diálogo crítico com estas contribuições a partir de um referencial assumido (Projeto Político-Pedagógico). Para isso, é decisiva uma mudança de postura, em que o professor se fortaleça sempre mais na condição de sujeito das mudanças (e não de objeto).

11

SOBRE AS RELAÇÕES UM TANTO OBSCURAS E TENEBROSAS ENTRE OS EXAMES E OS CAVALEIROS DO APOCALIPSE PEDAGÓGICO

(o conteúdo preestabelecido sem sentido, o professor falando o tempo todo e a avaliação classificatória)

Poderia parecer estranho que um livro sobre Coordenação do Trabalho Pedagógico terminasse com um capítulo sobre os exames, que são algo da ordem do sistema de ensino como um todo. Logo de partida, queremos adiantar que não entraremos no esquema de "dar um trato pedagógico" nos exames, "dourar a pílula", tornar sua existência mais palatável. Muito pelo contrário: nossa reflexão vai na linha da denúncia da sua existência como elemento de profunda distorção do cotidiano escolar;[1] tal interferência é que justifica sua presença aqui

---

1. Além de participar do processo de reprodução da desigualdade social pelo obstáculo que representa, sobretudo para as camadas populares, de acesso às universidades públicas.

quando estamos abordando a transformação do trabalho pedagógico. Concretamente, representa um grande estorvo! Se desejamos alterar o cotidiano das instituições de ensino[2] — e só através dessa alteração é que podemos dizer que se extrapolou o nível do discurso e, de fato, houve mudança —, temos de enfrentar esta espinhosa questão.

I. Algumas (eternas) queixas

É profundamente angustiante a observação da insondável inércia do cotidiano escolar: há tantos séculos algumas críticas são feitas e certas práticas escolares continuam a reinar solenemente! Devemos reconhecer que existem mudanças — e é isso inclusive que nos anima a continuar na luta —, porém para percebê-las, de um modo geral, precisamos de uma abordagem com um ângulo de maior abrangência.[3] De qualquer forma, há um gradiente enorme entre os esforços feitos e os resultados obtidos.

É muito comum, por exemplo, a queixa dos alunos em relação à falta de sentido daquilo que estão estudando. Todavia, é extremamente desconcertante ouvir semelhante queixa dos próprios professores! O que ocorre em alguns contextos escolares é alienação pura. Podemos incluir ainda os clássicos problemas de metodologia passiva (o professor falando, falando, falando e o aluno ouvindo, ouvindo, ouvindo — ou fingindo que...) e dos estragos da avaliação (a necessidade de classificar, o "dar nota", os altíssimos índices de reprovação e evasão escolar).

Estão, pois, apresentados os três cavaleiros do apocalipse pedagógico (como os tenho chamado junto com o Prof. Danilo Gandin): o

---

2. E, como analisaremos, não só da Educação Básica, mas também do Ensino Superior, que colhe os frutos da distorção ocorrida anteriormente.

3. No início do século XIX, por exemplo, a memorização e a recitação eram métodos de ensino privilegiados na Europa e nos Estados Unidos, dado que a mente era entendida como "um músculo que precisava ser exercitado"; havia a palmatória; as escolas para meninos e meninas eram separadas etc.

conteúdo preestabelecido sem sentido relevante, a metodologia passiva (o professor falando o tempo todo) e a avaliação classificatória e excludente. Quem quiser acabar com qualquer processo educativo significativo, emancipatório, libertador, é só chamá-los.

Antes de prosseguir na análise, cabe fazer um destaque: existe um quarto cavaleiro que pode ser acionado para afundar de vez, no caso de ter ainda sobrado alguma coisa em pé: as condições precárias de trabalho!

Se algo vem acontecendo é porque, de alguma forma (a ser investigada), corresponde a uma condição de possibilidade e a alguma necessidade. O que faz com que seja possível que a prática tradicional (com "t" minúsculo) permaneça presente na escola? A que interesses responde? Por que certas práticas persistem (apesar da crítica e das sugestões)? Poderíamos levantar uma série de fatores: desde as condições de trabalho até os obscuros interesses de certos setores das classes dominantes, passando pelo descompromisso dos educadores, por sua formação, pelas formas de organização da escola, do sistema educacional e suas políticas etc. Neste texto, analisaremos uma dessas possíveis causas: a pressão externa a que o professor está submetido no seu cotidiano em relação aos exames. O problema de fundo a ser encarado é o seguinte: **até que ponto podemos avançar efetivamente nas práticas cotidianas da escola e da sala de aula sem considerarmos criticamente a lógica classificatória e excludente em geral e, em particular, os exames?** Essa problematização pode provocar estranheza ao leitor, mas esperamos poder fundamentá-la adequadamente, bem como buscar algumas alternativas para o enfrentamento.

Equívoco × Farsa

Não é de agora que estudos críticos apontam os exames (expressão mais concreta da avaliação classificatória e excludente) como grande fator de distorção da prática educativa. Todavia, como vimos, esse problema perdura, perdura, perdura... Face a isso, ou estamos diante de um **equívoco analítico** ou de uma **farsa educacional**. O equívoco se daria por conta de que, na verdade, os exames (especificamente os vestibulares) seriam apenas "a bola da vez", a justificativa encontrada no momento para se fazer o que sempre se fez na escola (a tradicional *gramática escolar*), qual seja, a ênfase dada no ensino básico aos conteúdos alienados, à passividade e à seleção continuariam mesmo que os exames fossem extintos. A farsa viria do fato de que os exames, em sendo um dos grandes entraves da inovação, não vêm sendo denunciados e enfrentados como tal.

Não seria um tanto frágil sustentar a hipótese de equívoco analítico, tendo em vista todo o avanço que houve na epistemologia em geral (crítica à disciplinaridade rígida, por exemplo), na teoria educacional (melhor compreensão dos processos de construção do conhecimento por parte do aluno), na sociologia da educação (relação escola-sociedade), na teoria crítica do currículo etc.? Do ponto de vista da prática, temos também evidências fortíssimas da influência dos exames na educação; seria muito difícil negar a intervenção dos exames nas expectativas dos pais e dos alunos, no imaginário e no discurso dos educadores ("Prestem atenção, isto costuma cair"), nos livros didáticos (com propostas *enquadradas* nos exames), nas apostilas adotadas desde os anos iniciais, nas grandes redes de ensino, nos cursinhos pré-vestibulares, nos fascículos, livros, *sites, apps,* voltados exclusivamente para a preparação para os concursos, nos rituais escolares (simulados, trotes aos alunos aprovados), nas propagandas das escolas (internas, em jornais, revistas, televisão, internet, rádio, painéis pela cidade) em cima do potencial de aprovação nos exames, as notícias na mídia (matérias em jornais, sites, telejornais, rádios e revistas semanais; alguns jornais trazem um caderno ou encarte semanal só sobre os exames), páginas — inúmeras — na internet, prêmios (de pais, escolas, cursinhos) para alunos aprovados, programas em redes educativas de televisão especificamente para a preparação para os concursos, cursinhos organizados por movimentos populares (para alunos negros, trabalhadores) etc. Seria pouco provável que pudéssemos negar tudo isso como interferência direta dos exames no cotidiano escolar, que toda essa base objetiva e subjetiva fosse mera elucubração especulativa de *maldosos* analistas.

Talvez a ponte entre as hipóteses de *equívoco* e *farsa* possa se dar quando consideramos o que está por detrás de ambas: as relações entre saber e poder. Como se sabe, essa tradição do conhecimento como caminho para o poder é bastante remota. Podemos lembrar, por exemplo, do papel privilegiado dos escribas nas sociedades antigas. Outro fato: como os mosteiros *gostaram*[4] de ficar como guardiões do saber quando da invasão dos bárbaros, na Idade Média. Mais proximamente, podemos rememorar o valor que determinados saberes adquiriram para a burguesia na sua aproximação com a nobreza, no período em que tinham o poder econômico, mas ainda não o político. A peça de Molière (1622-1673), *O Burguês Fidalgo*,[5] por exemplo, retrata com fina ironia as mais incríveis peripécias a que um burguês se submetia para adquirir os bons modos e trejeitos da corte a fim de, a todo custo, tornar-se fidalgo pela conquista do coração de uma formosa marquesa. Na lógica que se instalou desde aquela época, e com grande ênfase a partir do final do século XVIII, o valor do conhecimento veiculado pela escola, e ritualizado no certificado, foi associado à possibilidade de ascensão social. Os exames, então, revestiram-se de importância justamente por serem a porta de entrada para o diploma. Mesmo hoje, quando essa relação entre estudo e emprego já não é mais tão direta, o fetiche dos exames se mantém, e daí é que vem seu poder de influência sobre a escola básica. Podemos notar que não é fruto tanto de um "conservadorismo consciente mas de hábitos institucionais não examinados e de difundidas crenças culturais acerca do que constitui uma 'verdadeira escola'" (Tyack e Cuban, 2001, p. 173).

---

4. Quando do recuo dos bárbaros, não queriam abrir mão de todo o acervo de obras que lhes fora confiado...

5. No Brasil, a adaptação de Guel Arraes (*O Burguês Ridículo*), com Marco Nanini foi memorável.

O único segmento da educação formal que, até há algum tempo, não tinha os exames como horizonte era a universidade, estando, portanto, em princípio, liberada de sua influência.[6] Caberia interrogar: até que ponto no ensino superior a prática pedagógica era diferenciada? Infelizmente a resposta, em geral, não é muito animadora, seja em termos de conteúdo, metodologia ou avaliação. Aqui podemos ver a influência da lógica dos exames não tanto em termos prospectivos, mas sim retrospectivos, como reflexo do percurso feito até então: o aluno chega tão condicionado (foram pelo menos 11 anos, numa fase decisiva, de formação de visão de mundo, hábitos etc.), que qualquer tentativa de mudança do professor sofre enormes resistências.[7]

Os avanços pedagógicos, de um modo geral, ocorrem exatamente em espaços "marginais" à lógica dos exames: educação popular, educação de jovens e adultos, projetos especiais (por exemplo: classes de aceleração), alguns segmentos das escolas públicas, ou em áreas "menos nobres" do currículo — de acordo com o estúpido paradigma vigente, evidentemente — (por exemplo: aulas de Filosofia, Educação Artística, Ensino Religioso, Educação Física).[8] Quanto maior a distância do exame, maior parece ser o grau de flexibilidade didática (por exemplo: é muito mais fácil obter mudanças na Educação Infantil ou na Pós-Graduação).

De qualquer forma, mesmo que os exames atualmente sejam apenas um grande álibi para se fazer o que se faz na escola básica, cremos que vale a pena desmontar tal álibi, para que, no mínimo, a contradição possa se manifestar de forma mais clara e como tal ser denunciada e superada.

---

6. Isso começou a mudar em 1996 com a criação do Exame Nacional de Cursos (Provão), e se intensificou sobretudo a partir de 2004 com a criação do Exame Nacional do Desempenho de Estudantes — ENADE.

7. Os resultados com frequência nefastos do ENADE deveriam ser um alerta não só sobre a qualidade do ensino na universidade, mas também sobre a condição de entrada (os concursos bitolantes).

8. Alguns (pseudo)educadores chegam a se referir a essas disciplinas como sendo "perfumarias", já que "não caem nos exames"...

Como se pode depreender pela colocação anterior, nossa posição é de que estamos diante de uma grande **farsa** educacional, onde, por ingenuidade ou medo, não temos enfrentado o problema na sua raiz. Esperamos que as reflexões que seguem possam ajudar nesta direção.

II. Relações Inconfessas

Cremos que nossa tarefa atual, mais do que trazer novas propostas, é refletir sobre os profundos entraves na sua concretização, uma vez que, insistimos, já existem disponibilizadas muitas perspectivas de ação. Poderíamos ficar anos a criticar tal situação; é relativamente fácil, tem um efeito catártico, porém não nos leva muito longe! Cabe investigar: por que continua acontecendo? Como explicar tais fatos?

A hipótese que temos trabalhado é que dos *três cavaleiros*, o mais decisivo é o relativo à avaliação. Justifiquemos.

Se há tanto tempo se faz a crítica à educação tradicional, se já existe um rol enorme de propostas novas, como entender a presença de práticas arcaicas? Como explicar a ação do professor nessa direção? O que podemos constatar com muita frequência é que o professor fica inquieto com o julgamento que será feito da sua pessoa, seja por parte dos dirigentes, dos colegas, dos pais ou dos próprios alunos, ainda que de maneira informal. Vai ser submetido a uma avaliação classificatória, em que não quer ser "reprovado". Ora, socialmente a tarefa educativa do professor está muito associada (imagem psicológica coletiva) ao "transmitir os conteúdos". Assim, ele começa a se empenhar no cumprimento do programa, seja para não ser julgado "fraco", para não mandar aluno "sem base" para o ano seguinte,[9] para "preparar para os exames" ou mesmo para não prejudicar o aluno

---

9. Colocação de uma professora de Ciclo Básico, numa escola estadual em São Paulo, em encontro sobre Avaliação: "O aluno começou a ler agora; tem condições de ir para frente. Mas a professora do ano seguinte tem visão diferente, não vai dar sequência ao trabalho...".

no caso da transferência para outra escola. Vejam bem, estamos aqui diante de uma das grandes chagas da educação escolar: a preocupação formal com o programa, um verdadeiro fetiche já que parece ter um poder mágico, ganhar vida própria (de meio, torna-se fim do ensino). E por que é importante cumprir o programa? No fundo, **para que o aluno não vá mal em futuras avaliações...**[10]

Portanto, subjacente a essa preocupação doentia com o conteúdo está a avaliação seletiva. A ânsia do professor passa a ser então, na prática, dar conta do programa, pois desta maneira "terá feito sua parte".[11] Se a meta é essa, a melhor estratégia de trabalho em sala é a meramente expositiva, o aluno quieto e professor falando, pois assim as aulas "rendem mais". Cumprir o programa com os alunos ou apesar deles.

À medida que usa uma metodologia passiva, o interesse do aluno tende a cair, já que não vê sentido naquilo que está sendo proposto e, como não há um clima de participação ativa, não tem como "entrar na aula". Com o envolvimento em baixa, começam a aparecer os problemas de disciplina. Nesse momento, é bastante comum o professor usar a nota como "arma" para controle de comportamento; ao agir assim, de um lado, está distorcendo o sentido da avaliação, portanto, reforçando seu viés tradicional, e, de outro, leva a um distanciamento entre ele, o aluno e o objeto de conhecimento, reforçando a alienação pedagógica, o que, por sua vez, reforça o desinteresse, realimentando o ciclo vicioso. Além disso, a questão essencialmente pedagógica fica camuflada, já que, pelo menos num primeiro momento, o incômodo se resolve, ou melhor, é sufocado pela pressão da nota. A própria questão da indisciplina, por sua vez, demandará tempo para ser administrada, o que significará menos tempo para "dar os conteúdos" e o aumento da angústia em cumprir o programa, reforçando a prática passiva em sala, realimentando mais uma vez o ciclo.

---

10. C. S. Vasconcellos, *Avaliação: Superação da Lógica Classificatória e Excludente*, p. 48.

11. Gostaríamos de deixar claro que esse comportamento do professor é consequência de uma pressão muito forte exercida sobre ele em relação ao programa.

A avaliação tradicional influencia também a organização da coletividade de sala de aula no sentido dos relacionamentos entre os alunos, marcados por preconceitos alimentados pelos resultados obtidos nas provas.[12]

Como vemos, por detrás de grandes problemas pedagógicos (conteúdo desinteressante, distância na relação professor-aluno, metodologia passiva), está a avaliação classificatória, contaminando todas as práticas e relações na escola. Por aqui podemos constatar essa dimensão deseducativa da avaliação classificatória e excludente, na medida em que nega a própria relação pedagógica, vindo a constituir-se como função estruturante da prática educativa na perspectiva de regulação autoritária da mesma.

Às vezes, a própria introdução da avaliação seletiva é que vai gerar o não-conhecimento, pois o aluno fica tão preocupado com ela, que essa emoção negativa (medo) acaba bloqueando a aprendizagem. E pensar que a avaliação teria como finalidade ajudar a aprendizagem...

De certa forma, o professor utiliza uma didática do "atalho", o que significa dizer que dá logo o conteúdo pronto, faz a mera transmissão, ao invés de propiciar o movimento de construção conceitual. Por sua vez, o aluno também desenvolve seu "atalho": os mecanismos de sobrevivência, especialmente o de obter nota, a cola na sua versão material ou mental (decoreba: pouco tempo depois da prova, esqueceu tudo).[13]

A avaliação classificatória, portanto, além de levar à exclusão, não permite descobrir as falhas do próprio processo de ensino-aprendizagem (por focar apenas o aluno), impedindo uma renovação mais radical da prática pedagógica.

---

12. Campo favorável para o *bullying*, já que alunos passam a chamar os colegas de "burro", "anta", "orelhudo", "ameba", "retardado", "QI de ostra" etc.

13. Outras estratégias que utilizam: procurar "enrolar" o professor, especialmente antes da prova, para ter menos matéria para estudar; obter com os colegas dos anos posteriores provas que tiveram na expectativa de que o professor utilize novamente aquelas questões etc.

III. O efeito Exame (ou "a mão invisível" que determina o cotidiano)

Neste contexto da classificação, há um desdobramento específico que se traduz numa lógica estúpida, muito perversa no conjunto do sistema educacional brasileiro: a grande preocupação da escola de Ensino Fundamental e Médio com a preparação para os exames. Tal ênfase vem servindo de forte álibi para a não-mudança da prática pedagógica tradicional, conteudista, repetitiva.

1. Tema-Tabu

Constatamos, todavia, que essa questão não é enfrentada e aprofundada, ficando como uma espécie de verdade maior, implícita e inquestionável. Os exames são um tema-tabu: uma espécie de *entidade metafísica* que paira para além do bem e do mal. Simplesmente não se fala abertamente sobre eles tanto na academia quanto na escola. Há uma espécie de legitimação *a priori* (Passos, 1999, p. 22), algo que *não se pode* colocar em questão, que "é assim mesmo".

Estamos aqui num campo delicado, que vai, muitas das vezes, para além das intenções imediatas ou conscientes. Assim, por exemplo, analisando Projetos Político-Pedagógicos de muitas instituições, não vemos mencionada uma vez sequer a palavra vestibular, exame ou concurso. Ora, o que concluir? Se o projeto é a expressão da identidade da escola e se os exames não são mencionados, decorreria que esse não teria importância para tal instituição. No entanto, no cotidiano de muitas escolas, os exames são o grande paradigma de organização do ensino! Às vezes, aquilo de que menos se fala é o que mais influencia, o que domina.

Parece que, nas palavras de Gandin, fica-se a brincar de "fazer comidinha" ("Deixa os idealistas de plantão, os inócuos sonhadores falarem de projeto educativo, formação de professor, avaliação, currículo, humanização, infância, alegria, crescimento, consciência crítica, cidadania, sensibilidade, criatividade, felicidade"), enquanto as decisões *sérias* (o saber que efetivamente conta na hora do exame, o número de vagas, os recursos, as leis da educação) são tomadas em outro lugar e por outros agentes. Tudo indica haver um pacto mesmo neste sentido: "Nós deixamos vocês falarem sobre estas coisas, e vocês não mexem com a gente".

É incrível o silêncio de grande parte da intelectualidade em relação ao estrago dos exames! Foi denunciado, por exemplo, por Marx (ao apontar o exame como mediação da cultura com o Estado), por Weber (como parte da lógica da burocracia), por Foucault (ao tratar da origem das disciplinas na sociedade moderna), por Passeron (ao analisar concretamente o sistema de educação francês), por Perrenoud (ao tratar da produção do fracasso escolar), e, entre nós, por Margot Ott, Luckesi, Luiz Carlos de Freitas, Vasconcellos, dentre outros. Mas parece "adormecido". Temas até mais antigos, como a metodologia de trabalho em sala de aula (basta lembrar de Comênius, século XVII...), estão constantemente sendo estudados e debatidos. Já com os vestibulares, que obra trata deles?[14] Que revista especializada em educação tem tratado sistematicamente o tema?[15] São tantas as publicações hoje na área de educação, todavia poucas abordam os efeitos dos exames na formação dos alunos. Reparem bem, é um tema vergonhosamente proscrito da reflexão crítica educacional: entre toda uma produção sobre a educação básica, de um lado, e a produção relativa ao ensino superior, do outro, há um inaceitável vazio! Parece algo inexorável, um *imexível* "é assim mesmo". A ideia de um pacto de silêncio não é de se descartar.

Será, no entanto, tema de conversa animada fora dos círculos escolares: na família, nos cursinhos, entre os amigos e até na mídia.

---

14. Talvez lembremos apenas de algum oportunista que descobriu o filão e escreveu um livro de autoajuda, do tipo "como passar no vestibular", "tudo o que você precisa saber para se dar bem nos exames".

15. Uma das poucas exceções é a *Revista de Educação AEC*; vejam nas Referências.

Além disso, estará fortemente presente no discurso dos professores na sala de aula, no currículo oculto, naquilo que não está planejado ou registrado, mas que acontece na escola, servindo de grande "fator motivador": "Professor, para que aprender isto?", "É matéria de vestibular"; "Professor, eu não vejo o menor sentido nisto", "Pode ser que não tenha mesmo muito sentido, mas faz parte dos programas dos exames".

No âmbito da crítica educacional, vai-se fundo na questão da falta de verbas, das condições de trabalho, da legislação, da defasagem na formação dos educadores, da falta de participação dos pais, da qualidade do material didático etc.; critica-se, ao mesmo tempo, a lógica social maior, desumana e seletiva. Porém, pouco se avança na compreensão da mediação entre a esfera social e a educacional, que passa muito fortemente pelos exames. Pode-se argumentar que isso é óbvio, porém, como dizia Paulo Freire, temos de dizer o óbvio! Por ficar implícito, pode ganhar ainda mais força, já que não se toma consciência, nem se discute. "A pressão deve ainda tornar-se mais premente pelo fato de se despertar a consciência dela e a ignomínia tem ainda de tornar-se mais ignominiosa pelo fato de se trazer à luz pública" (Marx, 1989, p. 81).

Terra de Ninguém

A quem cabe a responsabilidade pelos exames? Os professores de Educação Infantil dizem que se submetem a certas exigências formais em função da cobrança dos colegas do 1º ao 5º ano, que por seu turno dizem o mesmo em relação aos do 6º ao 9º, que apontam as demandas dos professores do Ensino Médio, que finalmente acusam o programa dos exames. Resumindo, parece escapar pelos dedos a possibilidade de a educação básica interferir no concurso. A UNE (União Nacional dos Estudantes) parece tão preocupada com outras questões, que nem tem tempo para se preocupar com os exames (seus membros esquecem que já estiveram "do outro lado"). O governo, por seu lado, diz que, em função da autonomia universitária, a definição dos exames é atribuição de cada instituição.

Caixa-Preta

No interior das universidades os exames também não são tematizados abertamente, sendo tarefa das respectivas comissões.[16] As próprias faculdades de educação, frequentemente, são alijadas de qualquer interferência na elaboração dos exames, *naturalmente*, em nome do sigilo ("uma produção com requintes dignos de um filme de espionagem" — *Guia do Vestibulando* da Unesp), da segurança e da lisura do processo seletivo.

Os membros das comissões de vestibular, por sua vez, têm como tarefa selecionar, não estando, muitas vezes, preocupados com as questões educacionais ou com a repercussão dos exames na organização do ensino básico. Pouquíssimas são as universidades que chamam a comunidade para discutir seus critérios de seleção.

"Adianta entender, se não se pode mudar?"

Esse parece ser um posicionamento subliminar à aceitação passiva da lógica excludente dos exames: "Se nada podemos fazer para alterar, de que adianta ficar gastando 'fosfato' refletindo sobre ele?". E, mais uma vez, caímos no conformismo, na omissão.

---

16. No *Guia do Vestibulando* da Unesp (vestibular 91), depois de apresentar o processo como "seleção justa", traz uma matéria com o título "As opiniões de quem conhece", onde a palavra é dada sabe a quem? Nada mais, nada menos que aos *professores dos grandes cursinhos* (sic)... No guia do ano seguinte, a mesma sequência: apresentação do exame como *sistema ideal* e a opinião dos (mesmos) *mestres no assunto*. Se não fosse maldade, dava vontade de se pensar isso tudo como uma verdadeira máfia!

Não podemos esquecer que essa lógica é/vem sendo uma construção humana; portanto, pode ser refeita, reinventada. Uma questão é fulcral: é o homem quem faz a história! É certo que não nas condições que escolheu (Marx, 1986, p. 17), mas é ele (pessoal e, sobretudo, coletivamente) quem faz a história. Abrir mão disso é deixar de acreditar na possibilidade de mudança e, consequentemente, no princípio-fundamento mesmo da ação educativa: se não acreditamos na possibilidade de mudança do outro, nossa, da realidade, o que estamos fazendo em sala de aula?!

Podemos ilustrar essa possibilidade de mudança com alguns fatos: embora o país continue a ser um dos campeões mundiais de concentração de renda, já conseguimos colocar a grande maioria dos meninos e meninas na escola; pelo menos a contradição se coloca em outro patamar. No próprio âmbito dos exames, já há algumas décadas conseguimos superar os "Exames de Admissão", que eram prestados pelos alunos que terminavam o Primário e tinham pretensão de ingressar no Ginásio. Mesmo em relação aos exames, se compararmos desde o tempo da colônia, podemos dizer que houve um avanço: seleção entre muito poucos, entre poucos, entre muitos (estágio atual), e entre todos (perspectiva) (Santos, 1998, p. 251). O advento do Enem[17] representou um avanço na lógica dos exames, na medida em que suas exigências não eram de memorização, mas de reflexão, interpretação, de aplicação contextualizada do conhecimento, interdisciplinaridade). O fato de, por exemplo, fornecer os elementos necessários para a solução de um problema (incluindo fórmulas, se

---

17. Exame Nacional do Ensino Médio, implantado pelo MEC/INEP em 1998 para avaliar a proficiência dos estudantes da última etapa da educação básica. Paulatinamente, foi adotado por Instituições de Ensino Superior como forma de acesso. Ao mesmo tempo, de instrumento para avaliação de sistema passa a ser utilizado para registro dos resultados nos currículos escolares dos alunos, como uma *sutil* pressão para os alunos fazerem o exame ou para atender a interesses de seleção do mercado de trabalho. Em 2004, com o ProUni (Programa Universidade para Todos), a nota do Enem passou a ser utilizada para a concessão de bolsas de estudo (de 50% a 100%) para instituições privadas. Em 2010, passa a ser pré-requisito para o FIES — Fundo de Financiamento ao Estudante do Ensino Superior.

fosse o caso) foi um duro golpe na tão forte tradição da "decoreba". Sofreu uma significativa e controversa mudança (de formato[18] e de objetivo) com a criação (em 2009) e a implementação em 2010 do Sistema de Seleção Unificada-Sisu, quando passou a ser via de acesso a inúmeras universidades públicas federais (e também privadas), portanto, com caráter seletivo. Há elementos problemáticos advindos dessa mudança de função do Enem (de avaliação de sistema a instrumento de seleção de acesso ao ensino superior).[19] Todavia, grande parte das críticas que se faz ao Enem é oriunda justamente daqueles segmentos que se sentem mais afetados com sua perspectiva de uma seleção mais inteligente e significativa, sobretudo os cursinhos e as grandes redes de ensino padronizado.

A compreensão ajuda a não "moralizar" a luta: o fato de sabermos onde está o problema evita a atitude destrutiva e imobilizadora de ficar acusando o outro (ou a nós mesmos), como se fosse o responsável por as coisas não acontecerem; ter clareza de como as estruturas interferem.

2. Distorções

Essa lógica dos exames tem duas grandes repercussões no cotidiano escolar: uma de ordem pedagógica, outra ético-política.

---

18. De uma prova única com 63 questões, passou a ter 180 questões (45 para cada área de conhecimento: Linguagens, Códigos e suas Tecnologias; Ciências Humanas e suas Tecnologias; Ciências da Natureza e suas Tecnologias; Matemática e suas Tecnologias), além da redação (desenvolvimento de um texto dissertativo-argumentativo a partir de uma situação-problema), e a ser realizado em dois dias.

19. De um lado, o Enem não foi projetado para classificações finas, como as que são exigidas em processos seletivos. Por outro, para compor a distribuição normal dos resultados dos alunos, questões tipo "pegadinha" devem ser introduzidas, ferindo a concepção pedagógica original do Enem. Há ainda problemas na construção do exame (por exemplo: enunciados excessivamente longos), incluindo a dificuldade em montar instrumentos efetivamente baseados na sofisticada Teoria da Resposta ao Item — TRI (Machado, 2012).

a) Pedagógica

Um dos argumentos mais ingênuos (ou safados, se houver consciência) é de que o *rigor* dos exames é fator de aprimoramento para nosso ensino, que anda debilitado. Ora, isso é confundir causa com consequência: podemos afirmar que, com certeza, um dos fatores que levam o ensino básico estar capenga é justamente as exigências esdrúxulas dos exames! Por paradoxal que possa parecer, em nome da "preparação" para os exames são feitas verdadeiras aberrações pedagógicas e educacionais. Há um formalismo pedagógico em cima de conteúdos de significação bastante duvidosa: prova disso é que se os próprios professores se submetessem novamente aos exames, provavelmente muitos não conseguiriam passar, e nem por isso deixariam de ser bons profissionais. É comum, por exemplo, vermos o ensino (e a cobrança enfática nas provas) nos anos iniciais do Ensino Fundamental de "Dígrafos". Perguntamos: que importância tem isso para a formação do sujeito-cidadão leitor e produtor de texto? Como o aluno pode desenvolver o gosto pela leitura, fala e escrita se vai ser avaliado em cima disso?[20] Quando questionados, os professores respondem de imediato: é para preparar para os anos seguintes e para os exames. E o pior é que, com frequência, têm razão.[21]

Nos anos mais avançados, técnicas mnemônicas (para informações e fórmulas), "macetes", soluções típicas ("dicas"), fazem parte do dia a dia dessa preparação, na qual perguntar o *porquê* atrapalha, dado que o que importa é saber que "é assim" que deve ser respondido. Passa a haver uma pressão dos próprios alunos: "Não, professor, não precisa

---

20. Não queremos dizer que o professor não deva passar informações desse tipo aos alunos; todavia, a partir da referência coletiva do Projeto Político-Pedagógico, ter clareza do que é essencial desenvolver em sala de aula e solicitar na avaliação.

21. Há algum tempo, em Campo Grande-MS, refletindo com os professores da rede municipal sobre a necessidade de mudança da avaliação, foi trazido à tona um fato recente muito concreto: no concurso promovido pela prefeitura (e organizado por uma determinada fundação) para motorista de ônibus, tinham caído nada menos do que três questões sobre dígrafo!

demonstrar; dá logo a fórmula!". Nessa mesma direção, laboratório, estudo do meio, aulas práticas, projetos são desdenhados em nome de "mais conteúdo" preparatório.

Todo esse condicionamento do Ensino Fundamental e Médio bitola o aluno a fazer exames, de tal forma que a Universidade — se for séria — terá de fazer o que a escola básica deveria ter feito, qual seja, ensinar o aluno a pensar, ler, interpretar, pesquisar, falar, redigir, trabalhar em grupo, ser criativo, crítico.[22]

Podemos apontar ainda outras distorções:

- Existem várias pesquisas demonstrando que tal sistema sequer cumpre aquilo a que se propõe, qual seja, selecionar *os melhores*. Pessoas mais criativas, mais sensíveis e inteligentes com frequência são vítimas desses limitados exames e acabam ficando fora da universidade. Não deixa de ter um gostinho de "desforra" ver pessoas que foram barradas no acesso à universidade se dando muito bem na vida;

- Alunos entram na universidade, mas não saem. **A evasão nas universidades públicas brasileiras é muitíssimo elevada!**[23] Isso é um absurdo tanto do ponto de vista social quanto individual. É certo que a evasão se deve a vários fatores, mas um deles, com certeza, é a falta de projeto: o aluno fica tão envolvido com a competição que tem de enfrentar que se esquece de se preocupar com a sua real opção; o fato de a escola ficar tão preocupada em prepará-lo para passar contribui para que não desenvolva um projeto de vida;

---

22. Analfabetismo funcional. Pesquisas revelam, por exemplo, que a maioria dos alunos não consegue interpretar, organizar ideias, além de cometer erros primários de concordância e pontuação.

23. Segundo estudo realizado pelo INEP, publicado em 2018, entre 2010 e 2016 as universidades públicas brasileiras estão com uma média de 47% de evasão (é considerada evasão quando o aluno abandona o curso antes de concluí-lo, mesmo que ingresse em outro curso superior). *O Estado de S. Paulo*, 20 de fevereiro de 2018.

■   A lógica seletiva se manifesta também no interior da universidade; nos meus idos tempos de Engenharia, assistíamos, assustados, a índices de mais de 50% de reprovação em *Cálculo* (que para os professores era "normal"); e vejam que se tratavam de alunos da Escola Politécnica da Universidade de São Paulo, um dos redutos com vestibular de maior grau de disputa para entrada.

■   Concluem o curso, mas sem projeto de vida, frustrados com a profissão que assumiram.

Grandes Redes de Ensino

Um movimento perigoso vem se configurando: a "cursinhização" da escola básica. Trata-se da adoção de apostilas padronizadas de grandes redes empresariais de ensino,[24] visando o adestramento para os exames, que muitas escolas adotam para "não perder" alunos, já que passam a ter uma "grife" educacional (logomarca da rede). Aliás, essa exploração da dimensão estética é fundamental para se entender o momento presente de simulacro, de entorpecimento da razão: tudo vira mercadoria, a vocação ontológica de *ser mais* converte-se em *ter mais*, e o apelo de fruição e prazer imediato nos conduz para os objetos mais reluzentes, com *design* mais avançado, a sedução da imagem, "onde o signo, por sua ditadura proeminente da forma, sepultou o significado" (Passos, 2001, p. 77).

Quando questionados, os mantenedores dizem que "só" usam o material, não percebendo que junto com ele vem toda uma concepção de sociedade, pessoa e educação, e que através dele acaba se interferindo em todo o *modus operandi* da escola (aliás, as redes mesmas

---

24. Estas grandes redes, através de um esquema pesadíssimo de *marketing* e *franchising*, têm avançado seus tentáculos em muitos campos (como grandes portais educacionais na internet e estabelecimentos universitários); neste momento, interessa-nos analisar apenas a sua interface com a questão do vestibular.

se apresentam como *sistemas* de ensino). Na crise de identidade, algumas escolas, ao invés de retomarem suas raízes, aprofundarem e atualizarem suas inspirações, terminam *importando* a identidade de outros, através de convênios e do material didático;[25] aí sim é que vão afundar de vez, dado que perdem seus referenciais mais autênticos e passam a ficar à mercê de um terceiro.[26]

Para o professor que não quer muito trabalho, é ótimo trabalhar com apostilas, visto que já vem tudo pronto (assunto mastigado, exercícios, propostas de atividades, divisão de aulas no tempo e, em alguns casos, até as avaliações). Para o professor que tem um posicionamento ativo e crítico, é terrível, pois se sente amarrado, desrespeitado em sua função de mestre. O professor concreto, o bom profissional (crítico, pesquisador, reflexivo, mestre do diálogo no mais autêntico sentido) vai ficando dispensável, frente à parafernália tecnológica que é oferecida (hipertextos, videotextos, consulta *on-line*, videoconferências, *sites*, *apps*). Tal padronização vai exatamente no sentido contrário ao movimento histórico de conquista por parte do magistério de competência, liberdade, responsabilidade, autonomia, qual seja, da **condição de sujeito**, negando também a mesma possibilidade ao aluno (já que vem tudo pronto e decidido, restringindo incrivelmente o espaço de negociação em aula). "Ah, mas se o professor quiser pode ir além da apostila" alguém poderia dizer; é fato, porém exatamente esse melhor professor sente-se limitado na escolha do material (embora muitos livros didáticos conservem a característica apostilar de onde tiveram origem, é preciso reconhecer que hoje já existem livros de qualidade bastante razoável) e na organização do currículo (muitas vezes, o professor "tem que" cumprir aquele conteúdo naquele intervalo de tempo, pois chegará outra apostila

---

25. Algumas redes dizem em suas propagandas com todas as letras que estão a oferecer uma "proposta pedagógica"...

26. O que preocupa sobremaneira é a tentativa de entrada das grandes redes no ensino público. Com o processo de municipalização, algumas secretarias de educação, sentindo-se perdidas, têm sido atraídas por essas propostas (material didático, treinamento etc.).

e "os alunos não podem ficar carregando muitas apostilas"). Que sistema é esse que cerceia o bom profissional e serve de álibi para o relapso?

Se a escola adotasse as tais apostilas no final do Ensino Médio, como último recurso preparatório para os exames, ainda vá lá; todavia, em não poucos casos, temos visto o uso das apostilas padronizadas desde os anos iniciais, ou até mesmo na Educação Infantil! É muito preocupante!

Queremos deixar patente que não estamos nos dirigindo a pessoas individualmente consideradas, até porque, frequentemente, procuram fazer um trabalho sério, mesmo inseridas nesse esquema. O que queremos é denunciar essa lógica maior subjacente.

O fato é que acaba se criando um círculo de cumplicidade entre escola (que, além da grife, ganha alguns trocados com a venda do material), família (que tem a sensação de que o filho está numa *boa escola*), alunos (que gostam por ter menos matéria para decorar e saber o que vai cair na prova) e professores acomodados.

b) Ético-Política

Tal prática classificatória tem uma séria repercussão em termos de seletividade social. Há tanto empenho em "preparar para os exames" que se reprova energicamente no 5°, 6° anos, fazendo com que grande contingente de alunos sequer conclua o Ensino Fundamental (reprovações sucessivas seguidas de evasão, sobretudo na escola pública). É um enorme contrassenso!

Alguém poderia lembrar que não foi a escola quem inventou tal lógica seletiva; e estará correto. Ocorre que cabe também lembrar o papel da escola: só reproduzir o que está dado ou também lutar para transformar?

Termina por se instalar, pois, com a melhor das boas intenções ("preparar para vida"), uma profunda confusão entre o papel dos exames e da escola. O exame é, com efeito, o reflexo e a concretização da lógica seletiva social no sistema educacional. **A escola é (deve ser) outra coisa**: encontro de gerações, direito essencial do cidadão ao conhecimento, espaço de formação da pessoa.

IV. Desmitificando

A penetração da lógica dos exames no cotidiano escolar é sustentada por alguns mitos que precisam ser enfrentados.

1. Seria a Universidade a única alternativa?

A mídia cria todo um clima de ênfase à universidade e aos exames. De um lado, propaga-se a tal da globalização e da sociedade do conhecimento. De outro, coloca-se o acesso à universidade como a grande (e única) saída. Para um adolescente, nos dias correntes, não ser aprovado nos exames é uma questão de vida ou de morte. Se não entrar, não tem valor, é um fracassado!

Cabe um questionamento inicial: não haveria *salvação* fora da universidade? Se pensarmos em termos mais radicais, poderíamos indagar: quem disse que a universidade é a **única** opção para a realização humana? Não seria o caso de serem valorizadas socialmente as ocupações que não passam necessariamente pelo ensino superior?

Faz-se uma relação direta entre passar nos exames e ter um bom futuro profissional. Ora, sabemos a falácia de tal relação: em função da ampliação do número de formados e da diminuição dos postos de trabalho (acelerado cada vez mais pelas máquinas programadas por controle numérico), o possuir diploma, à diferença de algumas décadas atrás, já não é garantia de "ser alguém na vida". Embora a mídia traga esse fato à baila, o faz de forma esporádica ou marginal, não dando muito destaque a esse aspecto, que a nosso ver é estrutural e decisivo para se entender a crise de sentido da escola que os jovens e adolescentes já estão a viver.

2. Seria a escola particular o modelo?

É corrente a ideia de que a escola particular é de melhor qualidade.[27] De onde viria isso? Essa imagem — amplamente alardeada pelos privatistas da educação — está muito ligada à divulgação dos índices de aprovação nos exames. As várias *vantagens* alardeadas (mesas interativas, tablets, lousas digitais, objetos de aprendizagem em 3D etc.) estão todas, ao fim e ao cabo, ligadas a esse objetivo de fundo.[28] Ora, não podemos tomar esse índice como indicador de qualidade, uma vez que a aprovação ou não nos exames passa por outros condicionantes — principalmente a condição de classe social do aluno — que não a qualidade do ensino. Isso fica claro, por exemplo, em cidades do interior onde não existe escola particular: analisando-se o perfil dos alunos aprovados nos exames, é clara a influência decisiva da sua condição socioeconômica, que lhe favorece o acesso precoce e substancioso ao mundo de uma determinada cultura (jornal, revistas, livros, viagens, televisão a cabo, internet, a observação dos pais lendo ou estudando etc.) que é justamente a valorizada nos exames. Quando tomamos por referência não esses índices de aprovação mas o conhecimento efetivo, o que se depreende, de acordo com as avaliações nacionais ou internacionais,[29] é que o rendimento dos alunos

---

27. É claro que existem escolas particulares da melhor qualidade; da mesma forma como existem escolas públicas que são verdadeiras ilhas de excelência. O que está em jogo aqui são as representações sociais que foram criadas.

28. Um indicador disso é o enorme investimento que se faz em cima dos resultados nos vestibulares (páginas inteiras de jornais, outdoors, televisão, internet, revistas etc.).

29. Pesquisa do Pisa (Programa Internacional de Avaliação de Alunos) revela que, assim como os das públicas, os alunos das escolas particulares brasileiras também estão entre os últimos lugares, desmontando o mito de que essas seriam "do primeiro mundo" (*Folha de São Paulo*, 8/12/2001, p. C6); (Brasil tem desempenho ruim no Pisa, inclusive na rede particular — *O Globo*, 7/6/2016).

das escolas particulares é sim superior aos da escola pública, porém, primeiro, por uma margem muito pequena, e, segundo, ambas num patamar muito baixo.

3. Criação artificial de expectativa: a serviço de quem?

Coloca-se hoje, via mídia, o acesso à universidade como uma coisa muito importante e difícil.[30] Essa orquestração midiática está intimamente ligada a interesses de:

- Faculdades particulares que precisam (desesperadamente) de alunos;
- Cursinhos preparatórios;
- Grandes redes de ensino que vendem "grifes" preparatórias para os exames;
- Uma verdadeira indústria que se criou no entorno dos exames.[31]

Argumenta-se que houve um aumento dos alunos no Ensino Médio. É certo; porém, é preciso considerar que:

1. O aumento expressivo de alunos se dá basicamente nos setores mais populares que tinham seu direito negado até então;
2. Muitos alunos que estão cursando o Ensino Médio ainda não o concluem pelo fato de estudarem à noite, pela necessidade de trabalhar, por mudanças no emprego, pelo desinteresse por um ensino livresco etc.;

---

30. Uma reportagem no *Jornal Nacional* mostrava a maratona de uma ("pobre") aluna que fazia uma prova em Goiânia, depois pegava o avião para ir a Campinas e em seguida ia prestar exame em Curitiba...

31. Livros com "resumos" de obras literárias, fascículos preparatórios vendidos em bancas de jornal, músicas para memorizar matéria, livros de autoajuda direcionados aos exames, empresas especializadas em transporte de vestibulandos, acompanhamento psicológico e terapias em função do estresse provocado pelos exames etc.

3. Muitos acabam se autoexcluindo e nem se inscrevem nos exames (nas universidades públicas, por acharem que não entram; nas particulares, por não poderem pagar).

Nunca houve tantas vagas

Além disso, nunca existiu tanta vaga no ensino superior como agora. Houve uma significativa expansão do número de vagas na rede pública com a criação de novas unidades ou de novos campi de universidades e institutos federais. Além disso, faculdades, centros universitários e universidades particulares crescem como cogumelos nas esquinas deste país. Nas últimas décadas, houve um aumento de vagas astronômico nas instituições de ensino superior particulares.[32] Mais alguns dados para nossa reflexão:

■ Existem universidades privadas em grandes centros fazendo exames praticamente o ano todo ("vestibular antecipado").

■ Outras usam o esquema de reserva de vagas ("Mesmo que você esteja cursando o Ensino Médio, faça o vestibular em julho e garanta sua vaga para o próximo ano").

■ Algumas particulares apelam para a "seleção continuada" (aluno vai prestando exames desde o 1º ano do Ensino Médio), muito mais para criar uma "fidelidade" do cliente do que pelos eventuais (e discutíveis) ganhos pedagógicos. Outras ainda têm se proposto a usar os resultados do Enem, também não tanto pelas virtudes desse exame, mas como chamariz para suas vagas.

■ Existem faculdades fazendo de tudo para o aluno prestar o seu exame;[33] algumas colocam como "taxa" dois quilos de alimentos

---

32. Possibilitado, em grande medida, pelas bolsas dadas através do ProUni (Programa Universidade para Todos), ou do financiamento através do FIES — Fundo de Financiamento ao Estudante do Ensino Superior.

33. "Nós sabemos como é difícil a vida de vestibulando. Então, se você já se inscreveu em um outro vestibular, damos desconto de 30%; se se inscreveu em dois, desconto de 60%".

não perecíveis, e outras já divulgam claramente que a inscrição é gratuita. Sem contar aquelas que usam galãs de novela como "garotos-propaganda".

■ O MEC teve de proibir "novos" sistemas de seleção baseados em "entrevistas", onde, segundo o jornalista que denunciou o esquema, as perguntas, no fundo, queriam era saber se a família do aluno poderia arcar com as mensalidades.

Houve época em que mesmo quem podia pagar, se não entrasse em determinadas universidades, simplesmente não tinha onde estudar. Hoje não: para quem pode pagar (que é, potencialmente, a clientela de cursinhos, escolas particulares de Ensino Médio e, depois, das faculdades privadas), nunca foi tão fácil entrar. Recentemente foi amplamente divulgado pela mídia, num raro momento de postura crítica,[34] o caso de um aluno analfabeto que foi aprovado em mais de um vestibular no Rio de Janeiro...[35]

V. Enfrentando Criticamente

Considerando que, na prática, os exames vêm se constituindo como o verdadeiro parâmetro do currículo escolar, trazemos, na sequência, alguns pontos para reflexão, tendo em vista a abertura para novas possibilidades no seu enfrentamento.

Sinais de Esperança

■ **Tomada de consciência por parte dos educadores:** muitos professores já estão se dando conta da lógica subjacente à prática

---

34. Ou de "acerto de contas" entre empresários...
35. Na Universidade Estácio de Sá, inclusive, ficou entre os 10 primeiros...

pedagógica e como estão, involuntariamente, servindo a ela. Percebem também as mudanças que estão se dando em várias esferas da existência e que pedem um novo posicionamento da escola.

■ **Mudança de expectativas dos pais:** abertura a novos paradigmas, até como decorrência das mudanças que estão vendo e/ou vivendo no mundo do trabalho.

■ **Os próprios exames estão mudando:** é forçoso estarmos atentos, pois há indicadores de mudança nos próprios exames: questões mais reflexivas, provas dissertativas que exigem raciocínio e não memorização mecânica, questões envolvendo interpretação de fatos do cotidiano, valorização da redação etc. Começam a aparecer sinais de vida inteligente.[36] Essas exigências podem servir de questionamento para os exames tradicionais.

■ **Nova percepção dos alunos em relação à realidade:** os alunos começam a se dar conta de que o simples "canudo" na mão já não é garantia de muita coisa no mundo atual. Estando "antenados", começam a perceber as mudanças que estão se dando nos vários campos (mundo do trabalho, universidades, sistemas seletivos, até na própria família).

■ **Novas exigências do mercado de trabalho:** a sociedade do conhecimento está a exigir novas competências, um novo perfil profissional, que não corresponde mais àquele de ordem mecanicista da escola tradicional.

1. Na Linha da Continuidade Crítica

Considerando a presença dos exames, como podemos nos posicionar diante deles?

---

36. O próprio Enem, como analisamos. Num concurso vestibular de um centro universitário particular em Brasília, no dia do exame de Matemática, os alunos ganharam uma calculadora, com a inscrição: "Pense! A máquina calcula por você". Para aquela instituição o que importava era o raciocínio matemático; o algoritmo, a máquina fazia.

É importante procurar superar a postura dicotômica que muitas vezes se instala entre os educadores: ou se esquece dos exames, ou (exclusivo) se curva ingenuamente a eles. Como, na prática, é muito difícil esquecê-los (em função das cobranças todas), o que acaba acontecendo é a submissão à sua lógica imbecilizante, em nome de um pragmatismo de cunho determinista: "Sempre foi assim", "Fazer o quê?", "Não tem jeito", "A pressão é muito forte". Algumas (poucas) escolas que conseguem "esquecer" terminam por cair num clima de frouxidão: tudo se passa como se os alunos que quisessem de fato se preparar para os exames deveriam ir para a escola concorrente "séria", "forte"; os que ficassem, seriam poupados do ambiente desumano, todavia também abririam mão de qualquer expectativa de serem aprovados no concurso... O clima de exigência na escola é muito positivo: o aluno sente-se desafiado, tem uma meta; só que se trata de um novo tipo de exigência, marcado pelo vínculo, pelo significado. Insistimos que a não-ênfase na competição não pode ser confundida com frouxidão, "liberou geral".

Posição análoga podemos encontrar entre os pais: "Ou o meu filho vai ser o melhor (competição), ou vai ser um Zé-ninguém (inanição)". Ora, é preciso que compreendam que existe uma alternativa superadora: ser competente e solidário! (Vocação ontológica do homem: ser mais, que é diferente de ser o melhor).

Seria antiético preparar alunos para os exames?

Se considerarmos que a universidade, enquanto centro cultural de apropriação e elaboração do saber, pode ter um relevante papel a cumprir, na medida em que possibilita tanto a realização profissional do sujeito quanto o colocar esse saber a serviço do processo de transformação social, é pertinente a preocupação com o acesso a ela. Ou seja, ao mesmo tempo em que nos comprometemos com a mudança mais radical desse sistema, nos empenhamos também nessa disputa, só que em outras bases. Entendemos que o antiético não é participar do jogo imposto, mas a forma de participar. Fazendo uma analogia: é como se um partido de oposição se recusasse a participar de eleições por ser algo "sujo"; ora, o que vai estar em questão é justamente a maneira como vai se portar nessa disputa e nos compromissos que vai assumir no caso de vitória.

É certo que estamos nos movendo num terreno muito delicado, pois o risco de sermos envolvidos e cooptados pelo pragmatismo sem escrúpulo é muito alto. Todavia, não podemos fugir da história; cabe fazê-la de uma outra forma! Alguns movimentos populares, inclusive, pararam de esperar a solução estrutural e trataram de organizar cursinhos comunitários preparatórios para estudantes negros, trabalhadores etc.

Em relação ao "milagre" que algumas escolas ou cursinhos fazem com alunos que foram de outras escolas a vida toda (e que são matriculados na nova escola no terceiro ano do Ensino Médio), seria bom esclarecer a comunidade (que se deixa influenciar por esse tipo de informação) que ninguém fica bom de repente; há toda uma formação desde a base que foi feita e que precisa ser valorizada. Semelhante alerta crítico vale para aquelas redes de ensino que propagandeiam excelentes resultados no Enem, e quando se vai analisar, trata-se de uma unidade, entre centenas, para a qual os melhores alunos de cada unidade são encaminhados...

O que é preciso para ser aprovado nos exames?

O senso comum responde a essa pergunta fugindo dela ("É sorte") ou de maneira simplista: para ser aprovado, o aluno precisa saber/conhecer. Isso é verdade, mas **apenas parte da verdade!** É preciso um preparo integral: cognitivo (conceitos, habilidades, competências), socioafetivo (emoção, motivação, projeto) e psicomotor (autoconhecimento, domínio, condições físicas).

Temos muita clareza de que a melhor preparação não é o paradigma *Exclusão + Imbecilização precoces*, e sim Formação Integral e, se necessário, "macetes" na reta final (em função dos exames que ainda não mudaram).

Constatamos professores dando conteúdos decorativos, sem sentido, no 6º ano, e que quando questionados, argumentavam: "É, mas tem vestibular ou exame que pede". Esse procedimento, além de ser uma aberração didática, é absolutamente ineficaz, visto que em pouco tempo o aluno vai esquecer mesmo (por não ser uma aprendizagem significativa). É importante, portanto, um posicionamento crítico diante dos exames:

■ Trazer o tema para o debate aberto; fortalecer o posicionamento democrático frente a ele; explicitar a posição da escola no Projeto Político-Pedagógico.

■ Ajudar a construir um outro sentido para a vida: não de competição desenfreada para garantir o seu lugar, mas de cooperação na necessária transformação.

■ Não "emburrecer" o ensino desde a Educação Infantil em nome de preparar (adestrar) para os exames. Investir numa nova concepção de aprendizagem (projetos, temas geradores, estudo do meio, metodologias ativas) e de avaliação (avaliar para aprender mais e melhor, e não para classificar) em todo o processo formativo. Ajudar o aluno a aprender a pensar, a estabelecer relações, interpretar, resolver problemas, transferir conhecimento. Dar ênfase ao essencial: trabalhar com conceitos alfabetizadores, conteúdos estruturantes em cada área do saber. Apenas no final do Ensino Médio, se necessário, fazer o treinamento para os exames.[37]

■ Recusar-se a dar em sala de aula conteúdos sem significado relevante.[38]

---

37. Realização de simulados no final do curso, como treinamento mesmo (saber administrar o tempo, ter dimensão do desgaste físico etc.), desvinculado da nota de aproveitamento; orientação para resolução de provas tipo múltipla escolha (pegar o "jeitão" deste tipo de avaliação) etc.

38. Quando exigidos por determinados concursos, encontramos professores que preparavam um roteiro de estudos extraclasse para os alunos.

- A escola deve criar condições para que o professor seja autor/produtor do material didático (aos poucos pode-se começar esse processo).

- Trabalhar abertamente com os alunos o significado dos exames, seus mecanismos, sua lógica, sua história, para que a eventual reprovação nele não leve o aluno a se sentir culpado, afetando sua autoimagem.

- Desmistificar o exame, colocando questões de exames nas atividades em sala de aula para perceberem que os conteúdos exigidos não são "do outro mundo".

- Propiciar aulas/encontros de *projeto de vida*, onde o aluno tem de apresentar um projeto para os seus próximos anos; é uma atividade construída e partilhada com os colegas (com código de ética de sigilo etc.). O 2º ano do Ensino Médio tem mostrado ser um bom momento para isso (no 1º pode não ter despertado para algumas questões, e no 3º já está envolvido com a pressão dos exames). Investir na orientação profissional.

- Cabe à escola garantir um bom esquema de comunicação com pais e alunos. Perder aluno em função de uma opção clara por outra linha de trabalho pedagógico, tudo bem, porém perder aluno por falta de informação, de compreensão da proposta, é inadmissível.

- A escola deve ter competência e unidade para enfrentar as eventuais pressões equivocadas dos pais, calcadas na ansiedade de preparar desde cedo os filhos para os exames. Não discutimos a boa intenção dos pais, mas não podemos nos omitir frente ao seu encaminhamento equivocado.

Já dizia Santo Tomás de Aquino: "quem pode o mais, pode o menos" (a recíproca não é verdadeira!). Caso se depare com um exame "burro", o aluno que aprendeu a pensar, estabelecer relações etc., "emburrece" e faz. Trabalhando numa nova concepção de educação e de avaliação, em que o aluno tem uma formação integral, aprende a pensar, domina os conceitos básicos, sabe resolver problemas, estabelecer relações, transferir conhecimentos (dimensão cognitiva), em que desenvolve um autoconceito positivo, a autoestima, sabe o que quer, tem um projeto de vida, tem confiança no seu potencial (dimensão socioafetiva), e em que tem também um bom preparo físico (dimensão psicomotora), estará muito melhor preparado para qualquer situação que tenha que enfrentar na vida (vestibular, concurso, trabalho, relacionamentos etc.),[39] sendo que ainda estará capacitado para ajudar a reverter a lógica tão excludente de nossa sociedade.

Cabe à **sociedade**, no seu conjunto, decidir sobre um quadro de valores, competências e habilidades desejável para orientar a educação básica e superior, enquadrando, portanto, os exames. Ao mesmo tempo, lutar pela preservação das universidades públicas, contra o seu sucateamento. A **família**, naturalmente, tem um relevante papel, já que precisa ajudar o filho a construir sentido para a vida (competição desenfreada para garantir o seu lugar x cooperação na necessária transformação), respeitar opções dos filhos, manter um diálogo franco com a escola, e assumir um compromisso social (ver o mundo, "sair do próprio umbigo"). Ao **Estado** compete disponibilizar recursos para o efetivo aumento das vagas na educação superior, controlar — em parceria com a sociedade — a qualidade dos cursos oferecidos, e assumir políticas públicas de geração de empregos.

Não é concebível também que a **universidade** fique fora desse embate; há uma contradição enorme: muita gente da academia se põe a criticar, com toda a ira, as mazelas da escola básica, mas essa mesma gente se faz de desentendida ou de cordeiro e não enfrenta a luta no interior da própria casa, são absolutamente omissos em relação aos exames de seleção de suas próprias instituições. Cabe denunciar, pressionar; não é possível continuar esse esquema equivocado dos exames. A própria LDB — Lei de Diretrizes e Bases da Educação Nacional — diz,

---

39. Levantamento do perfil de alunos aprovados feito pela UFRGS e pela PUC de Porto Alegre, demonstram que alunos oriundos de escolas mais críticas e participativas são os que, proporcionalmente, têm os maiores índices de aprovação.

no seu artigo 51, que as instituições de ensino superior devem atentar para os efeitos do vestibular sobre o Ensino Médio, devendo haver articulação e não imposição. A possibilidade de um aproveitamento mais significativo dos resultados do Enem, por exemplo, foi algo relativamente simples de ser implantado e que contribuiu de imediato para a mudança. Além disso, cremos que deveria ser retomada a ideia do Ciclo Básico no início da universidade, para os alunos amadurecerem, conhecerem melhor as alternativas e poderem fazer uma opção de curso de forma mais consciente. A educação superior tem também um papel importante em termos da formação dos futuros professores do ensino básico, devendo investir numa nova direção.

2. Na Linha da Ruptura

Todavia, se queremos alçar voos mais altos, precisamos ter coragem de subverter a lógica atual dos exames. A perspectiva mais radical, naturalmente, é aquela que simplesmente faz caducar qualquer tipo de seleção, qual seja, a garantia de vagas para todos os concluintes do Ensino Médio que desejassem dar prosseguimento nos estudos superiores. Sabemos que se trata de uma utopia, porém também corresponde a um direito; portanto, não podemos abrir mão dessa causa.

Enquanto lutamos por este horizonte mais radical, podemos buscar algumas alternativas radicais para o momento, ou seja, tornar o acesso o mais democrático possível.[40] Nessa direção, a proposta do professor Rubem Alves (1984, p. 74 e ss., 1995, 1996) também deveria ser levada a sério: já que existem menos vagas do que candidatos, já que na presente estrutura entram os filhos dos ricos e os pobres ficam com o resto (faculdades particulares ou cursos menos procurados) ou ficam de fora mesmo, então, que as vagas nas universidades públicas

---

40. Os programas de cotas, como aqueles que reservam de vagas nas universidades públicas para alunos oriundos da rede pública ou de determinada condição socioeconômica, são exemplo de possibilidades.

sejam sorteadas![41] Sabemos que a ideia assusta inicialmente, mas vale a pena ser considerada.[42] Reiteramos que este é um paliativo; não pode ser entendido como uma política definitiva de equalização das oportunidades. No entanto, tem sentido se pensarmos no seguinte: primeiro, é algo possível de se fazer de imediato! Segundo, imaginem a libertação que isso significaria para as escolas, que não precisariam mais imbecilizar desde cedo as crianças em nome da preparação para o concurso: uma vez que haveria sorteio, as escolas poderiam fazer o que de fato acreditam (ou dizem acreditar) que deveria ser feito para a melhor formação dos educandos. Cair o nível? Nem de longe: só o benefício de acabar com essa triste imbecilização precoce propiciaria, com certeza, a formação de sujeitos muito mais apaixonados pelo conhecimento, autônomos, críticos e criativos.

Deixamos aqui estas provocações. Se num ou noutro momento o texto foi um pouco duro, o objetivo não é agredir ninguém, mas, fundamentalmente, provocar, fazer pensar! Temos a clareza de que o problema maior que vivemos na contemporaneidade é a profunda exclusão (social, econômica, cultural, política, étnica). O exame é apenas uma manifestação da lógica maior seletiva; todavia, o sistema seletivo não se sustenta sem agentes vários e uma rede de mecanismos menores de seleção. Logo, nós, educadores, temos um papel nesta luta![43] Embora não seja toda a luta, não é desprezível o embate com a perversa lógica dos exames.

Concluímos na firme esperança de estarmos nos aproximando de "uma política pós-colonial de ética e compaixão" (Freire, 1998, p. xvi)!

---

41. Os recursos que as classes média e alta despendem com cursinhos e coisas do tipo poderiam ser canalizados para a abertura de novas universidades privadas (de qualidade) que atenderiam esses alunos.

42. Numa fase intermediária, para não assustar tanto, poderia ser feito um teste em que realmente fossem solicitadas competências básicas (ler, escrever, interpretar, calcular, analisar, sintetizar etc. — uma espécie de Enem, na sua concepção original) e se fazer o sorteio a partir dos aprovados (que naturalmente seriam muitos).

43. Trata-se de uma luta contra qualquer forma de exclusão, na qual devemos estar atentos inclusive para os novos mecanismos de exclusão que vão surgindo (por exemplo: deslocamento da seletividade do vestibular para o Enem).

REFERÊNCIAS

ADORNO, Theodor W. *Educação e Emancipação*. Rio de Janeiro: Paz e Terra, 1995.

AEC. Metodologia e Interdisciplinaridade — *Revista de Educação AEC* (83). Brasília: AEC, 1992.

_____. Supervisão Educacional: Sim ou Não? *Revista de Educação AEC* (57). Brasília: AEC, 1985.

AGUIAR, Márcia A. *Supervisão Escolar e Política Educacional*. São Paulo: Cortez, 1991.

ALARCÃO, Isabel (org.). *Escola Reflexiva e Supervisão*: uma escola em desenvolvimento e aprendizagem. Porto: Porto Editora, 2001a.

_____ (org.). *Formação Reflexiva de Professores*: estratégias de supervisão. Porto: Porto Editora, 1996.

_____ (org.). *Supervisão de Professores e Inovação Educacional*. Aveiro: CIDInE, 1995.

_____. Do Olhar Supervisivo ao Olhar sobre a Supervisão. *In*: RANGEL, Mary (org.). *Supervisão Pedagógica*: princípios e práticas. Campinas, SP: Papirus, 2001b.

ALMEIDA, Custódio L. S. (org.). *Hermenêutica Filosófica*. Porto Alegre: EDIPUCRS, 2000.

_____. *Hermenêutica e Dialética — dos estudos platônicos ao encontro com Hegel*. Porto Alegre: EDIPUCRS, 2002.

ALVES, Nilda (org.). *Educação e Supervisão*: o trabalho coletivo na escola. 13. ed. São Paulo: Cortez, 2017.

_____; GARCIA, Regina L. (orgs.). *O Fazer e o Pensar dos Supervisores e Orientadores Educacionais*. 5. ed. São Paulo: Loyola, 1991.

ALVES, Rubem. O fim dos Vestibulares. *Folha de São Paulo*, 12.9.1996, p. 1-3.

_____. O fim dos Vestibulares. *Folha de São Paulo*, 6.2.1995, p. 1-3.

_____. O País dos Dedos Gordos (1-5). *Estórias de quem gosta de ensinar*. São Paulo: Cortez, 1984.

ARROYO, Miguel G. *Ofício de Mestre*: imagens e auto-imagens. Petrópolis: Vozes, 2000.

ARROYO, Miguel. Projeto Político-Pedagógico. In: *Anais do VII Seminário Nacional de Educação Comunitária*, s/d.

_____. Subsídios para a práxis educativa da supervisão educacional. *In*: BRANDÃO, Carlos Rodrigues (org.). *O Educador*: Vida e Morte. 2. ed. Rio de Janeiro: Graal, 1982.

ATTA, Dilza. O Acompanhamento Pedagógico do Trabalho Escolar. *In*: *Revista de Educação CEAP* (36). Salvador: CEAP, 2002.

BALZAN, Newton Cesar. Perfil do Supervisor Necessário. *In*: Supervisão Educacional: Novos Caminhos — Cadernos Cedes (7). São Paulo: Cortez, 1983.

BENINCÁ, Elli. A Prática Pedagógica da Sala de Aula — Princípios e Métodos de uma Ação Dialógica. *In*: *Revista de Educação AEC* (48). Brasília: AEC, 1983.

BERGER, Peter L.; LUCKMANN, Thomas. *A Construção Social da Realidade*. 4. ed. Petrópolis, RJ: Vozes, 1978.

BIANCHETTI, Lucídio. *Angústia no Vestibular*: indicações para pais e professores. Passo Fundo: EDIUPF, 1996.

BLOCH, Ernst. *El Pensamiento de Hegel*. México: Fondo de Cultura Económica, 1949.

_____. *El Principio Esperanza*. tomo I. Madrid: Aguilar, 1977.

BOFF, Leonardo. *O despertar da Águia*: o dia-bólico e o sim-bólico na construção da realidade. Petrópolis, RJ: Vozes, 1998.

_____. *Saber Cuidar*: ética do humano — compaixão pela terra. 7. ed. Petrópolis, RJ: Vozes, 2001.

BOURDIEU, Pierre; PASSERON, Jean C. *A Reprodução*: elementos para uma teoria do sistema de ensino. 2. ed. Rio de Janeiro: Francisco Alves, 1982.

BRANDÃO, Carlos Rodrigues (org.). *O Educador*: Vida e Morte. 2. ed. Rio de Janeiro: Graal, 1982.

BRUBACHER, J. S. *A Importância da Teoria em Educação*. Rio de Janeiro: INEP, CBPE-MEC, 1961.

BRUNER, Jerome S. *O Processo da Educação*. 7. ed. São Paulo: Nacional, 1978.

_____. *A Cultura da Educação*. Porto Alegre: Artmed, 2001.

_____. *Realidade Mental, Mundos Possíveis*. Porto Alegre: Artes Médicas, 1998.

CANÁRIO, Rui. Estabelecimento de Ensino: a inovação e a gestão de recursos educativos. *In*: NÓVOA, Antonio (coord.). *As Organizações Escolares em Análise*. Lisboa: Dom Quixote, 1992.

CASASSUS, Juan. Marcos Conceptuales para el Análisis de los Cambios en la Gestión de los Sistemas Educativos. *In*: UNESCO. *La Gestión*: en busca del sujeto. Santiago: UNESCO, 1999.

CHAUI, Marilena S. Ideologia e Educação. *Revista Educação e Sociedade* (5). São Paulo: Cortez, 1980.

COLLARES, Cecília A. L.; MOYSÉS, M. Aparecida A. *Preconceitos no Cotidiano Escolar — ensino e medicalização*. São Paulo: Cortez, 1996.

COMÉNIO, João Amós. *Didáctica Magna — tratado da arte universal de ensinar tudo a todos*. 3. ed. Lisboa: Calouste Gulbenkian, 1985.

CONTRERAS, José. Currículo Democrático e Autonomia do Magistério. *In*: SILVA, Luiz H. *Século XXI: Qual Conhecimento? Qual Currículo?* Petrópolis, RJ: Vozes, 1999.

D'AMBROSIO, Ubiratan. *Da Realidade à Ação — Reflexões sobre a Educação Matemática*. 2. ed. São Paulo: Summus, 1989.

D'ANTOLA, Arlete (org.). *Supervisão e Currículo*. São Paulo: Pioneira, 1983.

DELEUZE, Gilles; GUATTARI, Félix. *Mil Platôs — Capitalismo e Esquizofrenia*, v. 1, 2. ed. Rio de Janeiro: Ed. 34, 2000.

DEMO, Pedro. *Certeza da Incerteza*: ambivalências do conhecimento e da vida. Brasília: Plano, 2000a.

_____. *Dialética da Felicidade*. 3 v. Petrópolis, RJ: Vozes, 2001.

_____. *Ironias da Educação — mudança e contos sobre mudança*. Rio de Janeiro: DP&A, 2000b.

DESCARTES, René. Discurso do Método. *In*: *Os Pensadores*. 2. ed. São Paulo: Abril Cultural, 1979.

DOLL JR., William E. *Currículo*: uma Perspectiva Pós-Moderna. Porto Alegre: Artes Médicas, 1997.

DOMINGUES, Moisés J. *A Orientação Educacional e seu Ator*: representações de uma prática na fronteira institucional. São Paulo: 1998. Dissertação (Mestrado) em Educação: História e Filosofia da Educação — Universidade de São Paulo.

DUBET, François. *Sociologia da Experiência*. Lisboa: Instituto Piaget, 1996.

EINSTEIN, Albert. *Notas Autobiográficas*. 5. ed. Rio de Janeiro: Nova Fronteira, 1982.

EVANGELISTA, Luis R. Reflexões sobre a abordagem físico-filosófica da realidade quântica. *In*: NOGUEIRA, Adriano (org.). *Ciência para quem? Formação Científica para quê?* Petrópolis, RJ: Vozes, 2000.

FAUNDEZ, Antonio. Notas sobre a formação de animadores culturais para a alfabetização. *In*: *Reflexões teóricas e metodológicas sobre a educação de jovens e adultos*. MEC/Fundação Educar/DEA/UCA, 1986.

FERNÁNDEZ, Alicia. Agressividade: qual seu papel na aprendizagem? *In*: GROSSI, Esther P.; BORDIN, Jussara. *Paixão de Aprender*. Petrópolis, RJ: Vozes, 1992.

FERREIRA, Naura S. C. (org.). *Supervisão Educacional para uma Escola de Qualidade*: da formação à ação. 8. ed. São Paulo: Cortez, 2010.

FOUCAULT, Michel. *As Palavras e as Coisas*: uma arqueologia das ciências humanas. 2. ed. São Paulo: Martins Fontes, 1981.

_____. *Vigiar e Punir*. Petrópolis, RJ: Vozes, 1977.

FOULQUIÉ, Paul. *Dicionário da Língua Pedagógica*. Lisboa: Livros Horizonte, 1971.

FREIRE, Paulo; GUIMARÃES, Sérgio. *Sobre Educação*: diálogos. v. I, 3. ed. Rio de Janeiro: Paz e Terra, 1984.

FREIRE, Paulo. *L'Education: Pratique de la Liberté*. Paris: Les Éditions du Cerf, 1971.

_____. *A Educação na Cidade*. São Paulo: Cortez, 1991.

_____. *Ação Cultural para a Liberdade*. 5. ed. Rio de Janeiro: Paz e Terra, 1981a.

_____. *Conscientização: teoria e prática da libertação*. 3. ed. São Paulo: Moraes, 1980.

_____. *Educação como Prática da Liberdade*. 14. ed. Rio de Janeiro: Paz e Terra, 1983a.

_____. Educação: Sonho Possível. In: BRANDÃO, Carlos Rodrigues (org.). *O Educador: Vida e Morte*. 2. ed. Rio de Janeiro: Graal, 1982.

_____. *Extensão ou Comunicação*. 4. ed. Rio de Janeiro: Paz e Terra, 1986.

_____. O Ato de Estudar. *In*: *A Importância do Ato de Ler*. 3. ed. São Paulo: Cortez, 1983b.

FREIRE, Paulo. O Ato de Estudar. *In*: *A Importância do Ato de Ler*. Novo Prefácio de Ezequiel Theodoro da Silva. 51. ed. São Paulo: Cortez, 2011.

_____. *Pedagogia da Autonomia: saberes necessários à prática educativa*. São Paulo: Paz e Terra, 1997.

_____. *Pedagogia do Oprimido*. 9. ed. Rio de Janeiro: Paz e Terra, 1981b.

_____. Prefácio. *In*: McLAREN, P.; LEONARD, P.; GADOTTI, M. (orgs.). *Paulo Freire: poder, desejo e memórias de libertação*. Porto Alegre: Artmed, 1998.

FREITAS, Ana L. S. *Pedagogia da Conscientização: um legado de Paulo Freire à formação de professores*. Porto Alegre: EDIPUCRS, 2001.

FREITAS, Luiz Carlos de. *Crítica da Organização do Trabalho Pedagógico e da Didática*. Campinas, SP: Papirus, 1995.

FROMM, Erich. *O Medo à Liberdade*. 12. ed. Rio de Janeiro: Zahar, 1980.

GADAMER, Hans-Georg. *Verdade e Método — traços fundamentais de uma hermenêutica filosófica*. 3. ed. Petrópolis, RJ: Vozes, 1999.

GADOTTI, Moacir. Projeto Político-Pedagógico da Escola: fundamentos para a sua realização. *In*: GADOTTI, M.; ROMÃO, J. E. (orgs.). *Autonomia da Escola*: princípios e propostas. 7. ed. São Paulo: Cortez, 2013.

GANDIN, Danilo; GANDIN, Luís A. *Temas para um Projeto Político-Pedagógico*. Petrópolis, RJ: Vozes, 1999.

GANDIN, Danilo. *A Prática do Planejamento Participativo na Educação*. Porto Alegre: UFRGS, 1991. (Petrópolis, RJ: Vozes, 1995)

_____. Conteúdo preestabelecido, um câncer calado e devastador. *Revista de Educação AEC*, Brasília, 102: 6576, jan./mar. 1997.

_____. E o vestibular? Este crime tem saída? *Revista de Educação AEC*, Brasília, 107: 71-80, abr./jun. 1998.

_____. *Planejamento como prática educativa*. São Paulo: Loyola, 1983.

GARAUDY, Roger. *Karl Marx*. Rio de Janeiro: Zahar, 1967.

GARCIA, Olgair G. *Refletindo sobre a Aula*: descobrindo um caminho para a formação do educador na escola pública. São Paulo: 1995. Dissertação (Mestrado) em Educação: Supervisão e Currículo — Pontifícia Universidade Católica de São Paulo.

_____. Direção e coordenação pedagógicas inspiradas na Educação Libertadora: propiciadoras da construção de um ambiente escolar mais significativo e humanizado. In: *Revista de Educação AEC* (105). Brasília: AEC, 1997.

GARCIA, Olgair G. Duas horas semanais fazem a revolução? *In*: *Revista de Educação AEC*. Brasília: abr./jun. (111), 1999.

GARCIA, Regina L. Orientação Educacional — afinal a quem serve? *In*: *Cadernos CEDES* (6): *Especialistas do Ensino em Questão*. 5. reimpressão. São Paulo: CEDES/ Cortez, 1989.

GAUCHE, R.; TUNES, E. O professor, a indústria dos cursinhos, a universidade e as perspectivas de inovação no processo educacional. *Revista de Educação AEC*, Brasília, 113: 26-34, out./dez. 1999.

GRAMSCI, Antonio. *Os Intelectuais e a Organização da Cultura*. 4. ed. Rio de Janeiro: Civilização Brasileira, 1982.

GUIMARÃES, Sônia. *Como se faz a Indústria do Vestibular*. Petrópolis, RJ: Vozes, 1984.

HABERMAS, Jürgen. A Nova Intransparência — a crise do estado de bem-estar social e o esgotamento das energias utópicas. In: *Novos Estudos* (18). São Paulo: Cebrap, 1987.

HEGEL, G. W. F. *Fenomenologia do Espírito*. v. 1, 2. ed. Petrópolis, RJ: Vozes, 1992.

HEISENBERG, Werner. *Física e Filosofia*. 4. ed. Brasília: Editora da UnB, 1999.

HELLER, Agnes. *O Cotidiano e a História*. 3. ed. Rio de Janeiro: Paz e Terra, 1989.

_____. *Sociología de la Vida Cotidiana*. 3. ed. Barcelona: Ediciones Península, 1991.

HERÁCLITO. Os Pré-Socráticos: fragmentos, doxografia e comentários. In: *Os Pensadores*. 2. ed. São Paulo: Abril Cultural, 1978.

JAPIASSU, Hilton. *Nem tudo é relativo — a questão da verdade*. São Paulo: Letras & Letras, 2001.

KRISTEVA, Julia. *As Novas Doenças da Alma*. Rio de Janeiro: Rocco, 2002.

KUHN, Tomas S. *La Tensión Esencial*. México: Fondo de Cultura Económica, 1987.

LA BOÉTIE, Etienne. *Discurso da Servidão Voluntária*. São Paulo: Brasiliense, 1982.

LA TAILLE, Y. Transmissão e Construção do Conhecimento. *In*: SÃO PAULO (Estado), Secretaria de Educação, CENP. *A Criança e o Conhecimento*. São Paulo: SE/CENP, 1990 (Projeto Ipê).

LEGRAND, Louis. *A Didática da Reforma*: um método ativo para a escola de hoje. Rio de Janeiro: Zahar Editores, 1973.

LELOUP, Jean-Yves. *Cuidar do Ser*: Fílon e os Terapeutas de Alexandria. 5. ed. Petrópolis, RJ: Vozes, 2000.

LIBÂNEO, José Carlos. *Democratização da Escola Pública — a pedagogia crítico-social dos conteúdos*. São Paulo: Loyola, 1985.

LIMA, Elvira Souza. *Indagações sobre Currículo: Currículo e Desenvolvimento Humano*. Brasília: Secretaria de Educação Básica do Ministério da Educação, 2008.

_____. *Neurociência e Aprendizagem*. São Paulo: Inter Alia, 2009.

LIMA, Lauro de O. Auto-Orientação da Aprendizagem. *In*: *A Escola Secundária Moderna*. 11. ed. Rio de Janeiro: Forense, 1976a.

_____. *Treinamento em Dinâmica de Grupo*: no lar, na empresa, na escola. 5. ed. Petrópolis, RJ: Vozes, 1976.

LINHARES, Célia Frazão. O Direito ao Saber com Sabor. Supervisão e Formação de Professores na Escola Pública. *In*: SILVA JR., Celestino A.; RANGEL, Mary (orgs.). *Nove Olhares sobre a Supervisão*. 3. ed. Campinas, SP: Papirus, 1999.

LUCKESI, Cipriano C. Planejamento, Execução e Avaliação no Ensino: a busca de um desejo. *In*: *Avaliação da Aprendizagem Escolar*: estudos e proposições. 22. ed. São Paulo: Cortez, 2011.

LUKÁCS, G. *Ontologia do Ser Social — os princípios ontológicos fundamentais de Marx*. São Paulo: Ciências Humanas, 1979.

MACHADO, Nílson José. A Loteria Enem. *In*: *Folha de São Paulo*, 17.01.12, p. 1-3.

_____. Competência e Profissionalismo. *In*: *Conhecimento e Valor*. São Paulo: Moderna, 2004.

MAKARENKO, A. *La Colectividad y la Educación de la Personalidad*. Moscú: Editorial Progreso, 1977.

MARTINS, Pura L. O. *Didática Teórica/Didática Prática*. São Paulo: Loyola, 1989.

MARX, Karl; ENGELS, F. *A Ideologia Alemã*. V. I, 2. ed. Lisboa: Editorial Presença, 1980.

MARX, Karl. *Os Pensadores*. 2. ed. São Paulo: Abril, 1978.

_____. *O Capital — Crítica da Economia Política*, livro 1, v. 1, 5. ed. Rio de Janeiro: Civilização Brasileira, 1980.

_____. *O 18 Brumário e Cartas a Kugelmann*. 5. ed. Rio de Janeiro: Paz e Terra, 1986.

_____. Contribuição para a Crítica da Filosofia do Direito de Hegel — Introdução. *In*: *Manuscritos Económico-Filosóficos*. Lisboa: Edições 70, 1989.

MATURANA R., Humberto; VARELA G., Francisco J. *De Máquinas e Seres Vivos: autopoiese — a organização do vivo*. 3. ed. Porto Alegre: Artes Médicas, 1997.

MEC/CENAFOR. Reinventando a prática do orientador educacional e do supervisor escolar: a prática em questão. São Paulo: CENAFOR, 1983. Apud FUSARI, J. C. Tendências Históricas do Treinamento em Educação. *In: Recursos Humanos para Alfabetização, Idéias* (3). São Paulo: FDE, 1990.

MEDIANO, Zélia D. O Professor e o Supervisor Ante a Avaliação da Aprendizagem. In: *Idéias* (8). São Paulo: FDE, 1990.

MEDINA, Antonia S. Supervisor Escolar: parceiro político-pedagógico do professor. *In:* SILVA JR., Celestino A.; RANGEL, Mary (orgs.). *Nove Olhares sobre a Supervisão*. 3. ed. Campinas, SP: Papirus, 1999.

MEIRIEU, Philippe. *O Cotidiano da Escola e da Sala de Aula*: o fazer e o compreender. Porto Alegre: Artmed, 2005.

MORA, José Ferrater. *Diccionario de Filosofía*. 6. ed. Madrid: Alianza Editorial, 1986.

MOREIRA, Antonio Flávio B. O Campo do Currículo no Brasil: os anos 90. *In*: CANDAU, Vera M. *Didática, Currículo e Saberes Escolares*. Rio de Janeiro: DP&A, 2000.

MORIN, Edgar. A Boa e a Má Utopia. In: ENCONTROS DE CHÂTEAU-VALLON. *Para uma Utopia Realista*. Lisboa: Instituto Piaget, 1998a.

_____. A Ética do Sujeito Responsável. In: CARVALHO, Edgard A. (e outros). *Ética, Solidariedade e Complexidade*. São Paulo: Palas Athena, 1998b.

_____. *Os Sete Saberes Necessários à Educação do Futuro*. 2. ed. rev. São Paulo: Cortez; Brasília: UNESCO, 2011.

_____. Por uma Globalização Plural. In: *Folha de São Paulo*, 31.3.2002, p. A 17.

_____. *Ensinar a Viver: Manifesto para Mudar a Educação*. Porto Alegre: Sulina, 2015.

MURAMOTO, Helenice M. S. *Supervisão Escolar — Para Quê Te Quero?* São Paulo: Iglu, 1991.

NEGRI, Antonio; LAZZARATO, Maurizio. *Trabalho Imaterial*: formas de vida e produção de subjetividade. Rio de Janeiro: DP&A, 2001.

NÓVOA, António (coord.). *Os Professores e a sua Formação*. Lisboa: Dom Quixote, 1992.

OLIVEIRA, Lúcia. O Clima e o Diálogo da Supervisão de Professores. *In*: Supervisão e Formação de Professores — *Cadernos CIDInE* (5). Aveiro: CIDInE, 1992.

OLIVEIRA-FORMOSINHO, Júlia (org.). *A Supervisão na Formação de Professores — da organização à pessoa*. V. 2. Porto: Porto Editora, 2002.

OTT, Margot B. Desempenho do Professor. *In*: ETGES, Norberto. *Avanço progressivo nas escolas de 1º grau do Estado de Santa Catarina*. Porto Alegre: INEP/UFRGS,1983.

PALMADE, Guy. *Os Métodos em Pedagogia*. Lisboa: Editorial Notícias, s/d.

PARO, Vitor H. *Administração Escolar*: introdução crítica. 17. ed. rev. aum. São Paulo: Cortez, 2012.

PASSOS, Luiz A.; NEDER, Maria Lúcia C. O não-resgate do soldado Silva ou a arte de morrer na praia. *Revista de Educação AEC*. Brasília: 111: 9-28, abr./jun. 1999.

PASSOS, Luiz A. Que 'pito' tocam as grandes redes de educação no Brasil? *Revista de Educação AEC*. Brasília: 121: 73-94, out./dez. 2001.

PATTO, Maria H. S. *A Produção do Fracasso Escolar — histórias de submissão e rebeldia*. São Paulo: T. A. Queiroz Editor, 1990.

PENTEADO, Wilma M. A. (org.) *Psicologia e Ensino*. São Paulo: Papelivros, 1980.

PERRENOUD, Philippe; THURLER, Monica G. *A Escola e a Mudança: contributos sociológicos*. Lisboa: Escolar Editora, 1994.

PERRENOUD, Philippe. *Ofício de Aluno e Sentido do Trabalho Escolar*. Porto: Porto Editora, 1995.

_____. *Dez Novas Competências para Ensinar*. Porto Alegre: Artmed, 2000.

PETROVSKI, A. *Psicologia Evolutiva y Pedagógica*. Moscú: Editorial Progreso, 1979.

PIAGET, J. *Seis Estudos de Psicologia*. Rio de Janeiro: Forense, 1980.

_____. *O Julgamento Moral na Criança*. São Paulo: Mestre Jou, 1977.

PINTO, Álvaro Vieira. *Consciência e Realidade Nacional*. V. 2. Rio de Janeiro: ISEB, 1960.

PINTO, Umberto de Andrade. *Pedagogia Escolar*: Coordenação Pedagógica e Gestão Educacional. São Paulo: Cortez, 2011.

PLACCO, Vera M. N. S.; ALMEIDA, Laurinda R.; SOUZA, Vera L. T. (coord.). O Coordenador pedagógico (CP) e a formação de professores: intenções, tensões e contradições. *In*: *Estudos & Pesquisas Educacionais*. São Paulo: Fundação Victor Civita, 2011.

PRIGOGINE, Ilya. Carta para as Futuras Gerações. In: *Ciência, Razão e Paixão*. Belém: EDUEPA, 2001.

_____. Dos Relógios às Nuvens. *In*: SCHNITMAN, D. F. (org.). *Novos Paradigmas, Cultura e Subjetividade*. Porto Alegre: Artes Médicas, 1996a.

PRIGOGINE, Ilya. *O Fim das Certezas: tempo, caos e as leis da natureza*. São Paulo: Editora Unesp, 1996b.

RANGEL, Mary (org.). *Supervisão Pedagógica*: Princípios e Práticas. Campinas, SP: Papirus, 2001.

RASCHE, Vânia M. M.; KUDE, Vera M. M. Pigmaleão na sala de aula: quinze anos sobre as expectativas do professor. *In: Cadernos de Pesquisa* (57). São Paulo: Fundação Carlos Chagas, 1986.

RICOEUR, Paul. *O Conflito das Interpretações* — ensaios de hermenêutica. Rio de Janeiro: Imago, 1978.

_____. Reconstruir a Universidade. In: *Revista Paz e Terra* (9). Rio de Janeiro: Paz e Terra, 1969.

ROGERS, Carl R. *Liberdade para Aprender*. 4. ed. Belo Horizonte: Interlivros, 1978.

_____. *Tornar-se Pessoa*. 6. ed. São Paulo: Martins Fontes, 1982.

RONCA, Antonio C. C.; ESCOBAR, Virgínia F. *Técnicas Pedagógicas* — domesticação ou desafio à participação. Petrópolis, RJ: Vozes, 1979.

ROSSA, Leandro. Armadilhas do Projeto Político-Pedagógico. *In: Revista de Educação AEC* (117). Brasília: AEC, 2000.

SÁ-CHAVES, Idália. *Formação, Conhecimento e Supervisão*: contributos nas áreas da formação de professores e de outros profissionais. Aveiro: Universidade, 2000.

SANTOS, Boaventura de Sousa. *A Crítica da Razão Indolente*: contra o desperdício da experiência. 8. ed. São Paulo: Cortez, 2011.

_____. *Introdução a uma Ciência Pós-Moderna*. 4. ed. Porto: Edições Afrontamento, 1995.

_____. *Um Discurso sobre as Ciências*. 8. ed. Porto: Afrontamento, 1996.

_____. *Um Discurso sobre as Ciências*. 8. ed. São Paulo: Cortez, 2018.

SANTOS, Cássio M. O Acesso ao Ensino Superior no Brasil: A Questão da Elitização. *ENSAIO: avaliação e políticas públicas em Educação*. Rio de Janeiro: Fundação CESGRANRIO — v. 6, n. 19: 237-257, abr./jun. 1998.

SARTRE, Jean-Paul. Questão de Método. *In: Os Pensadores*. São Paulo: Abril Cultural, 1978.

SAVIANI, Dermeval. A Supervisão Educacional em Perspectiva Histórica: da função à profissão pela mediação da idéia. *In*: FERREIRA, Naura S. C. (org.). *Supervisão Educacional para uma Escola de Qualidade: da formação à ação*. São Paulo: Cortez, 1999.

SAVIANI, Dermeval. *Educação*: do Senso Comum a Consciência Filosófica. 3. ed. São Paulo: Cortez/Autores Associados, 1983a.

_____. *Escola e Democracia*. São Paulo: Cortez/Autores Associados, 1983b.

_____. *Pedagogia Histórico-Crítica — primeiras aproximações*. São Paulo: Cortez/Autores Associados, 1991.

SCHÖN, Donald A. *Educando o Profissional Reflexivo*: um novo design para o ensino e a aprendizagem. Porto Alegre: Artmed, 2000.

_____. Formar Professores como Profissionais Reflexivos. In: NÓVOA, Antonio (coord.). *Os Professores e a sua Formação*. Lisboa: Dom Quixote, 1992.

SEVERINO, Antônio J. *Educação, Sujeito e História*. São Paulo: Olho d'Água, 2001.

_____. O Diretor e o Cotidiano na Escola. In: *Idéias* (12). São Paulo: FDE, 1992.

_____. O Projeto Político-Pedagógico: a saída para a escola. In: *Revista de Educação AEC* (107). Brasília: AEC, 1998.

SILVA JR. Celestino. Supervisão, Currículo e Avaliação. *In*: FERREIRA, Naura S. C. (org.). *Supervisão Educacional para uma Escola de Qualidade*: da formação à ação. São Paulo: Cortez, 1999.

SILVA JR., Celestino. *Supervisão da Educação*: do autoritarismo ingênuo à vontade coletiva. São Paulo: Loyola, 1984.

SILVA, Naura S. C. *Supervisão Educacional*: uma reflexão crítica. 10. ed. Petrópolis: Vozes, 2000.

SILVA, Tomaz T. *Documentos de Identidade*: uma introdução às teorias do currículo. Belo Horizonte: Autêntica, 1999.

_____. *Teoria Cultural e Educação*: um vocabulário crítico. Belo Horizonte: Autêntica, 2000.

SNYDERS, G. A Pedagogia em França nos Séculos XVII e XVIII. *In*: M. DEBESSE e G. MIALARET (org.). *Tratado das Ciências Pedagógicas — História da Pedagogia*. São Paulo: Nacional, 1974.

_____. *Para onde vão as pedagogias não-diretivas*. 2. ed. Lisboa: Moraes, 1978.

THERRIEN, Jacques. O saber social da prática docente. *In*: *Educação e Sociedade* (46). Campinas, SP: Papirus, 1993.

TYACK, David; CUBAN, Larry. *Em Busca de la Utopía — un siglo de reformas de las escuelas públicas*. 2. ed. México: Fondo de Cultura Económica, 2001.

URBAN, L. Supervisão Educacional: Sim ou Não? — *Revista de Educação AEC* (57). Brasília: AEC, 1985.

VASCONCELLOS, Celso dos S. *Planejamento*: Projeto de Ensino-Aprendizagem e Projeto Político-Pedagógico. 24. ed. São Paulo: Libertad, 2017a.

_____. *Construção do Conhecimento em Sala de Aula*. 18. ed. São Paulo: Libertad, 2017b.

_____. *Avaliação*: Concepção Dialética-Libertadora do Processo de Avaliação Escolar. 20. ed. São Paulo: Libertad, 2017c.

_____. *(In)Disciplina*: Construção da Disciplina Consciente e Interativa em Sala de Aula e na Escola. 19. ed. São Paulo: Libertad, 2017d.

_____. *Avaliação da Aprendizagem*: Práticas de Mudança — por uma práxis transformadora. 12. ed. São Paulo: Libertad, 2017e.

_____. *Currículo*: A Atividade Humana como Princípio Educativo. 4. ed. São Paulo: Libertad, 2017f.

_____. *Para Onde Vai o Professor? Resgate do Professor como Sujeito de Transformação*. 15. ed. São Paulo: Libertad, 2017g.

_____. *Indisciplina e Disciplina Escolar*: fundamentos para o trabalho docente. 4. reimpressão. São Paulo: Cortez, 1. ed., 4. reimp., 2015.

VASCONCELLOS, Celso dos S. *Avaliação*: Superação da Lógica Classificatória e Excludente: do "é proibido reprovar" ao é preciso garantir a aprendizagem. 4. ed. São Paulo: Libertad, 2002.

_____. Avaliação, Ética e Cidadania — Contribuições da Orientação Educacional na Mudança. *In*: *Boletim da AOESC*. Florianópolis: abril de 2001a.

_____. A Orientação Educacional como Mediação das Relações e da Mudança na Escola. *Prospectiva — Revista de Orientação Educacional* (26). Porto Alegre: AOERGS, out./2001b.

_____. (Des)Alienação do Cotidiano Escolar. In: *Revista de Educação AEC* (117). Brasília: AEC, 2000.

_____. A Coordenação Pedagógica numa Perspectiva Libertadora (mimeo.). *Projeto Capacitação de Coordenadores Pedagógicos da Rede Municipal de Ensino de São Paulo*. São Paulo: FEUSP/SMESP, 1995.

_____. Entrevista: Coordenador Pedagógico. *Portal do Professor* — MEC, 2011. http://portaldoprofessor.mec.gov.br/conteudoJornal.html?idConteudo=1531

VASCONCELLOS, Celso dos S. Envolvimento Humano e Pedagógico na Gestão Escolar. *In*: *Saberes em Rede*. Guarulhos: Secretaria Municipal de Educação, 2016.

VEIGA, Ilma P. A. (org.). *Técnicas de Ensino: por que não?* Campinas, SP: Papirus, 1991.

VVAA. *O Coordenador Pedagógico e a Educação Continuada*. São Paulo: Loyola, 1998.

VVAA. *O Coordenador Pedagógico e a Formação Docente*. São Paulo: Loyola, 2000.

VVAA. *O Coordenador Pedagógico e o Espaço da Mudança*. São Paulo: Loyola, 2001.

VYGOTSKY, L. S. *Pensamento e Linguagem*. São Paulo: Martins Fontes, 1987.

_____. *A formação Social da Mente*. São Paulo: Martins Fontes, 1984.

WALLON, Henri *et al*. Plano de Reforma Langevin-Wallon. *In*: MERANI, Alberto L. *Psicologia e Pedagogia — as ideias pedagógicas de Henri Wallon*. Lisboa: Editorial Notícias, 1977.

_____. *As Origens do Pensamento na Criança*. São Paulo: Manole, 1989.

WHITAKER, Dulce. *Escolha de Carreira e Globalização*. 11. ed. São Paulo: Moderna, 1997.

WHITEHEAD, Alfred N. *Os fins da Educação e Outros Ensaios*. São Paulo: Nacional, 1969.

Impressão e Acabamento

Bartiragráfica

(011) 4393-2911